# 딱! 2주! 진짜 한 권으로 끝내는 JLPT N5

황선아
히야마쇼타 지음

23년도 12월
최신 기출
완벽 반영

시원스쿨닷컴

# 진짜 한 권으로 끝내는 JLPT N5

**초판 1쇄 발행** 2020년 9월 1일
**7쇄 발행** 2024년 4월 17일

**지은이** 황선아 히야마쇼타
**펴낸곳** (주)에스제이더블유인터내셔널
**펴낸이** 양홍걸 이시원

**홈페이지** www.siwonschool.com
**주소** 서울시 영등포구 영신로 166 시원스쿨
**교재 구입 문의** 02)2014-8151
**고객센터** 02)6409-0878

**ISBN** 979-11-6150-385-1 13730
**Number** 1-310111-18181807-02

# 머리말

## 수험서는 왜 두꺼워야 할까요?

항상 두꺼운 책을 들고 다니는 학생분들을 보면서 많은 고민을 하게 되었습니다. '혹시나 시험에서 놓치는 부분이 있지는 않을까?'하는 불안감 때문인지 다 외울 수도 없는 교재를 갖고만 계시지 않나요? 그래서 저는 학습자분들을 위해서 무엇을 할 수 있을까를 고민하다가 2010년도~2019년도 약 20회 분량의 기출문제를 연구하기 시작했습니다. 아직까지 자신 있게 '이 방법이 답이에요'라고 말할 수는 없지만, 반복되는 어휘와 문법을 수집하고 오래 기억할 수 있도록 카테고리별로 나누어 보니 2주면 충분하겠구나 하는 결론을 내렸습니다.

JLPT N5는 일상생활에서 사용되는 기본적인 문자를 읽고, 자주 사용하는 짧은 문장을 듣고 이해할 수 있는 능력을 요구합니다. 따라서 본 교재는 JLPT 준비뿐 아니라 일상생활에서 간단히 의사소통을 할 수 있도록 일본어 능력을 또한 향상시켜 줄 것입니다.

늘 학습자 입장에서 고민하고 또 고민하며 저자로서 학습자분들에게 어떤 도움을 드릴 수 있을지 그 답을 찾아가도록 노력하겠습니다. 먼발치가 아닌 여러분의 가까이에서 궁금증을 해결해 드리고 응원하겠습니다. 집필 기간 동안 옆에서 아낌없는 지지와 응원을 해 준 가족들과 좋은 교재를 출간할 수 있도록 기회를 주신 시원스쿨 관계자분들께도 이 자리를 빌려 감사의 말씀을 전합니다.

この本は、日本語能力試験のN5に合格しようと頑張っている皆さんのお手伝いをするために作られた本です。

韓国の皆さん、日本語の勉強はどうですか。日本語と韓国語には共通している部分がたくさんありますよね。おかげで、日本語の勉強は思ったよりも難しくない、と考えている人も多いのではないでしょうか。

皆さんが今目標としているN5は、日本語試験の中でも一番易しいレベルです。しかし、いくら一番簡単だとはいっても、ただすこしの会話ができる程度だけでは合格できません。「ひらがな」に始まり「カタカナ」、「漢字」を読み書きできてこそ合格に近づきます。その勉強に少しでもおやくに立てるよう、この本を作りました。

皆さんの日本語の勉強はまだ始まったばかりです。韓国語に負けず劣らず繊細で多様な表現を持つ日本語の勉強を、これからも是非楽しんでくださいね。

2020년 9월 황선아, 히야마쇼타

# JLPT 개요

## ■ JLPT(日本語能力試験 일본어능력시험)란?

일본 국내 및 해외에서 일본어를 모국어로 하지 않는 사람을 대상으로 일본어 능력을 객관적으로 측정하고 인정하는 것을 목적으로 하는 시험입니다. 급수가 없는 JPT와는 달리 JLPT는 N1부터 N5까지 총 다섯 가지 레벨로 나뉘어 있으며 N1이 가장 난이도가 높은 레벨입니다. 시험에 합격하기 위해서는 '득점 구분 별 득점'과 '종합 득점' 두 가지의 점수가 필요합니다. 즉, 과락 제도가 있으며 '득점 등화'라고 하는 상대 평가의 방식으로 채점이 시행됩니다. 시험은 7월과 12월, 총 연 2회 실시되며, 접수는 각각 4월, 9월부터 진행됩니다.

## ■ 출제유형과 시간 및 득점표

| 레벨 | 유형 | 교시 | 시간 | | 득점 범위 | 종합 득점 |
|---|---|---|---|---|---|---|
| N1 | 언어지식(문자·어휘·문법) | 1교시 | 110분 | 170분 | 0~60 | 180 |
| | 독해 | | | | 0~60 | |
| | 청해 | 2교시 | 60분 | | 0~60 | |
| N2 | 언어지식(문자·어휘·문법) | 1교시 | 105분 | 155분 | 0~60 | 180 |
| | 독해 | | | | 0~60 | |
| | 청해 | 2교시 | 50분 | | 0~60 | |
| N3 | 언어지식(문자·어휘) | 1교시 | 105분 | 145분 | 0~60 | 180 |
| | 언어지식(문법) / 독해 | | | | 0~60 | |
| | 청해 | 2교시 | 40분 | | 0~60 | |
| N4 | 언어지식(문자·어휘) | 1교시 | 80분 | 115분 | 0~120 | 180 |
| | 언어지식(문법) / 독해 | | | | | |
| | 청해 | 2교시 | 35분 | | 0~60 | |
| N5 | 언어지식(문자·어휘) | 1교시 | 60분 | 90분 | 0~120 | 180 |
| | 언어지식(문법) / 독해 | | | | | |
| | 청해 | 2교시 | 30분 | | 0~60 | |

※ N3, N4, N5의 경우, 1교시에 언어지식(문자·어휘)과 언어지식(문법)/독해가 연결 실시됩니다.
※ 1교시 결시자는 2교시(청해) 시험에 응시가 불가합니다.

## ■ 레벨별 인정 기준

| 레벨 | 유형 | 인정 기준 |
|---|---|---|
| N1 | 언어지식(문자·어휘·문법)<br>독해 | 논리적으로 약간 복잡하고 추상도가 높은 문장을 읽고 문장의 구성과 내용을 이해할 수 있으며, 다양한 화제의 글을 읽고 이야기의 흐름이나 상세한 표현 의도 또한 이해할 수 있음 |
| | 청해 | 자연스러운 속도로 읽어 주는 체계적인 내용의 회화나 뉴스, 강의를 듣고 내용의 흐름 및 등장인물의 관계나 내용의 논리구성 등을 상세히 이해하거나 요지를 파악할 수 있음 |
| N2 | 언어지식(문자·어휘·문법)<br>독해 | 신문이나 잡지의 기사나 해설, 평이한 평론 등 논지가 명쾌한 문장을 읽고 문장의 내용을 이해할 수 있으며, 일반적인 화제에 관한 글을 읽고 이야기의 흐름이나 표현 의도를 이해할 수 있음 |
| | 청해 | 자연스러운 속도로 읽어 주는 체계적인 내용의 회화나 뉴스를 듣고 내용의 흐름 및 등장인물의 관계를 이해하거나 요지를 파악할 수 있음 |
| N3 | 언어지식(문자·어휘·문법)<br>독해 | 일상적인 화제의 구체적인 내용을 나타내는 문장을 읽고 이해할 수 있으며 신문의 기사제목 등에서 정보의 개요를 파악할 수 있음. 일상적인 장면에서 난이도가 약간 높은 문장을 바꿔 제시하며 요지를 이해할 수 있음 |
| | 청해 | 자연스러운 속도로 읽어 주는 체계적인 내용의 회화를 듣고 등장인물의 관계 등 이야기의 구체적인 내용을 거의 이해할 수 있음 |
| N4 | 언어지식(문자·어휘·문법)<br>독해 | 일상생활에서 흔하게 일어나는 화제를 기본적인 어휘나 한자로 쓴 문장을 읽고 이해할 수 있음 |
| | 청해 | 다소 느린 속도로 읽어 주는 일상적인 장면에서의 회화를 통해 거의 내용을 이해할 수 있음 |
| N5 | 언어지식(문자·어휘·문법)<br>독해 | 히라가나나 가타카나, 일상생활에서 사용되는 기본적인 한자로 쓰여진 정형화된 어구나 문장을 읽고 이해할 수 있음 |
| | 청해 | 느리고 짧은 속도로 읽어 주는 일상생활에서 자주 접하는 장면에서의 회화로부터 필요한 정보를 얻어낼 수 있음 |

## ■ 시험 당일 필수 준비물

①신분증(주민등록증, 여권, 운전면허증, 주민등록발급 신청 확인서 등), ②수험표, ③필기도구(연필, 지우개)

# 이 책의 구성

### 이 책의 특징

'진짜 한 권 JLPT N5'만의 쉽고 빠른 2주 특급 처방으로 JLPT 학습을 서포트합니다.

- 3단계 특급 처방으로 JLPT 입문자도 쉽게 시작할 수 있도록 구성해 놓았습니다.
- 2주 학습 플랜으로 단기간에 JLPT N5를 마스터할 수 있도록 하였습니다.
- 2010~2023년 기출 어휘와 문법을 제시하여 실전에 빠르게 대비할 수 있습니다.

첫째, 긴급처방

## 두꺼운 책 NO! 길고 지루한 해설 NO!

진짜 한 권의 자신감으로 꽉꽉 채운 2주 학습 플랜 제공

테마별 필수 어휘 • 필수 문형 2주 완성
2010~2023 최신 기출 단어 • 문형 수록

둘째, 맞춤처방

## 23년도 12월 시험까지의 최신 기출 분석·반영!

언어지식부터 독해, 청해까지 빅데이터 분석을 통한 예상문제 제시!
실전보다 더 실전처럼 대비할 수 있는 맞춤 난이도로 출제!

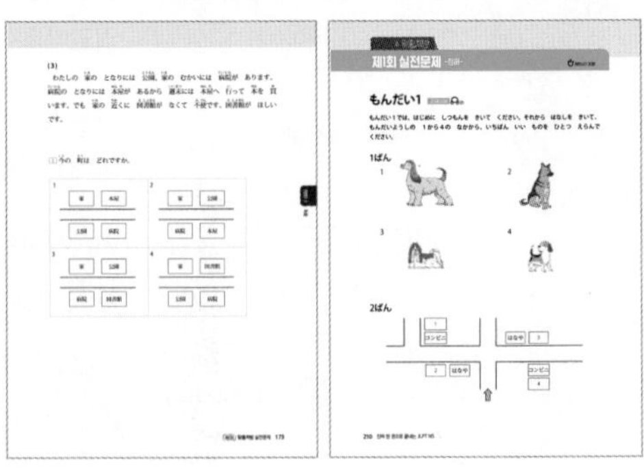

셋째, 만점처방

## JLPT 입문자의 학습 고민, 친절하게 밀착 케어!

일본어 첫걸음부터 JLPT N5 합격까지 한번에 완성!
꼼꼼한 해설로 JLPT 학습을 서포트!

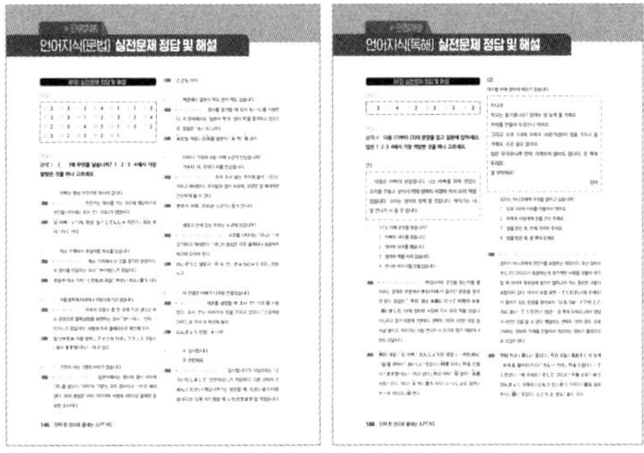

### 특별 부록

**❶ 실전 모의테스트 2회분 + 저자의 무료 해설 강의**

실전 모의테스트 무료 해설강의로 문제 푸는 노하우까지 전격 공개!

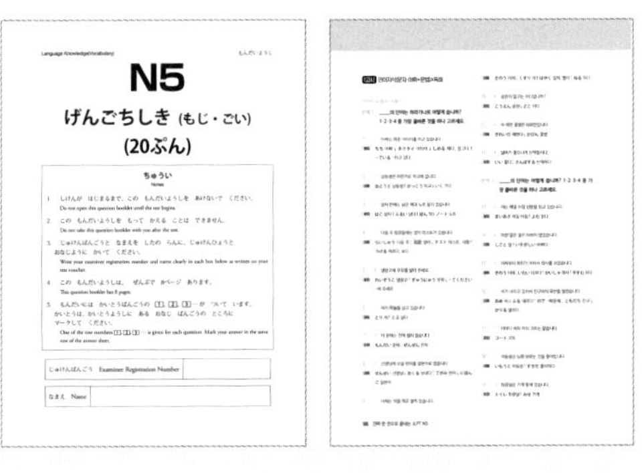

저자 직강 무료 해설 강의는 유튜브에서 '진짜 한 권' 혹은 '진짜 한 권 JLPT N5'로 검색해 주세요.

**❷ 셀프 테스트 어휘·문법 PDF 다운로드**

PDF와 MP3는 시원스쿨 일본어 홈페이지(japan.siwonschool.com)의 수강신청>교재/MP3에서 무료 다운로드 받을 수 있습니다.

**❸ MP3 무료 다운로드**

**❹ 히라가나, 가타카나 표 수록**

# 목차

## PART 3 독해



## PART 4 청해



## 별책 부록

# 이 책의 활용법

## '진짜 한 권으로 끝내는 JLPT N5'의 특급 처방 활용법

■ 히라가나 체크하기

공부 시작하기 전에 히라가나 가타카나를 기억하고 있는지 체크해 봅시다.

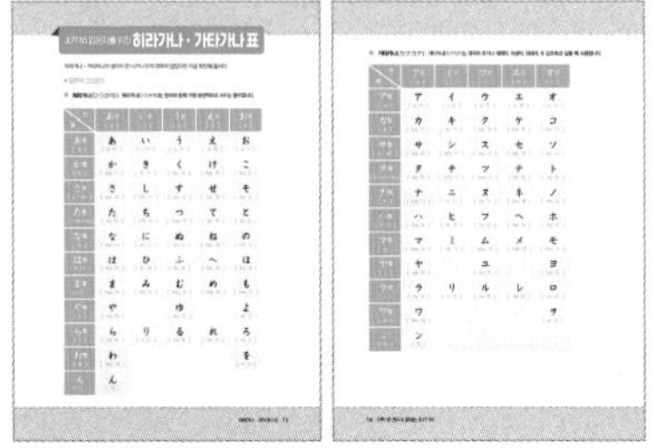

■ 긴급처방 활용법

일본어능력시험 N5는 문자・어휘/문법이 반복해서 출제되므로, 표기해 놓은 기출 연도를 꼭 확인해 주세요.

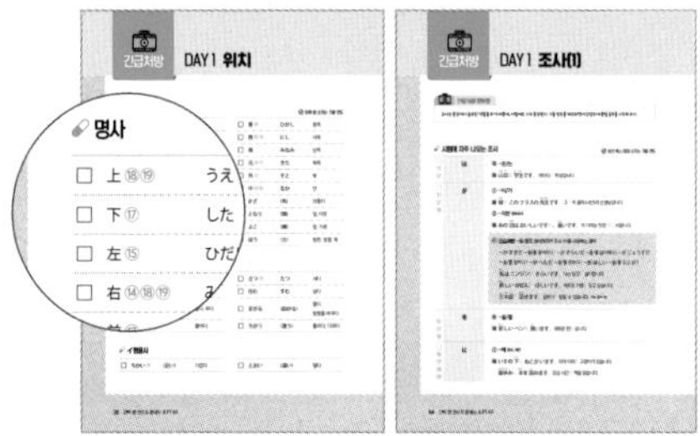

■ 맞춤처방 활용법

실전에 대비할 수 있도록 시간을 표기해 놓았습니다. 시간을 체크하면서 명품 문제를 풀어보세요.

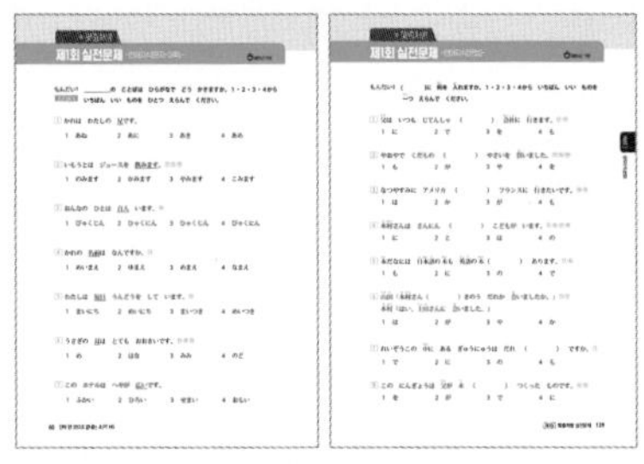

■ 만점처방 활용법

혼자서도 공부할 수 있도록 꼼꼼하게 해설을 달아 놓았습니다. 주의 사항을 꼭 확인해 주세요.

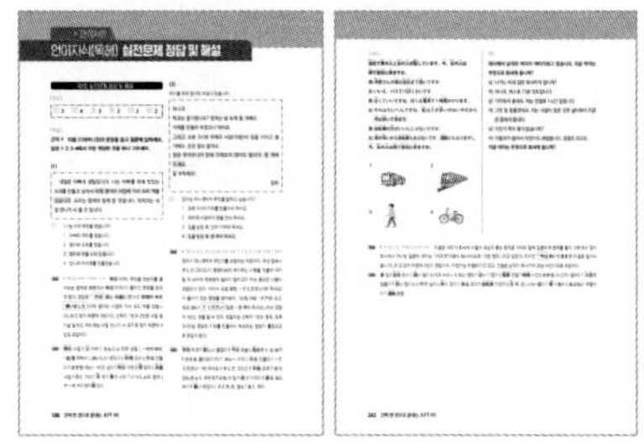

■ 실전 모의테스트로 파이널 체크하기

저자 직강 무료 해설 강의에서 만점 노하우를 알려드립니다.

유튜브에서 '진짜 한 권' 혹은 '진짜 한 권 JLPT N5'로 검색해 주세요.

■ 셀프 테스트 어휘 · 문법 체크하기

# 학습 플랜

두꺼운 책 NO! 길고 지루한 해설 NO! 히라가나부터 JLPT N5 합격까지 2주로 충분한 이유!

**① JLPT N5 문자・어휘의 수는 어떤 교재든 동일합니다.**

오랫동안 기억할 수 있도록 테마별로 어휘를 나누어 봤더니 2주로 충분했습니다.

**② JLPT N5 문법은 기출 빅데이터를 철저하게 분석하여 중요한 것만 제시합니다.**

10년간의 출제된 문법을 분류하고, 비슷한 문형을 묶으면 2주로도 충분합니다.

**③ JLPT N5 독해와 청해는 노하우만 알면 됩니다.**

독해와 청해 파트에서 필요한 정보를 잘 찾아낼 수 있는 노하우를 알려드립니다.

■ 진짜 한 권만의 쉽고 빠른 특급 처방 2주 계획표

*1회독하면서 나의 실력 체크 란에 √표시하고, 2회독 때 어려움에 표시된 부분 먼저 공부하세요.

| 2주 플랜 | 학습 내용 | 학습한 날짜 | | 나의 실력 체크 | | |
|---|---|---|---|---|---|---|
| | | 1회독 | 2회독 | 쉬움 | 보통 | 어려움 |
| DAY1 | 문자・어휘 긴급처방 DAY1 p.20 | | | | | |
| | 문법 긴급처방 DAY1 p.94 | | | | | |
| | 독해 맞춤처방 제1회 실전문제 문제4 p.171~173 | | | | | |
| DAY2 | 문자・어휘 긴급처방 DAY2 p.22 | | | | | |
| | 문법 긴급처방 DAY2 p.96 | | | | | |
| | 독해 맞춤처방 제1회 실전문제 문제5 p.174~175 | | | | | |
| DAY3 | 문자・어휘 긴급처방 DAY3 p.24 | | | | | |
| | 문법 긴급처방 DAY3 p.98 | | | | | |
| | 독해 맞춤처방 제1회 실전문제 문제6 p.176~177 | | | | | |
| DAY4 | 문자・어휘 긴급처방 DAY4 p.26 | | | | | |
| | 문법 긴급처방 DAY4 p.100 | | | | | |
| | 독해 맞춤처방 제2회 실전문제 문제4 p.178~180 | | | | | |
| DAY5 | 문자・어휘 긴급처방 DAY5 p.28 | | | | | |
| | 문법 긴급처방 DAY5 p.102 | | | | | |
| | 독해 맞춤처방 제2회 실전문제 문제5 p.182~183 | | | | | |
| DAY6 | 문자・어휘 긴급처방 DAY6 p.30 | | | | | |
| | 문법 긴급처방 DAY6 p.105 | | | | | |
| | 독해 맞춤처방 제2회 실전문제 문제6 p.184~185 | | | | | |

| | | | | | | |
|---|---|---|---|---|---|---|
| DAY7 | 문자・어휘 긴급처방 DAY7 p.32 | | | | | |
| | 문법 긴급처방 DAY7 p.107 | | | | | |
| | 청해 맞춤처방 제1회 실전문제 문제1 p.210~213 | | | | | |
| DAY8 | 문자・어휘 긴급처방 DAY8 p.36 | | | | | |
| | 문법 긴급처방 DAY8 p.110 | | | | | |
| | 청해 맞춤처방 제1회 실전문제 문제2 p.214~216 | | | | | |
| DAY9 | 문자・어휘 긴급처방 DAY9 p.38 | | | | | |
| | 문자・어휘 맞춤처방 실전문제 1회 p.60 | | | | | |
| | 문법 긴급처방 DAY9 p.112 | | | | | |
| | 청해 맞춤처방 제1회 실전문제 문제 3 p.217~219 | | | | | |
| DAY10 | 문자・어휘 긴급처방 DAY10 p.40 | | | | | |
| | 문자・어휘 맞춤처방 실전문제 2회 p.65 | | | | | |
| | 문법 긴급처방 DAY10 p.114 | | | | | |
| | 청해 맞춤처방 제1회 실전문제 문제4 p.220 | | | | | |
| DAY11 | 문자・어휘 긴급처방 DAY11 p.42 | | | | | |
| | 문자・어휘 맞춤처방 실전문제 3회 p.70 | | | | | |
| | 문법 긴급처방 DAY11 p.116 | | | | | |
| | 청해 맞춤처방 제2회 실전문제 문제 1 p.221~224 | | | | | |
| DAY12 | 문자・어휘 긴급처방 DAY12 p.44 | | | | | |
| | 문법 긴급처방 DAY12 p.118 | | | | | |
| | 문법 맞춤처방 제1회 실전문제 p.129 | | | | | |
| | 청해 맞춤처방 제2회 실전문제 문제2 p.225~227 | | | | | |
| DAY13 | 문자・어휘 긴급처방 DAY13 p.46 | | | | | |
| | 문법 긴급처방 DAY13 p.120 | | | | | |
| | 문법 맞춤처방 제2회 실전문제 p.134 | | | | | |
| | 청해 맞춤처방 제2회 실전문제 문제3 p.228~230 | | | | | |
| DAY14 | 문자・어휘 긴급처방 DAY14 p.48 | | | | | |
| | 문법 긴급처방 DAY14 p.122 | | | | | |
| | 문법 맞춤처방 제3회 실전문제 p.139 | | | | | |
| | 청해 맞춤처방 제2회 실전문제 문제4 p.231 | | | | | |

*시원스쿨의 2주 학습 플랜이 여러분의 JLPT 학습을 서포트하겠습니다.*

# JLPT N5 입문자를 위한 히라가나・가타카나 표

히라가나・가타카나가 생각이 안 나거나 아직 외우지 않았다면 지금 확인해 둡시다.

■ 일본어 오십음도

☆ **히라가나**(ひらがな): 히라가나(ひらがな)는 한자와 함께 가장 보편적으로 쓰이는 문자입니다.

| 단 / 행 | あ단 [ a ] | い단 [ i ] | う단 [ u ] | え단 [ e ] | お단 [ o ] |
|---|---|---|---|---|---|
| あ행 [ a ] | あ [ a, 아 ] | い [ i, 이 ] | う [ u, 우 ] | え [ e, 에 ] | お [ o, 오 ] |
| か행 [ k ] | か [ ka, 카 ] | き [ ki, 키 ] | く [ ku, 쿠 ] | け [ ke, 케 ] | こ [ ko, 코 ] |
| さ행 [ s / sh ] | さ [ sa, 사 ] | し [ shi, 시 ] | す [ su, 스 ] | せ [ se, 세 ] | そ [ so, 소 ] |
| た행 [ t / ch / ts ] | た [ ta, 타 ] | ち [ chi, 치 ] | つ [ tsu, 츠 ] | て [ te, 테 ] | と [ to, 토 ] |
| な행 [ n ] | な [ na, 나 ] | に [ ni, 니 ] | ぬ [ nu, 누 ] | ね [ ne, 네 ] | の [ no, 노 ] |
| は행 [ h / f ] | は [ ha, 하 ] | ひ [ hi, 히 ] | ふ [ fu, 후 ] | へ [ he, 헤 ] | ほ [ ho, 호 ] |
| ま행 [ m ] | ま [ ma, 마 ] | み [ mi, 미 ] | む [ mu, 무 ] | め [ me, 메 ] | も [ mo, 모 ] |
| や행 [ y ] | や [ ya, 야 ] | | ゆ [ yu, 유 ] | | よ [ yo, 요 ] |
| ら행 [ r ] | ら [ ra, 라 ] | り [ ri, 리 ] | る [ ru, 루 ] | れ [ re, 레 ] | ろ [ ro, 로 ] |
| わ행 [ w ] | わ [ wa, 와 ] | | | | を [ o, 오 ] |
| ん [ N ] | ん [ N ] | | | | |

☆ **가타카나**(カタカナ): 가타카나(カタカナ)는 외국어 표기나 외래어, 의성어, 의태어, 또 강조하고 싶을 때 사용합니다.

| 단 / 행 | ア단 [ a ] | イ단 [ i ] | ウ단 [ u ] | エ단 [ e ] | オ단 [ o ] |
|---|---|---|---|---|---|
| ア행 [ a ] | ア [ a, 아 ] | イ [ i, 이 ] | ウ [ u, 우 ] | エ [ e, 에 ] | オ [ o, 오 ] |
| カ행 [ k ] | カ [ ka, 카 ] | キ [ ki, 키 ] | ク [ ku, 쿠 ] | ケ [ ke, 케 ] | コ [ ko, 코 ] |
| サ행 [ s / sh ] | サ [ sa, 사 ] | シ [ shi, 시 ] | ス [ su, 스 ] | セ [ se, 세 ] | ソ [ so, 소 ] |
| タ행 [ t / ch / ts ] | タ [ ta, 타 ] | チ [ chi, 치 ] | ツ [ tsu, 츠 ] | テ [ te, 테 ] | ト [ to, 토 ] |
| ナ행 [ n ] | ナ [ na, 나 ] | ニ [ ni, 니 ] | ヌ [ nu, 누 ] | ネ [ ne, 네 ] | ノ [ no, 노 ] |
| ハ행 [ h / f ] | ハ [ ha, 하 ] | ヒ [ hi, 히 ] | フ [ fu, 후 ] | ヘ [ he, 헤 ] | ホ [ ho, 호 ] |
| マ행 [ m ] | マ [ ma, 마 ] | ミ [ mi, 미 ] | ム [ mu, 무 ] | メ [ me, 메 ] | モ [ mo, 모 ] |
| ヤ행 [ y ] | ヤ [ ya, 야 ] | | ユ [ yu, 유 ] | | ヨ [ yo, 요 ] |
| ラ행 [ r ] | ラ [ ra, 라 ] | リ [ ri, 리 ] | ル [ ru, 루 ] | レ [ re, 레 ] | ロ [ ro, 로 ] |
| ワ행 [ w ] | ワ [ wa, 와 ] | | | | ヲ [ o, 오 ] |
| ン [ N ] | ン [ N ] | | | | |

**탁음**: 탁음은 「か · さ · た · は」행의 오른쪽 위에 점 두 개 「゛」를 찍어서 표기합니다.

| | | | | |
|---|---|---|---|---|
| が [ ga, 가 ] | ぎ [ gi, 기 ] | ぐ [ gu, 구 ] | げ [ ge, 게 ] | ご [ go, 고 ] |
| ざ [ za, 자 ] | じ [ ji, 지 ] | ず [ zu, 즈 ] | ぜ [ ze, 제 ] | ぞ [ zo, 조 ] |
| だ [ da, 다 ] | ぢ [ ji, 지 ] | づ [ zu, 즈 ] | で [ de, 데 ] | ど [ do, 도 ] |
| ば [ ba, 바 ] | び [ bi, 비 ] | ぶ [ bu, 부 ] | べ [ be, 베 ] | ぼ [ bo, 보 ] |

**반탁음**: 반탁음은 「は」행의 오른쪽 위에 작은 동그라미 「゜」를 그려서 표기합니다.

| | | | | |
|---|---|---|---|---|
| ぱ [ pa, 파 ] | ぴ [ pi, 피 ] | ぷ [ pu, 푸 ] | ぺ [ pe, 페 ] | ぽ [ po, 포 ] |

**요음**: 요음은 히라가나 「い」단의 청음 「き · し · ち · に · ひ · み · り」, 탁음 「ぎ · じ · ぢ · び」, 반탁음 「ぴ」 오른쪽 아래에 「や · ゆ · よ」를 작게 써서 표기하고, 두 글자를 한 박자로 발음합니다.

| | | | | | |
|---|---|---|---|---|---|
| きゃ [ kya, 캬 ] | きゅ [ kyu, 큐 ] | きょ [ kyo, 쿄 ] | にゃ [ nya, 냐 ] | にゅ [ nyu, 뉴 ] | にょ [ nyo, 뇨 ] |
| ぎゃ [ gya, 갸 ] | ぎゅ [ gyu, 규 ] | ぎょ [ gyo, 교 ] | ひゃ [ hya, 햐 ] | ひゅ [ hyu, 휴 ] | ひょ [ hyo, 효 ] |
| しゃ [ sha, 샤 ] | しゅ [ shu, 슈 ] | しょ [ sho, 쇼 ] | びゃ [ bya, 뱌 ] | びゅ [ byu, 뷰 ] | びょ [ byo, 뵤 ] |
| じゃ [ ja, 쟈 ] | じゅ [ ju, 쥬 ] | じょ [ jo, 죠 ] | ぴゃ [ pya, 퍄 ] | ぴゅ [ pyu, 퓨 ] | ぴょ [ pyo, 표 ] |
| ちゃ [ cha, 챠 ] | ちゅ [ chu, 츄 ] | ちょ [ cho, 쵸 ] | みゃ [ mya, 먀 ] | みゅ [ myu, 뮤 ] | みょ [ myo, 묘 ] |
| | | | りゃ [ rya, 랴 ] | りゅ [ ryu, 류 ] | りょ [ ryo, 료 ] |

# PART 1

## N5 언어지식(문자·어휘)

제1장 긴급처방 필수 문자·어휘

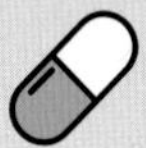
제2장 맞춤처방 실전문제

제3장 만점처방 정답 및 해설

# 진짜 한 권으로 끝내는 JLPT **N5**

## ★ 시작하기 전 공략 TIP

문자 · 어휘 파트는 어휘 암기가 열쇠!
긴급처방 최신어휘 2주 프로그램으로 효과적 암기!

2020년 대비 최신 어휘 반영

테마별 분류

2주 단기 완성

## ★ 미리 확인하는 시험 영역

N5 언어지식의 '문자 · 어휘' 파트는 총 4개입니다.

- **문제1** 한자읽기
- **문제2** 표기
- **문제3** 문맥규정
- **문제4** 유의표현

# 제1장 긴급처방

## 필수 문자·어휘

-테마별 2주 완성-

긴급처방

# DAY 1 위치

## 명사

어휘 옆 숫자는 기출 연도

| | | | | | |
|---|---|---|---|---|---|
| □ 上 ⑱⑲ | うえ | 위 | □ 東 ⑱ | ひがし | 동쪽 |
| □ 下 ⑰ | した | 아래 | □ 西 ⑮⑲ | にし | 서쪽 |
| □ 左 ⑮㉓ | ひだり | 왼쪽 | □ 南 | みなみ | 남쪽 |
| □ 右 ⑭⑱⑲㉑ | みぎ | 오른쪽 | □ 北 ⑭⑰ | きた | 북쪽 |
| □ 前 ⑰ | まえ | 앞 | □ 外 ⑪ | そと | 밖 |
| □ 後ろ ⑪ | うしろ | 뒤 | □ 中 ⑭⑯ | なか | 안 |
| □ 間 ⑯ | あいだ | 사이 | □ かど | (角) | 모퉁이 |
| □ ちかく | (近く) | 근처 | □ となり | (隣) | 옆, 이웃 |
| □ へん | (辺) | 근처, 부근 | □ よこ | (横) | 옆, 가로 |
| □ むこう | (向こう) | 저쪽, 맞은편 | □ ほう | (方) | 방면, 방향, 쪽 |

## 동사

| | | | | | |
|---|---|---|---|---|---|
| □ 歩く ⑲ | あるく | 걷다 | □ 立つ ⑲㉑ | たつ | 서다 |
| □ 座る | すわる | 앉다 | □ 住む | すむ | 살다 |
| □ おく | (置く) | 놓다, 두다 | □ まがる | (曲がる) | 돌다,<br>방향을 바꾸다 |
| □ はる | | 붙이다 | □ ちがう | (違う) | 틀리다, 다르다 |

## イ형용사

| | | | | | |
|---|---|---|---|---|---|
| □ ちかい ⑲ | (近い) | 가깝다 | □ とおい | (遠い) | 멀다 |

## 월(月)

| 1월 | 2월 | 3월 | 4월 | 5월 | 6월 | 7월 |
|---|---|---|---|---|---|---|
| いちがつ<br>一月 | にがつ<br>二月 | さんがつ<br>三月 | しがつ<br>四月 ㉒ | ごがつ<br>五月 | ろくがつ<br>六月 | しちがつ<br>七月 |
| **8월** | **9월** | **10월** | **11월** | **12월** | **몇 월** | |
| はちがつ<br>八月 | くがつ<br>九月 ⑲ | じゅうがつ<br>十月 | じゅういちがつ<br>十一月 | じゅうにがつ<br>十二月 | なんがつ<br>何月 | |

## 요일(よう日)

| 월요일 | 화요일 | 수요일 | 목요일 | 금요일 | 토요일 | 일요일 |
|---|---|---|---|---|---|---|
| げつようび<br>月よう日 | かようび<br>火よう日 ⑯㉑ | すいようび<br>水よう日 ㉓ | もくようび<br>木よう日 ⑰㉒㉓ | きんようび<br>金よう日 ㉑㉓ | どようび<br>土よう日 | にちようび<br>日よう日 ⑲ |
| **무슨 요일** | | | | | | |
| なんようび<br>何よう日 | | | | | | |

### 긴급처방 공부법

☐ 上 ⑱⑲ うえ 위

한자가 먼저 제시된 단어
한자읽기와 표기에 자주 출제되는 어휘로 먼저 ①한자를 외우고 ②읽는 법과 의미를 익힙니다.

☐ ちかい ⑲ (近い) 가깝다

읽는 법이 먼저 제시된 단어
문맥규정과 유의표현에 자주 출제되는 의미가 중요한 어휘입니다. 괄호 안의 한자는 N4 단계에서 익힙니다.

긴급처방

# DAY 2 자연·동물

## 명사

어휘 옆 숫자는 기출 연도

| | | | |
|---|---|---|---|
| □ | 空 ⑮⑯㉑ | そら | 하늘 |
| □ | 海 | うみ | 바다 |
| □ | 川 ⑭⑮⑯㉓ | かわ | 강 |
| □ | 山 ⑪⑬⑰ | やま | 산 |
| □ | 木 | き | 나무 |
| □ | 天気 ⑮⑲ | てんき | 날씨 |
| □ | 火 | ひ | 불 |
| □ | 水 ㉒ | みず | 물 |
| □ | いけ | (池) | 연못 |
| □ | くうき | (空気) | 공기 |
| □ | きせつ | (季節) | 계절 |
| □ | けしき | (景色) | 경치 |
| □ | どうぶつ ⑱㉒ | (動物) | 동물 |
| □ | とり | (鳥) | 새 |

| | | | |
|---|---|---|---|
| □ | 春 | はる | 봄 |
| □ | 夏 | なつ | 여름 |
| □ | 秋 | あき | 가을 |
| □ | 冬 | ふゆ | 겨울 |
| □ | 花 ⑱⑲ | はな | 꽃 |
| □ | 雨 ⑯⑱ | あめ | 비 |
| □ | 雪 | ゆき | 눈 |
| □ | かぜ | (風) | 바람 |
| □ | くも | (雲) | 구름 |
| □ | くもり | (曇) | 흐림 |
| □ | はれ | (晴) | 맑음 |
| □ | たいふう | (台風) | 태풍 |
| □ | いぬ ⑱ | (犬) | 개 |
| □ | ねこ ⑱ | (猫) | 고양이 |

## 동사

| | | | |
|---|---|---|---|
| □ | 見る ⑯ | みる | 보다 |
| □ | 見える | みえる | 보이다 |
| □ | 見せる | みせる | 보여주다 |
| □ | さく ㉑ | (咲く) | (꽃이) 피다 |
| □ | しぬ | (死ぬ) | 죽다 |
| □ | とぶ | (飛ぶ) | 날다 |
| □ | はれる ㉓ | (晴れる) | 맑다 |

| | | | |
|---|---|---|---|
| □ | ふる | (降る) | (눈, 비 등이) 내리다 |
| □ | くもる | (曇る) | 흐리다 |
| □ | さす | | (우산을) 쓰다 |
| □ | すてる | (捨てる) | 버리다 |
| □ | なく | (鳴く) | (새가) 울다 |
| □ | ふく ⑯ | (吹く) | (바람이) 불다 |
| □ | のぼる ⑮ | (登る) | (산을) 오르다 |

## イ형용사

| | | | | | | | |
|---|---|---|---|---|---|---|---|
| ☐ | 明るい ㉑ | あかるい | 밝다 | ☐ | 暗い ⑯ | くらい | 어둡다 |
| ☐ | あたたかい | (暖かい) | 따뜻하다 | ☐ | あつい | (暑い) | 덥다 |
| ☐ | さむい ⑰ | (寒い) | 춥다 | ☐ | すずしい | | 시원하다 |

## 일(日)

| 1일 | 2일 | 3일 | 4일 | 5일 | 6일 |
|---|---|---|---|---|---|
| ついたち<br>一日 | ふつか<br>二日 | みっか<br>三日 | よっか<br>四日 | いつか<br>五日 ㉒ | むいか<br>六日 |
| **7일** | **8일** | **9일** | **10일** | **11일** | **12일** |
| なのか<br>七日 | ようか<br>八日 | ここのか<br>九日 | とおか<br>十日 | じゅういちにち<br>十一日 | じゅうににち<br>十二日 |
| **13일** | **14일** | **15일** | **16일** | **17일** | **18일** |
| じゅうさんにち<br>十三日 | じゅうよっか<br>十四日 | じゅうごにち<br>十五日 | じゅうろくにち<br>十六日 | じゅうしちにち<br>十七日 | じゅうはちにち<br>十八日 |
| **19일** | **20일** | **21일** | **22일** | **23일** | **24일** |
| じゅうくにち<br>十九日 | はつか<br>二十日 | にじゅういちにち<br>二十一日 | にじゅうににち<br>二十二日 | にじゅうさんにち<br>二十三日 | にじゅうよっか<br>二十四日 |
| **25일** | **26일** | **27일** | **28일** | **29일** | **30일** |
| にじゅうごにち<br>二十五日 | にじゅうろくにち<br>二十六日 | にじゅうしちにち<br>二十七日 | にじゅうはちにち<br>二十八日 | にじゅうくにち<br>二十九日 | さんじゅうにち<br>三十日 |
| **31일** | **며칠** | | | | |
| さんじゅういちにち<br>三十一日 | なんにち<br>何日 | | | | |

긴급처방

# DAY 3 시간

## 명사

어휘 옆 숫자는 기출 연도

| | | | | | |
|---|---|---|---|---|---|
| □ 朝 ⑰ | あさ | 아침 | □ 毎日 ⑰ | まいにち | 매일 |
| □ 昼 | ひる | 점심, 낮 | □ 毎週 ⑲㉑ | まいしゅう | 매주 |
| □ 晩 | ばん | 저녁 | □ 毎月 | まいつき | 매달 |
| □ 夜 | よる | 밤 | □ 毎年 | まいとし | 매년 |
| □ 今朝 ⑰ | けさ | 오늘 아침 | □ 毎朝 ⑱ | まいあさ | 매일 아침 |
| □ 今晩 | こんばん | 오늘 밤 | □ 毎晩 | まいばん | 매일 저녁 |
| □ 夕べ | ゆうべ | 어제 저녁 | □ 後 ⑪ | あと | 나중, 다음 |
| □ 午前 ㉓ | ごぜん | 오전 | □ 前 | まえ | 앞, 먼저 |
| □ 午後 ⑱⑲㉒ | ごご | 오후 | □ 今 | いま | 지금 |
| □ いちにち | (一日) | 하루 | □ さき | (先) | 먼저 |
| □ しょうがつ | (正月) | 설날 | □ つぎ | (次) | 다음 |
| □ たんじょうび | (誕生日) | 생일 | □ さいご | (最後) | 최후 |
| □ はんとし | (半年) | 반년 | □ さいしょ | (最初) | 최초 |
| □ ふつかまえ ⑱ | (二日前) | 이틀 전 | □ はじめ | (初め) | 처음 |
| □ はじめ | (始め) | 시작 | □ おわり | (終わり) | 끝 |

## 동사

| | | | | | |
|---|---|---|---|---|---|
| □ 起きる | おきる | 일어나다 | □ 寝る | ねる | 자다 |
| □ 待つ | まつ | 기다리다 | □ いそぐ | (急ぐ) | 서두르다 |
| □ おわる | (終わる) | 끝나다 | □ かかる | | 걸리다 |
| □ こまる | (困る) | 곤란하다 | □ まにあう | (間に合う) | 제때에 당도하다 |

# DAY 3



## イ형용사

| | | | | | | |
|---|---|---|---|---|---|---|
| ☐ | 多い ⑪⑭⑱⑲㉓ | おおい | 많다 | 遅い | おそい | 늦다 |
| ☐ | 少ない ⑰㉑㉒ | すくない | 적다 | 長い ㉑ | ながい | 길다 |
| ☐ | 早い | はやい | 이르다 | 短い | みじかい | 짧다 |
| ☐ | いそがしい ⑲ | (忙しい) | 바쁘다 | ない | (無い) | 없다 |

## ナ형용사

| | | |
|---|---|---|
| ☐ だいじょうぶだ (大丈夫だ) | 괜찮다 | |
| ☐ ひまだ ⑲ | | 한가하다 |

## 오늘과 관련된 시간 표현

| 재작년 | 작년 | 올해 | 내년 | 내후년 |
|---|---|---|---|---|
| おととし ⑪⑭<br>(一昨年) | きょねん<br>去年 | ことし<br>今年 | らいねん ㉓<br>来年 | さらいねん<br>再来年 |
| **지지난달** | **지난달** | **이번 달** | **다음 달** | **다음다음 달** |
| せんせんげつ<br>(先々月) | せんげつ<br>先月 ⑱ | こんげつ<br>今月 ⑮ | らいげつ<br>来月 ⑯ | さらいげつ<br>(再来月) |
| **지지난주** | **지난주** | **이번 주** | **다음 주** | **다음다음 주** |
| せんせんしゅう<br>(先々週) | せんしゅう<br>先週 ⑲ | こんしゅう<br>今週 ㉒ | らいしゅう<br>来週 | さらいしゅう<br>(再来週) |
| **그저께** | **어제** | **오늘** | **내일** | **내일모레** |
| おととい ⑱<br>(一昨日) | きのう<br>昨日 | きょう<br>今日 ⑰ | あした<br>明日 | あさって<br>(明後日) |

✓ '(一昨年)'처럼 괄호 안에 들어가 있는 한자는 별로 중요하지 않다. 핵심은 'おととし'가 '재작년'이라는 것이다.
괄호가 없는 한자는 한자읽기나 표기에 자주 등장하므로, 한자를 꼭 외워 두어야 한다. 기출 연도를 확인하면서 실전에 대비하자.

# 긴급처방 DAY 4 학교

## 명사

어휘 옆 숫자는 기출 연도

| | | | | | | | |
|---|---|---|---|---|---|---|---|
| □ | 学校 ⑪⑮⑯⑰ | がっこう | 학교 | □ | 学生 | がくせい | 학생, 대학생 |
| □ | 小学校 | しょうがっこう | 초등학교 | □ | 先生 ⑲㉑ | せんせい | 선생님 |
| □ | 中学校 | ちゅうがっこう | 중학교 | □ | 大学生 | だいがくせい | 대학생 |
| □ | 高校 | こうこう | 고등학교 | □ | 休み ⑲㉓ | やすみ | 휴일, 방학 |
| □ | 大学 | だいがく | 대학교 | □ | 昼休み | ひるやすみ | 점심 시간 |
| □ | べんきょうする | (勉強) | 공부하다 | □ | じしょ ⑱ | (辞書) | 사전 |
| □ | としょかん ⑲ | (図書館) | 도서관 | □ | しつもんする ⑯ | (質問) | 질문하다 |
| □ | きょうしつ | (教室) | 교실 | □ | じゅぎょうする | (授業) | 수업하다 |
| □ | つくえ ⑭ | (机) | 책상 | □ | しゅくだいする ⑲ | (宿題) | 숙제하다 |
| □ | いす ⑭ | (椅子) | 의자 | □ | こくばん | (黒板) | 칠판 |
| □ | ろうか | | 복도 | □ | えんぴつ | (鉛筆) | 연필 |
| □ | けんがくする | (見学) | 견학하다 | □ | けしゴム | (消しゴム) | 지우개 |
| □ | ことば | (言葉) | 말, 언어 | □ | きょうかしょ | (教科書) | 교과서 |
| □ | いみする | (意味) | 의미하다 | □ | かいわする | (会話) | 회화하다 |
| □ | もんだい | (問題) | 문제 | □ | かんじ | (漢字) | 한자 |
| □ | なつやすみ | (夏休み) | 여름 방학 | □ | さくぶんする | (作文) | 작문하다 |
| □ | ふゆやすみ | (冬休み) | 겨울 방학 | □ | にゅうがくする | (入学) | 입학하다 |
| □ | りゅうがくする | (留学) | 유학하다 | □ | そつぎょうする | (卒業) | 졸업하다 |
| □ | りゅうがくせい | (留学生) | 유학생 | □ | せいと | (生徒) | (중·고등) 학생 |

# DAY 4



## 동사

| | | | |
|---|---|---|---|
| □ | 言う ⑪⑭⑯ | いう | 말하다 |
| □ | 書く ⑭ | かく | 쓰다 |
| □ | 休む ⑰⑱㉒ | やすむ | 쉬다 |
| □ | 忘れる ⑮⑰㉓ | わすれる | 잊어버리다 |
| □ | かえす | (返す) | 반납하다 |
| □ | かりる ⑲ | (借りる) | 빌리다 |
| □ | わかる | (分かる) | 알다 |
| □ | 教える ⑱⑲ | おしえる | 가르치다 |
| □ | 話す ㉑ | はなす | 이야기하다 |
| □ | 読む | よむ | 읽다 |
| □ | うける | (受ける) | 받다,<br>(시험을) 치르다 |
| □ | かす ⑯ | (貸す) | 빌려주다 |
| □ | ならう ⑱⑲ | (習う) | 배우다 |
| □ | こたえる | (答える) | 대답하다 |

## イ형용사

| | | | |
|---|---|---|---|
| □ | うるさい ⑱ | | 시끄럽다 |
| □ | たのしい | (楽しい) | 즐겁다 |
| □ | むずかしい ⑪ | (難しい) | 어렵다 |
| □ | おもしろい ⑪ | (面白い) | 재미있다 |
| □ | つまらない ⑪⑰ | | 재미없다 |
| □ | やさしい ⑯ | (易しい) | 쉽다 |

## ナ형용사

| | | | |
|---|---|---|---|
| □ | いやだ | (嫌だ) | 싫다 |
| □ | まじめだ | (真面目だ) | 성실하다 |
| □ | かんたんだ | (簡単だ) | 간단하다 |
| □ | りっぱだ | (立派だ) | 훌륭하다 |

긴급처방

# DAY 5 장소

## 명사

어휘 옆 숫자는 기출 연도

| |  |  |  |
|---|---|---|---|
| ☐ | 駅 | えき | 역 |
| ☐ | 会社 ⑭⑮⑯㉒ | かいしゃ | 회사 |
| ☐ | 地図 ⑬ | ちず | 지도 |
| ☐ | 場所 ⑱ | ばしょ | 장소 |
| ☐ | えいがかん | (映画館) | 영화관 |
| ☐ | ぎんこう | (銀行) | 은행 |
| ☐ | くすりや | (薬屋) | 약국 |
| ☐ | こうじょう | (工場) | 공장 |
| ☐ | じむしょ | (事務所) | 사무실 |
| ☐ | せき | (席) | 자리 |
| ☐ | てら | (寺) | 절 |
| ☐ | はなや | (花屋) | 꽃집 |
| ☐ | びじゅつかん | (美術館) | 미술관 |
| ☐ | ほんや | (本屋) | 책방, 서점 |
| ☐ | むら | (村) | 마을, 촌 |
| ☐ | お手洗い ㉒ | おてあらい | 화장실 |
| ☐ | 店 ⑭⑱ | みせ | 가게 |
| ☐ | 所 ⑰ | ところ | 곳, 장소 |
| ☐ | 道 ㉒ | みち | 길 |
| ☐ | きっさてん | (喫茶店) | 찻집, 카페 |
| ☐ | くうこう | (空港) | 공항 |
| ☐ | こうえん | (公園) | 공원 |
| ☐ | こうばん | (交番) | 파출소 |
| ☐ | しょくどう | (食堂) | 식당 |
| ☐ | たてもの | (建物) | 건물 |
| ☐ | どうぶつえん | (動物園) | 동물원 |
| ☐ | パンや | (パン屋) | 빵집 |
| ☐ | びょういん ㉑㉒ | (病院) | 병원 |
| ☐ | やおや | (八百屋) | 채소 가게 |
| ☐ | まち | (町) | 도시, 읍 |

| |  |  |  |
|---|---|---|---|
| ☐ | ゆうびんきょく ⑱ | (郵便局) | 우체국 |
| ☐ | こうくうびん | (航空便) | 항공 우편 |
| ☐ | うけつけ | (受付) | 접수(처) |
| ☐ | はがき ⑭⑱ | | 엽서 |
| ☐ | きって ⑭⑱ | (切手) | 우표 |
| ☐ | そくたつ | (速達) | 속달, 빠른 우편 |
| ☐ | てがみ ⑲ | (手紙) | 편지 |
| ☐ | ふうとう | | 봉투 |

우체국과 관련된 빈출 어휘도 함께 외워 두자.

# DAY 5



## 동사

| | | | | | |
|---|---|---|---|---|---|
| 会う ⑪⑰㉒ | あう | 만나다 | 持つ | もつ | 가지다, 들다 |
| おくる | (送る) | 보내다 | つく | (着く) | 도착하다 |
| つとめる | (勤める) | 근무하다 | なくす | (無くす) | 없애다, 잃다 |
| はたらく ⑲ | (働く) | 일하다 | あそぶ | (遊ぶ) | 놀다 |

## イ형용사

| | | | | | |
|---|---|---|---|---|---|
| 新しい | あたらしい | 새롭다 | 高い ⑰㉒ | たかい | 높다, 비싸다 |
| 低い | ひくい | 낮다, (키가) 작다 | 広い | ひろい | 넓다 |
| 古い ⑱⑲ | ふるい | 오래되다 | おもい | (重い) | 무겁다 |
| かるい ⑪⑱㉑㉓ | (軽い) | 가볍다 | せまい | (狭い) | 좁다 |

## ナ형용사

| | | | | | |
|---|---|---|---|---|---|
| 便利だ ⑯ | べんりだ | 편리하다 | 有名だ | ゆうめいだ | 유명하다 |
| しずかだ ⑱ | (静かだ) | 조용하다 | にぎやかだ | | 번화하다, 활기차다 |

## 부사

| | | | |
|---|---|---|---|
| すぐ ㉒ | 금방, 곧 | まっすぐ ⑱ | 곧장 |
| ちょうど | 꼭, 마침 | ゆっくり | 천천히 |

긴급처방

# DAY 6 집과 일상

## 명사

어휘 옆 숫자는 기출 연도

| | | | |
|---|---|---|---|
| ☐ | 家 | いえ/うち | 집 |
| ☐ | 新聞 ⑯⑰㉒㉓ | しんぶん | 신문 |
| ☐ | 本 | ほん | 책 |
| ☐ | かいだん ⑰ | (階段) | 계단 |
| ☐ | かさ | (傘) | 우산 |
| ☐ | かびん | (花瓶) | 꽃병 |
| ☐ | げんかん | (玄関) | 현관 |
| ☐ | ざっし | (雑誌) | 잡지 |
| ☐ | せいかつする | (生活) | 생활하다 |
| ☐ | せんたくする ⑯㉒ | (洗濯) | 세탁하다 |
| ☐ | だいどころ ⑰ | (台所) | 부엌 |
| ☐ | てちょう | (手帳) | 수첩 |
| ☐ | にもつ | (荷物) | 짐 |
| ☐ | はこ | (箱) | 상자 |
| ☐ | ほんだな | (本だな) | 책장 |
| ☐ | れいぞうこ | (冷蔵庫) | 냉장고 |

| | | | |
|---|---|---|---|
| ☐ | 紙 | かみ | 종이 |
| ☐ | 庭 | にわ | 정원 |
| ☐ | おしいれ | (押し入れ) | (일본식) 벽장 |
| ☐ | おふろ | (お風呂) | 목욕, 욕실 |
| ☐ | かぎ | | 열쇠 |
| ☐ | かじ | (家事) | 가사, 집안일 |
| ☐ | かべ | (壁) | 벽 |
| ☐ | ごみ | | 쓰레기 |
| ☐ | しゃしん | (写真) | 사진 |
| ☐ | せっけん | | 비누 |
| ☐ | そうじする ⑱⑲ | (掃除) | 청소하다 |
| ☐ | たばこ | | 담배 |
| ☐ | はいざら | (灰皿) | 재떨이 |
| ☐ | でんき | (電気) | 전기 |
| ☐ | へや ㉒ | (部屋) | 방 |
| ☐ | まど ⑯ | (窓) | 창문 |

## 부사

| | | |
|---|---|---|
| ☐ | 一番(いちばん) | 가장, 제일 |
| ☐ | 初(はじ)めて | 처음 |
| ☐ | たくさん | 많이 |
| ☐ | とても | 아주, 매우 |

| | | |
|---|---|---|
| ☐ | 先(さき)に | 먼저 |
| ☐ | 少(すこ)し ⑱ | 조금 |
| ☐ | だんだん | 점점 |
| ☐ | 本当(ほんとう)に | 정말로 |

# DAY 6



## 동사

| | | | |
|---|---|---|---|
| □ | 行く ⑰ | いく | 가다 |
| □ | 来る ⑪⑮⑰ | くる | 오다 |
| □ | 帰る | かえる | 돌아가다, 돌아오다 |
| □ | おす | (押す) | 누르다 |
| □ | とる | (撮る) | (사진을) 찍다 |
| □ | みがく ⑲ | (磨く) | 문질러 닦다, (이를) 닦다 |
| □ | 歌う | うたう | (노래를) 부르다 |
| □ | 聞く ㉓ | きく | 듣다, 묻다 |
| □ | きこえる | (聞こえる) | 들리다 |
| □ | でかける | (出かける) | 외출하다 |
| □ | する ⑰ | | 하다 |
| □ | やる | | 하다, (아랫사람에게) 주다 |

## イ형용사

| | | | |
|---|---|---|---|
| □ | 大きい | おおきい | 크다 |
| □ | 高い ⑮⑯ | たかい | 비싸다, 높다 |
| □ | うれしい | | 기쁘다 |
| □ | きたない | (汚い) | 더럽다 |
| □ | 小さい ⑯㉒ | ちいさい | 작다 |
| □ | 安い ⑪㉑ | やすい | 싸다 |
| □ | かなしい | (悲しい) | 슬프다 |

## ナ형용사

| | | | |
|---|---|---|---|
| □ | 同じだ ⑪⑬ | おなじだ | 같다 |
| □ | じょうぶだ ⑲ | (丈夫だ) | 튼튼하다 |

긴급처방

# DAY 7 음식과 요리

## 명사

어휘 옆 숫자는 기출 연도

| | | | | | | | |
|---|---|---|---|---|---|---|---|
| ☐ | ご飯 | ごはん | 밥, 식사 | ☐ | 肉 | にく | 고기 |
| ☐ | 食事する | しょくじ | 식사하다 | ☐ | 魚 ⑮⑯ | さかな | 생선 |
| ☐ | 食べ物 | たべもの | 음식 | ☐ | 朝ご飯 | あさごはん | 아침밥 |
| ☐ | 飲み物 | のみもの | 음료 | ☐ | 昼ご飯 | ひるごはん | 점심밥 |
| ☐ | 半分 ⑪⑭⑮⑯ | はんぶん | 반, 절반 | ☐ | 晩ご飯 | ばんごはん | 저녁밥 |
| ☐ | あぶら | | 기름 | ☐ | いちご | | 딸기 |
| ☐ | おかし | (お菓子) | 과자 | ☐ | おさけ | (お酒) | 술 |
| ☐ | おちゃ | (お茶) | 차 | ☐ | おひや | | 찬물, 냉수 |
| ☐ | ぎゅうにく | (牛肉) | 소고기 | ☐ | おゆ | (お湯) | 뜨거운 물 |
| ☐ | くだもの ⑰ | (果物) | 과일 | ☐ | ぎゅうにゅう ㉑ | (牛乳) | 우유 |
| ☐ | こめ | (米) | 쌀 | ☐ | こうちゃ | (紅茶) | 홍차 |
| ☐ | さら | (皿) | 접시 | ☐ | さとう ⑰ | (砂糖) | 설탕 |
| ☐ | しょうゆ | | 간장 | ☐ | しお | (塩) | 소금 |
| ☐ | そば | | 메밀국수 | ☐ | すし | | 초밥(스시) |
| ☐ | ちゅうもんする | (注文) | 주문하다 | ☐ | たまご | (卵) | 계란 |
| ☐ | とうふ | | 두부 | ☐ | てんぷら | | 튀김 |
| ☐ | ぶたにく | (豚肉) | 돼지고기 | ☐ | はし | | 젓가락 |
| ☐ | べんとう | (弁当) | 도시락 | ☐ | ぶどう | | 포도 |
| ☐ | やさい | (野菜) | 채소 | ☐ | みかん | | 귤 |
| ☐ | りんご ⑰ | | 사과 | ☐ | りょうりする ⑰ | (料理) | 요리하다 |

'おかし(과자)・おさけ(술)・おちゃ(차)・おひや(찬물, 냉수)・おゆ(뜨거운 물)' 등의 어휘는 'お'를 생략해서 쓰기도 한다.

# DAY 7



## 동사

| | | | | | | |
|---|---|---|---|---|---|---|
| □ | 洗う | あらう | 씻다 | □ 切る ⑯ | きる | 자르다 |
| □ | 食べる ⑰㉑㉒ | たべる | 먹다 | □ 使う | つかう | 사용하다 |
| □ | 作る | つくる | 만들다 | □ 飲む ⑪⑮⑲㉑㉓ | のむ | 마시다 |
| □ | きえる | (消える) | 꺼지다, 사라지다 | □ けす ⑪ | (消す) | 끄다 |
| □ | とる | (取る) | 집다 | □ わかす | | 끓이다 |

## イ형용사

| | | | | | | |
|---|---|---|---|---|---|---|
| □ | あまい ⑭⑯ | (甘い) | 달다 | □ にがい | (苦い) | 쓰다 |
| □ | あつい | (熱い) | 뜨겁다 | □ つめたい ㉓ | (冷たい) | 차갑다 |
| □ | あたたかい | (温かい) | 따뜻하다 | □ ぬるい | | 미지근하다 |
| □ | あつい | (厚い) | 두껍다 | □ うすい ⑪㉒ | (薄い) | 싱겁다, 얇다 |
| □ | おいしい | | 맛있다 | □ まずい | | 맛없다 |
| □ | うまい | | 맛있다, 솜씨가 뛰어나다 | □ からい | (辛い) | 맵다 |

## ナ형용사

| | | | | | | |
|---|---|---|---|---|---|---|
| □ | 好きだ | すきだ | 좋아하다 | □ 下手だ ㉒ | へただ | 못하다, 서툴다 |
| □ | 大好きだ | だいすきだ | 매우 좋아하다 | □ 上手だ ⑰ | じょうずだ | 잘하다, 능숙하다 |
| □ | きらいだ | (嫌いだ) | 싫어하다 | □ いろいろだ | (色々だ) | 가지각색이다, 여러 가지이다 |

# 긴급처방 쉬어 가기

## ⊕ 자주 출제되는 조수사1

어휘 옆 숫자는 기출 연도

| 구분 | ~つ<br>~개<br>[사물] | ~にん(人)<br>~명<br>[사람] | ~はい(杯)<br>~잔<br>[컵] | ~ひき(匹)<br>~마리<br>[작은 동물] | ~ほん(本)<br>~자루, ~병<br>[가늘고 긴 것] |
|---|---|---|---|---|---|
| 1<br>(一) | ひとつ | ひとり | いっぱい | いっぴき | いっぽん |
| 2<br>(二) | ふたつ | ふたり | にはい | にひき | にほん |
| 3<br>(三) | みっつ ⑯ | さんにん | さんばい | さんびき | さんぼん |
| 4<br>(四) | よっつ | よにん | よんはい | よんひき | よんほん |
| 5<br>(五) | いつつ | ごにん | ごはい | ごひき | ごほん |
| 6<br>(六) | むっつ | ろくにん | ろっぱい | ろっぴき | ろっぽん |
| 7<br>(七) | ななつ | ななにん/<br>しちにん | ななはい | ななひき | ななほん |
| 8<br>(八) | やっつ | はちにん | はっぱい | はっぴき | はっぽん |
| 9<br>(九) | ここのつ | きゅうにん | きゅうはい | きゅうひき | きゅうほん |
| 10<br>(十) | とお | じゅうにん | じゅっぱい<br>じっぱい | じゅっぴき<br>じっぴき | じゅっぽん<br>じっぽん |
| 몇<br>(何) | いくつ | なんにん | なんばい | なんびき | なんぼん |

- 사물을 세는 ~つ는 무조건 암기하자! 단, 열한 개부터는 十一個(じゅういっこ)처럼 조수사 ~個(こ)(개)를 사용한다.
- 사람 세는 조수사 ~人(にん)은 一人(ひとり)와 二人(ふたり)만 주의하면 된다. 2016년도에 百人의 읽기 ひゃくにん이 출제되었다.
- ~杯(はい)・~匹(ひき)・~本(ほん)의 공통점은 はい・ひき・ほん 전부 は행이므로 동일한 규칙으로 읽으면 된다. 특히, 탁음과 반탁음도 동일한 숫자 3・6・8・10에 붙으므로 같이 외우면 좋다.

## ⊕ 자주 출제되는 조수사2

| 구분 | ~さい(歳)<br>~살<br>[나이] | ~さつ(冊)<br>~권<br>[책] | ~かい(階)<br>~층<br>[건물] | ~かい(回)<br>~회<br>[횟수] | ~こ(個)<br>~개<br>[물건] | ~まい(枚)<br>~장<br>[천, 종이] | ~だい(台)<br>~대 ㉑<br>[자동차/전자제품] |
|---|---|---|---|---|---|---|---|
| 1<br>(一) | いっさい | いっさつ | いっかい | いっかい | いっこ | いちまい | いちだい |
| 2<br>(二) | にさい | にさつ | にかい | にかい | にこ | にまい | にだい |
| 3<br>(三) | さんさい | さんさつ ㉓ | さんがい | さんかい | さんこ | さんまい | さんだい |
| 4<br>(四) | よんさい | よんさつ | よんかい | よんかい | よんこ | よんまい | よんだい |
| 5<br>(五) | ごさい | ごさつ | ごかい | ごかい | ごこ | ごまい ㉓ | ごだい |
| 6<br>(六) | ろくさい | ろくさつ | ろっかい | ろっかい | ろっこ | ろくまい | ろくだい |
| 7<br>(七) | ななさい | ななさつ | ななかい | ななかい | ななこ | ななまい | ななだい |
| 8<br>(八) | はっさい | はっさつ | はっかい | はっかい | はっこ | はちまい | はちだい |
| 9<br>(九) | きゅうさい | きゅうさつ | きゅうかい | きゅうかい | きゅうこ | きゅうまい | きゅうだい |
| 10<br>(十) | じゅっさい<br>じっさい | じゅっさつ<br>じっさつ | じゅっかい<br>じっかい | じゅっかい<br>じっかい | じゅっこ<br>じっこ | じゅうまい | じゅうだい |
| 몇<br>(何) | なんさい | なんさつ | なんがい | なんかい | なんこ | なんまい | なんだい |

- ✓ 조수사 ~才(さい)(~살), ~冊(さつ)(~권)는 さい・さつ 모두 さ로 시작하므로 동일한 규칙으로 읽으면 된다. 주의할 점은 ろくさい와 ろくさつ의 경우 [ろっさい・ろっさつ]로 발음한다.
- ✓ 二十歳(스무살)은 にじゅっさい가 아니라 はたち라고 읽는다는 것을 꼭 기억하자.
- ✓ ~階(かい)・~回(かい)・~個(こ)도 かい・かい・こ처럼 か행이므로 동일한 규칙으로 읽으면 된다. 하지만 딱 한 가지 三階(さんがい)・三回(さんかい) 발음만 주의하자.

긴급처방

# DAY 8 패션과 경제

## 명사

어휘 옆 숫자는 기출 연도

| | | | |
|---|---|---|---|
| □ | 色 | いろ | 색 |
| □ | 赤 | あか | 빨강, 빨간색 |
| □ | 白 | しろ | 하양, 하얀색 |
| □ | きいろ | (黄色) | 노랑, 노란색 |
| □ | うわぎ ⑭ | (上着) | 상의 |
| □ | きもの | (着物) | 기모노 (일본 전통 의상) |
| □ | くつした | (靴下) | 양말 |
| □ | とけい ⑯ | (時計) | 시계 |
| □ | めがね | (眼鏡) | 안경 |
| □ | ようふく | (洋服) | 양복 |

| | | | |
|---|---|---|---|
| □ | 青 | あお | 파랑, 파란색 |
| □ | 黒 | くろ | 검정, 검정색 |
| □ | みどり | (緑) | 초록, 녹색 |
| □ | ふく | (服) | 옷 |
| □ | かばん | | 가방 |
| □ | くつ | (靴) | 신발, 구두 |
| □ | したぎ | (下着) | 속옷 |
| □ | ぼうし ⑮㉓ | | 모자 |
| □ | ゆびわ | | 반지 |

| | | | |
|---|---|---|---|
| □ | お金 | おかね | 돈 |
| □ | 住所 | じゅうしょ | 주소 |
| □ | 名前 ⑪ | なまえ | 이름 |
| □ | けいざい | (経済) | 경제 |
| □ | さいふ ㉒ | (財布) | 지갑 |
| □ | ねだん | (値段) | 가격 |
| □ | むりょう | (無料) | 무료 |

| | | | |
|---|---|---|---|
| □ | 買い物する | かいもの | 쇼핑하다 |
| □ | 電話する ⑰㉓ | でんわ | 전화하다 |
| □ | おつり | | 거스름돈 |
| □ | けいたいでんわ | (携帯電話) | 휴대전화 |
| □ | しょうひん | (商品) | 상품 |
| □ | ばんごう | (番号) | 번호 |

'お金'의 'お'는 생략할 수 있다.

'けいたいでんわ'의 경우 가타카나 'ケータイ'로 표기하기도 한다.

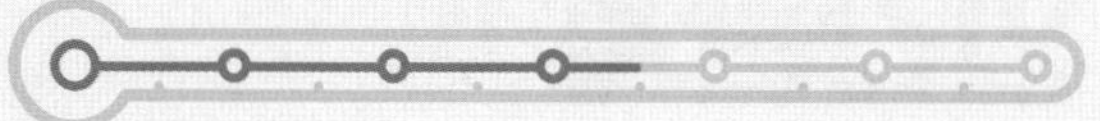

# DAY 8



## 동사

| | | | | | |
|---|---|---|---|---|---|
| □ 売る ⑱ | うる | 팔다 | □ はく ⑱㉒ | | (바지를) 입다,<br>(신발을) 신다 |
| □ 買う ⑱⑲㉓ | かう | 사다 | □ 着る | きる | 입다 |
| □ かける ㉑ | | (안경을) 쓰다,<br>(몸에) 걸치다,<br>(단추·자물쇠 등을) 채우다,<br>잠그다 | □ えらぶ | (選ぶ) | 선택하다,<br>고르다 |
| □ かぶる ⑮ | | (모자를) 쓰다 | □ しめる | | (넥타이를) 매다 |
| □ つける | | (목걸이 등을) 착용하다 | □ ぬぐ ㉑ | (脱ぐ) | 벗다 |

## イ형용사

| | | | | | |
|---|---|---|---|---|---|
| □ 青い | あおい | 파랗다 | □ 赤い | あかい | 빨갛다 |
| □ 黒い | くろい | 검다 | □ きいろい | (黄色い) | 노랗다 |
| □ 白い | しろい | 하얗다 | □ かわいい | | 귀엽다 |
| □ ほしい | | 갖고 싶다, 원하다 | □ まるい | (丸い) | 둥글다 |

# DAY 9 인간관계

## 명사

어휘 옆 숫자는 기출 연도

|  |  |  |  |  |  |
|---|---|---|---|---|---|
| □ 男 | おとこ | 남자 | □ 女 | おんな | 여자 |
| □ 男の子 | おとこのこ | 남자아이 | □ 女の子 ⑭㉒ | おんなのこ | 여자아이 |
| □ 男の人 ⑱㉓ | おとこのひと | 남자 | □ 女の人 | おんなのひと | 여자 |
| □ 会社員 | かいしゃいん | 회사원 | □ 方 | かた | 분 |
| □ 子ども | こども | 아이 | □ 自分 | じぶん | 자기 |
| □ 社員 | しゃいん | 사원 | □ しゃちょう | (社長) | 사장 |
| □ あかちゃん | 赤ちゃん | 아기 | □ いしゃ | (医者) | 의사 |
| □ あなた | | 당신 | □ おとな | (大人) | 어른 |
| □ かれ | (彼) | 그 | □ かのじょ | (彼女) | 그녀 |
| □ おや | (親) | 부모 | □ きょうだい | (兄弟) | 형제 |
| □ けいさつ | (警察) | 경찰 | □ 友だち | ともだち | 친구(들) |
| □ てんちょう | (店長) | 점장 | □ てんいん | (店員) | 점원 |
| □ だれ | | 누구 | □ どなた | | 어느 분 |
| □ みなさん | (皆さん) | 여러분 | □ みんな | | 모두 |

## 동사

|  |  |  |  |  |  |
|---|---|---|---|---|---|
| □ 生まれる ⑪⑮ | うまれる | 태어나다 | □ おこる | (怒る) | 화내다 |
| □ しる | (知る) | 알다 | □ たのむ | (頼む) | 부탁하다 |
| □ つたえる | (伝える) | 전하다, 전달하다 | □ なる | | 되다, 지다 |
| □ よぶ | (呼ぶ) | 부르다 | □ てつだう | (手伝う) | 돕다 |

## 가족

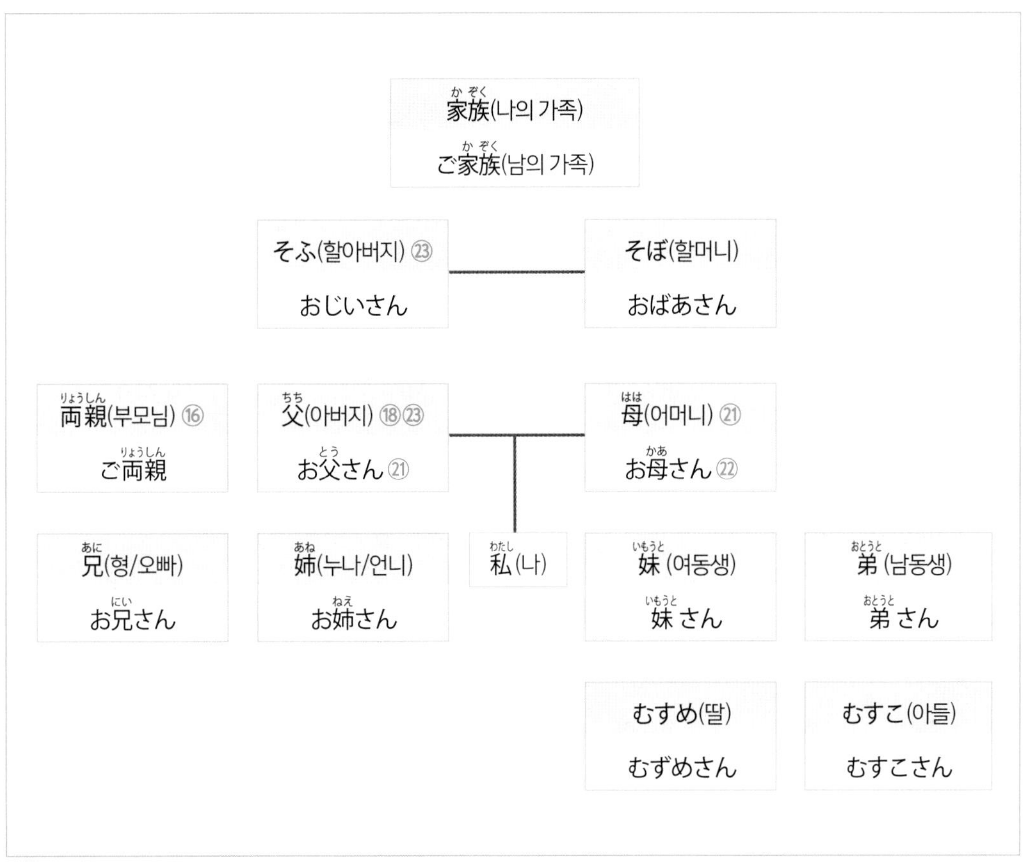


## ナ형용사

| | | | |
|---|---|---|---|
| ☐ しんせつだ | (親切だ) | 친절하다 | |
| ☐ たいせつだ | (大切だ) | 소중하다 | |

## 부사

| | |
|---|---|
| ☐ いっしょに | 같이, 함께 |
| ☐ あまり~ない | 그다지 ~않다 |
| ☐ どうぞ | 아무쪼록, 부디, 어서 |
| ☐ ぜんぜん~ない | 전혀 ~않다 |

긴급처방

# DAY 10 신체와 컨디션

## 명사

어휘 옆 숫자는 기출 연도

| | | |
|---|---|---|
| □ 足 | あし | 발 |
| □ 体 | からだ | 몸 |
| □ 口 | くち | 입 |
| □ 力 | ちから | 힘 |
| □ 耳 ⑮⑱⑲ | みみ | 귀 |
| □ あたま | (頭) | 머리 |
| □ かお | (顔) | 얼굴 |
| □ かたち | (形) | 형태 |
| □ きぶん | (気分) | 기분(정신・건강적) |
| □ げんき ⑯ | (元気) | 기운, 기력 |
| □ ねつ | (熱) | 열 |
| □ は ⑰㉒ | (歯) | 이, 치아 |
| □ びょうき | (病気) | 병 |
| □ 音 | おと | 소리 |
| □ 薬 | くすり | 약 |
| □ 声 | こえ | 목소리 |
| □ 手 ㉑㉓ | て | 손 |
| □ 目 ⑰㉑ | め | 눈 |
| □ おなか | (お腹) | 배(신체 부위) |
| □ かぜ | (風邪) | 감기 |
| □ かみ | (髪) | 머리카락 |
| □ きもち | (気持ち) | 기분(감정 전반) |
| □ せ | (背) | 키 |
| □ のど | | 목구멍, 인후 |
| □ はな | (鼻) | 코 |

## 동사

| | | |
|---|---|---|
| □ あびる ⑮⑱⑲ | (浴びる) | (샤워를) 하다, 뒤집어쓰다 |
| □ いきる | (生きる) | 살다 |
| □ すう ㉓ | (吸う) | (담배를) 피우다, 들이마시다 |
| □ つかれる ⑲ | (疲れる) | 지치다 |

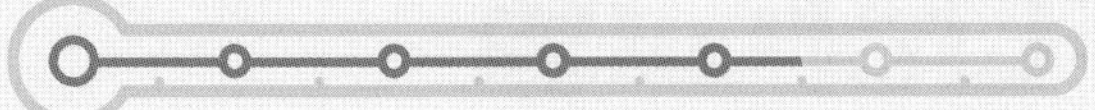

# DAY 10

## イ형용사

| | | | | | |
|---|---|---|---|---|---|
| □ いい/よい | | 좋다 | □ わるい | (悪い) | 나쁘다 |
| □ つよい ⑮ | (強い) | 강하다 | □ よわい | (弱い) | 약하다 |
| □ ふとい | (太い) | 굵다 | □ ほそい | (細い) | 가늘다 |
| □ あぶない | (危ない) | 위험하다 | □ いたい | (痛い) | 아프다 |
| □ こわい | (怖い) | 무섭다 | □ わかい | (若い) | 젊다 |

## ナ형용사

| | | | | | |
|---|---|---|---|---|---|
| □ きれいだ | | 예쁘다, 깨끗하다 | □ げんきだ | (元気だ) | 건강하다 |
| □ たいへんだ | (大変だ) | 힘들다 | □ じゅうぶんだ | (十分だ) | 충분하다 |

## 부사

| | | | |
|---|---|---|---|
| □ いつ | 언제 | □ いつも | 항상, 늘 |
| □ どう/どうやって | 어떻게 | □ ときどき | 가끔, 때때로 |
| □ どうして/なぜ | 어째서, 왜 | □ よく | 자주 |

# DAY 11 나라·교통

## 명사

어휘 옆 숫자는 기출 연도

| |  |  |  |
|---|---|---|---|
| □ | 英語 ⑱⑲㉒ | えいご | 영어 |
| □ | 外国人 | がいこくじん | 외국인 |
| □ | 韓国語 | かんこくご | 한국어 |
| □ | 国 ㉑ | くに | 나라 |
| □ | 中国語 | ちゅうごくご | 중국어 |
| □ | 日本語 | にほんご | 일본어 |
| □ | せいよう | (西洋) | 서양 |
| □ | とうきょう | (東京) | 도쿄(일본의 수도) |
| □ | アメリカ | | 미국 |
| □ | ドイツ | | 독일 |
| □ | 外国 ⑭⑮⑰ | がいこく | 외국 |
| □ | 韓国 | かんこく | 한국 |
| □ | 韓国人 | かんこくじん | 한국인 |
| □ | 中国 | ちゅうごく | 중국 |
| □ | 日本 | にほん | 일본 |
| □ | 日本人 | にほんじん | 일본인 |
| □ | せかい | (世界) | 세계 |
| □ | アジア | | 아시아 |
| □ | イギリス | | 영국 |
| □ | フランス | | 프랑스 |

| |  |  |  |
|---|---|---|---|
| □ | 入口 | いりぐち | 입구 |
| □ | 出口 ㉓ | でぐち | 출구 |
| □ | 東口 | ひがしぐち | 동쪽 출구 |
| □ | 南口 | みなみぐち | 남쪽 출구 |
| □ | きっぷ | (切符) | 표 |
| □ | じてんしゃ | (自転車) | 자전거 |
| □ | しんかんせん | (新幹線) | 신칸센 |
| □ | ちかてつ | (地下鉄) | 지하철 |
| □ | のりば | (乗り場) | 승강장 |
| □ | ひこうき | (飛行機) | 비행기 |
| □ | 車 ⑪⑭⑰ | くるま | 자동차 |
| □ | 電車 ㉑ | でんしゃ | 전차, 전철 |
| □ | 西口 ㉒ | にしぐち | 서쪽 출구 |
| □ | 北口 ㉒ | きたぐち | 북쪽 출구 |
| □ | こうさてん | (交差点) | 교차로 |
| □ | じどうしゃ | (自動車) | 자동차 |
| □ | しんごう ㉓ | (信号) | 신호 |
| □ | とっきゅう | (特急) | 특급 |
| □ | はし | (橋) | 다리(시설물) |
| □ | ふね | (船) | 배(교통수단) |

## 동사

| | | | | | |
|---|---|---|---|---|---|
| □ あがる | (上がる) | (계단을) 오르다, 올라가다 | □ いる | (要る) | 필요하다 |
| □ おりる | (下りる) | (계단을) 내려오다, 내려가다 | □ おりる | (降りる) | (교통수단에서) 내리다 |
| □ とおる | (通る) | 지나가다 | □ こむ | (混む) | 붐비다 |
| □ のる | (乗る) | (교통수단을) 타다 | □ はらう | (払う) | 지불하다 |

## 자주 출제되는 자타동사

| | | | |
|---|---|---|---|
| □ 開(あ)く | 열리다 | □ 開(あ)ける | 열다 |
| □ 閉(し)まる ⑰ | 닫히다 | □ 閉(し)める | 닫다 |
| □ 出(で)る ⑰㉑ | 나가다, 나오다 | □ 出(だ)す ㉒㉓ | 꺼내다, (리포트를) 제출하다 |
| □ とまる | 멈추다 | □ とめる | 세우다 |
| □ つく | (불이) 켜지다 | □ つける | (불을) 붙이다, (스위치를) 켜다 |
| □ ならぶ | 줄을 서다 | □ ならべる | 늘어놓다, 줄을 세우다 |
| □ 入(はい)る ⑰㉑㉓ | 들어가다, 들어오다 | □ 入(い)れる | 넣다 |
| □ 始(はじ)まる | 시작되다 | □ 始(はじ)める | 시작하다 |
| □ わたる ⑭⑮ | (다리 등을) 건너다 | □ わたす | 건네다 |

긴급처방

# DAY 12 행동과 취미

## 명사

어휘 옆 숫자는 기출 연도

| | | | | | | | |
|---|---|---|---|---|---|---|---|
| ☐ | 安心する | あんしん | 안심하다 | ☐ | 安全 | あんぜん | 안전 |
| ☐ | 歌 | うた | 노래 | ☐ | 映画 | えいが | 영화 |
| ☐ | 話 | はなし | 이야기 | ☐ | 旅行する | りょこう | 여행하다 |
| ☐ | え | (絵) | 그림 | ☐ | おんがく | (音楽) | 음악 |
| ☐ | かいぎする | (会議) | 회의하다 | ☐ | けっこんする | (結婚) | 결혼하다 |
| ☐ | けんきゅうする | (研究) | 연구하다 | ☐ | さんぽする ⑰⑲ | (散歩) | 산책하다 |
| ☐ | しあいする | (試合) | 시합하다 | ☐ | しごと ⑲ | (仕事) | 일 |
| ☐ | すいえいする | (水泳) | 수영하다 | ☐ | すもう | | 스모 |
| ☐ | ちゅうもんする | (注文) | 주문하다 | ☐ | はなび | (花火) | 불꽃놀이 |
| ☐ | はなみ | (花見) | 꽃구경 | ☐ | まつり | (祭り) | 축제 |
| ☐ | やきゅう | (野球) | 야구 | ☐ | れんしゅうする | (練習) | 연습하다 |

## 동사

| | | | | | | | |
|---|---|---|---|---|---|---|---|
| ☐ | はしる | (走る) | 달리다 | ☐ | おぼえる | (覚える) | 기억하다, 외우다 |
| ☐ | およぐ | (泳ぐ) | 수영하다 | ☐ | すすむ | (進む) | 진행하다, 나아가다 |
| ☐ | できる | | 할 수 있다, 생기다 | ☐ | ひく | | (악기 등을) 연주하다 |

## 부사

| | | | | | |
|---|---|---|---|---|---|
| ☐ | まだ ㉓ | 아직 | ☐ | もう | 이미, 벌써 |
| ☐ | また | 또 | ☐ | もうすぐ | 이제 곧 |
| ☐ | もっと | 더, 좀더 | ☐ | もちろん | 물론 |

# DAY 12



## 인사말

| | | | |
|---|---|---|---|
| □ いかがですか | 어떻습니까? | □ いらっしゃいませ | 어서 오십시오 |
| □ いってきます | 다녀오겠습니다 | □ おやすみなさい | 안녕히 주무세요 |
| □ いってらっしゃい | 다녀오세요 | □ ごめんください | 계세요?, 실례하겠습니다 |
| □ ただいま | 다녀왔습니다 | □ ごめんなさい | 미안해요, 죄송해요 |
| □ おかえりなさい | 어서와요 | □ すみません | 죄송합니다, 고맙습니다 |
| □ お元気(げんき)で | 건강하세요 | □ 失礼(しつれい)します | 실례합니다 |
| □ こちらこそ | 저야말로 | □ どういたしまして | 천만에요 |
| □ いただきます | 잘 먹겠습니다 | □ はじめまして | 처음 뵙겠습니다 |
| □ ごちそうさま(でした) | 잘 먹었습니다 | □ どうぞよろしくお願(ねが)いします | 부디 잘 부탁드립니다 |

## 접속사

| | | | |
|---|---|---|---|
| □ しかし | 그러나, 그렇지만 | □ そして | 그리고 |
| □ それから ㉓ | 그 다음에, 그러고 나서 | □ それで | 그래서 |
| □ だから ㉑㉒ | 그러니까 | □ では/じゃ | 그럼 |
| □ それでは | 그러면 | □ でも | 그래도 |

긴급처방

# DAY 13 유의어·구문

## 자주 출제되는 유의어

어휘 옆 숫자는 기출 연도

| | | | | | |
|---|---|---|---|---|---|
| □ | うるさい ⑲ | 시끄럽다 | ≒ | しずかじゃ ない | 조용하지 않다 |
| □ | がっこうを やすむ ⑰ | 학교를 쉬다 | ≒ | がっこうへ いかない | 학교에 가지 않는다 |
| □ | きってや はがきを うって いる ところ ⑱㉒ | 우표나 엽서를 파는 곳 | ≒ | ゆうびんきょく | 우체국 |
| □ | くだもの ⑰ | 과일 | ≒ | りんごや バナナ | 사과나 바나나 |
| □ | くらい ⑪ | 어둡다 | ≒ | あかるく ない | 밝지 않다 |
| □ | けさ ⑰ | 오늘 아침 | ≒ | きょうの あさ | 오늘 아침 |
| □ | さんぽする ⑲ | 산책하다 | ≒ | あるく | 걷다 |
| □ | せんたくする ⑪ | 세탁하다 | ≒ | あらう | 씻다, 빨다 |
| □ | だいどころ ⑰ | 부엌 | ≒ | りょうりを する ところ | 요리를 하는 곳 |
| □ | たてもの ⑯ | 건물 | ≒ | ビル | 빌딩 |
| □ | たんじょうび ⑯ | 생일 | ≒ | うまれた ひ | 태어난 날 |
| □ | つまらない ⑯⑰ | 재미없다, 시시하다 | ≒ | おもしろく ない | 재미있지 않다 |
| □ | どうぶつ ⑱ | 동물 | ≒ | いぬや ねこ | 개나 고양이 |
| □ | ならう ⑲ | 배우다 | ≒ | まなぶ | 배우다 |
| □ | にねんまえ ⑯ | 2년 전 | ≒ | おととし | 재작년 |
| □ | ひまだ ⑲ | 한가하다 | ≒ | いそがしく ない | 바쁘지 않다 |
| □ | ふつかまえ ⑱ | 2일 전 | ≒ | おととい | 그저께 |
| □ | まいばん ⑯ | 매일 밤 | ≒ | よる　いつも | 밤에 항상 |
| □ | やさしい ⑪ | 쉽다 | ≒ | かんたんだ | 간단하다 |
| □ | リーさんは ペンを かしました ⑪ | 이 씨는 펜을 빌려줬습니다 | ≒ | リーさんに ペンを かりました | 이 씨에게 펜을 빌렸습니다 |
| □ | りょうしん ⑪ | 부모님 | ≒ | ちちと はは | 아버지와 어머니 |
| □ | はたらいて いる ⑲ | 일하고 있다 | ≒ | しごとを して いる | 일을 하고 있다 |
| □ | ほんを かりる ところ ⑲ | 책을 빌리는 곳 | ≒ | としょかん | 도서관 |

## 자주 출제되는 구문

| | |
|---|---|
| □ うでを くんで いる | 팔짱을 끼고 있다 |
| □ かさを さす | 우산을 쓰다 |
| □ かぜが ふく ⑪ | 바람이 불다 |
| □ がっこうを やすむ | 학교를 쉬다 |
| □ かばんが じょうぶだ ⑲ | 가방이 튼튼하다 |
| □ からだが じょうぶだ ⑱ | 몸이 튼튼하다 |
| □ かんじを おぼえる ⑪ | 한자를 외우다 |
| □ ギターを ひく ⑯ | 기타를 치다 |
| □ くつを はく ⑱㉒ | 구두를 신다 |
| □ シャワーを あびる ⑱⑲ | 샤워를 하다 |
| □ テレビを つける ⑯ | 텔레비전을 켜다 |
| □ テレビを けす ⑯ | 텔레비전을 끄다 |
| □ はを みがく ⑲ | 이를 닦다 |
| □ はしを ならべる ⑯ | 젓가락을 늘어놓다 |
| □ ふくを あらう | 옷을 빨다 |
| □ ペンを かす | 펜을 빌려주다 |
| □ まどを あける ⑪ | 창문을 열다 |
| □ ゆきが ふる ⑯ | 눈이 내리다 |
| □ 本(ほん)を かりる | 책을 빌리다 |
| □ 右(みぎ)に まがる | 우회전하다 |
| □ 左(ひだり)に まがる | 좌회전하다 |

# DAY 14 가타카나

히라가나를 보고 빈칸에 가타카나를 써 보세요^^

## 가타카나①

| | | | |
|---|---|---|---|
| □ | アニメーション | 애니메이션 | あにめーしょん | |
| □ | アパート ⑪⑭㉑ | 아파트 | あぱーと | |
| □ | アルバイト | 아르바이트 | あるばいと | |
| □ | インターネット | 인터넷 | いんたーねっと | |
| □ | エアコン ㉒ | 에어컨 | えあこん | |
| □ | エレベーター | 엘리베이터 | えれべーたー | |
| □ | カード | 카드 | かーど | |
| □ | カップ | 컵 | かっぷ | |
| □ | カフェ | 카페 | かふぇ | |
| □ | カメラ ⑮ | 카메라 | かめら | |
| □ | カラオケ | 노래방 | からおけ | |
| □ | カレー | 카레 | かれー | |
| □ | ギター | 기타 | ぎたー | |
| □ | キロ | 킬로(미터, 그램) | きろ | |
| □ | クッキー | 쿠키 | くっきー | |
| □ | クラス | 클래스, 반 | くらす | |
| □ | グラス | 글라스, 유리컵 | ぐらす | |
| □ | グラム | 그램 | ぐらむ | |
| □ | ケーキ ⑭ | 케이크 | けーき | |
| □ | ケータイ | 휴대전화 | けーたい | |
| □ | ゲーム | 게임 | げーむ | |
| □ | コート | 코트 | こーと | |
| □ | コーヒー ⑭ | 커피 | こーひー | |

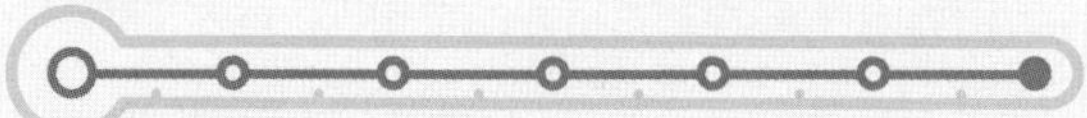

# DAY 14

히라가나를 보고 빈칸에
가타가나를 써 보세요^^

## 가타카나②

| | | | |
|---|---|---|---|
| □ | コップ | 컵 | こっぷ |
| □ | コピー | 복사 | こぴー |
| □ | コンサート | 콘서트 | こんさーと |
| □ | コンビニ | 편의점 | こんびに |
| □ | サービス | 서비스 | さーびす |
| □ | サッカー | 축구 | さっかー |
| □ | シャツ | 셔츠 | しゃつ |
| □ | シャワー ⑩⑪ | 샤워 | しゃわー |
| □ | ジュース | 주스 | じゅーす |
| □ | スーツ | 양복 | すーつ |
| □ | スーパー | 슈퍼 | すーぱー |
| □ | スカート | 치마 | すかーと |
| □ | スキー | 스키 | すきー |
| □ | スプーン | 숟가락 | すぷーん |
| □ | スポーツ | 스포츠 | すぽーつ |
| □ | ズボン ⑭ | 바지 | ずぼん |
| □ | スマホ | 스마트폰 | すまほ |
| □ | セーター | 스웨터 | せーたー |
| □ | ゼロ | 제로, 영 | ぜろ |
| □ | タクシー | 택시 | たくしー |
| □ | チーズ | 치즈 | ちーず |
| □ | チケット ㉒ | 티켓 | ちけっと |
| □ | チョコレート ⑱ | 초콜릿 | ちょこれーと |

## 가타카나③

히라가나를 보고 빈칸에 가타카나를 써 보세요^^

| | 가타카나 | 뜻 | 히라가나 | |
|---|---|---|---|---|
| □ | テーブル | 테이블 | てーぶる | |
| □ | デザート | 디저트 | でざーと | |
| □ | テスト | 시험 | てすと | |
| □ | テニス | 테니스 | てにす | |
| □ | デパート | 백화점 | でぱーと | |
| □ | テレビ | 텔레비전 | てれび | |
| □ | ドア | 문 | どあ | |
| □ | トイレ | 화장실 | といれ | |
| □ | ドラマ | 드라마 | どらま | |
| □ | ナイフ | 나이프 | ないふ | |
| □ | ニュース | 뉴스 | にゅーす | |
| □ | ネクタイ | 넥타이 | ねくたい | |
| □ | ノート | 노트 | のーと | |
| □ | バス | 버스 | ばす | |
| □ | バスケットボール | 바스켓 볼, 농구 | ばすけっとぼーる | |
| □ | パソコン | 컴퓨터 | ぱそこん | |
| □ | バナナ ⑰ | 바나나 | ばなな | |
| □ | パン | 빵 | ぱん | |
| □ | ハンカチ | 손수건 | はんかち | |
| □ | ピアノ | 피아노 | ぴあの | |
| □ | ピザ | 피자 | ぴざ | |
| □ | ビール | 맥주 | びーる | |
| □ | ビル | 건물 | びる | |

히라가나를 보고 빈칸에
가타가나를 써 보세요^^

## 가타카나④

| | | | |
|---|---|---|---|
| □ | プール ⑯ | 수영장 | ぷーる |
| □ | フォーク | 포크 | ふぉーく |
| □ | ページ | 페이지 | ぺーじ |
| □ | ベッド | 침대 | べっど |
| □ | ペット | 애완동물 | ぺっと |
| □ | ペン | 펜 | ぺん |
| □ | ボールペン | 볼펜 | ぼーるぺん |
| □ | ポケット ㉑ | 주머니 | ぽけっと |
| □ | ボタン | 단추 | ぼたん |
| □ | ホテル | 호텔 | ほてる |
| □ | ミルク | 우유 | みるく |
| □ | メートル ⑲ | 미터 | めーとる |
| □ | メニュー | 메뉴 | めにゅー |
| □ | メモ | 메모 | めも |
| □ | ヨーロッパ | 유럽 | よーろっぱ |
| □ | ラーメン | 라면 | らーめん |
| □ | ラジオ | 라디오 | らじお |
| □ | ランチ | 런치, 점심 | らんち |
| □ | レジ | 계산대 | れじ |
| □ | レストラン ⑰ | 레스토랑 | れすとらん |
| □ | レポート | 리포트, 보고서 | れぽーと |
| □ | ワイシャツ ⑯ | 와이셔츠 | わいしゃつ |
| □ | ワイン | 와인 | わいん |

# 긴급처방 쉬어 가기

## 금액(円)

| 一円 | いちえん | 四十円 | よんじゅうえん | 七百円 | ななひゃくえん | 一万円 | いちまんえん |
|---|---|---|---|---|---|---|---|
| 二円 | にえん | 五十円 | ごじゅうえん | 八百円 | はっぴゃくえん | 二万円 | にまんえん |
| 三円 | さんえん | 六十円 | ろくじゅうえん | 九百円 | きゅうひゃくえん | 三万円 | さんまんえん |
| 四円 | よえん | 七十円 | ななじゅうえん | 千円 | せんえん | 四万円 | よんまんえん |
| 五円 | ごえん | 八十円 | はちじゅうえん | 二千円 | にせんえん | 五万円 | ごまんえん |
| 六円 | ろくえん | 九十円 | きゅうじゅうえん | 三千円 | さんぜんえん | 六万円 | ろくまんえん |
| 七円 | ななえん | 百円 | ひゃくえん | 四千円 | よんせんえん | 七万円 | ななまんえん |
| 八円 | はちえん | 二百円 | にひゃくえん | 五千円 | ごせんえん ㉓ | 八万円 | はちまんえん |
| 九円 | きゅうえん | 三百円 | さんびゃくえん | 六千円 | ろくせんえん | 九万円 | きゅうまんえん |
| 十円 | じゅうえん | 四百円 | よんひゃくえん | 七千円 | ななせんえん ㉑ | 百万円 | ひゃくまんえん |
| 二十円 | にじゅうえん | 五百円 | ごひゃくえん | 八千円 | はっせんえん | | |
| 三十円 | さんじゅうえん | 六百円 | ろっぴゃくえん | 九千円 | きゅうせんえん | 얼마 | いくら |

숫자 '4(四)'는 경우에 따라 'よ・よん・し'로 읽힌다. '四円(よえん)(4엔)・四時(よじ)(4시)・四年(よねん)(4년)'은 'よ'로, '四分(よんぷん)(4분)'은 'よん'으로, '四月(しがつ)(4월)'는 'し'가 된다.

六千円(육천엔)은 'ろくせんえん'이라 표기하고 [ろっせんえん]으로 발음한다.

## 시(時)

| 1시 | 2시 | 3시 | 4시 | 5시 | 6시 |
|---|---|---|---|---|---|
| いちじ<br>一時 | にじ<br>二時 | さんじ<br>三時 | よじ<br>四時 ㉓ | ごじ<br>五時 | ろくじ<br>六時 |
| **7시** | **8시** | **9시** | **10시** | **11시** | **12시** |
| しちじ<br>七時 ㉓ | はちじ<br>八時 | くじ<br>九時 ⑮ | じゅうじ<br>十時 | じゅういちじ<br>十一時 | じゅうにじ<br>十二時 |
| **몇 시** | **몇 시간** | | | | |
| なんじ<br>何時 | なんじかん<br>何時間 | | | | |

✓ '四時(よじ)(4시) · 九時(くじ)(9시)'는 한자읽기 문제로 자주 출제된다.

## 분(分)

| 1분 | 2분 | 3분 | 4분 | 5분 | 6분 |
|---|---|---|---|---|---|
| いっぷん<br>一分 | にふん<br>二分 | さんぷん<br>三分 | よんぷん<br>四分 | ごふん<br>五分 ㉑ | ろっぷん<br>六分 ⑱ |
| **7분** | **8분** | **9분** | **10분** | **11분** | **12분** |
| ななふん<br>七分 | はっぷん<br>八分 | きゅうふん<br>九分 | じゅっぷん/<br>じっぷん<br>十分 | じゅういっぷん<br>十一分 | じゅうにふん<br>十二分 |
| **30분** | **반** | **몇 분** | | | |
| さんじゅっぷん/<br>さんじっぷん<br>三十分 | はん<br>半 | なんぷん<br>何分 | | | |

✓ '~分(분)'의 경우, 끝이 '2分 · 5分 · 7分 · 9分'일 경우에 'ふん'으로 읽힌다.

# 제2장 맞춤처방

- 문제 유형 살펴보기
- 제1회 실전문제
- 제2회 실전문제
- 제3회 실전문제

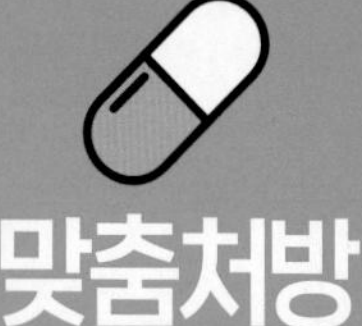

# 맞춤처방 문제 유형 살펴보기

## 문제1 한자읽기
もんだい1 漢字読み

### 문제 유형

**한자읽기(12문항)** ➡ 한자로 쓰인 어휘의 읽는 법을 묻는 문제 ➡ 예상 소요 시간 3분

★ 2020년도 제2회 시험부터 12문항에서 7문항으로 변경

**もんだい1** ＿＿＿＿の　ことばは　ひらがなで　どう　かきますか。1・2・3・4から　いちばん　いいものを　ひとつ　えらんで　ください。

문제1 ＿＿의 말은 히라가나로 어떻게 씁니까? 1·2·3·4에서 가장 알맞은 것을 하나 고르세요.

1　かばんは　つくえの　下に　あります。

1　ちた　　2　した　　3　ちだ　　4　しだ

밑줄만 보고 바로 선택지에서 찾아내 보세요~

| 1 | ①　●　③　④ |
|---|---|

### 포인트

**STEP1** 밑줄 한자만 체크

문장을 다 읽지 말고 밑줄 한자 부분만 보고 빠르게 정답 체크하기

**STEP2** 선택지 체크

▶장음이 있는지 없는지
㉙ 場所(ばしょ), 小学生(しょうがくせい)

▶촉음이 있는지 없는지
㉙ 学校(がっこう), 学生(がくせい)

▶탁음인지 반탁음인지
㉙ 一本(いっぽん), 二本(にほん), 三本(さんぼん)

▶「ん」이 들어가 있는지
㉙ 店長(てんちょう), 手帳(てちょう)

**STEP3** 오답 소거

틀렸다고 생각하는 선택지 소거

# 문제2 표기
もんだい2 表記

## 문제 유형

**표기(8문항)** ➡ 히라가나로 쓰인 어휘가 한자로 어떻게 쓰이는지 묻는 문제 ➡ 예상 소요 시간 4분

★ 2020년도 제2회 시험부터 8문항에서 5문항으로 변경

**もんだい2 ＿＿＿＿の ことばは どう かきますか。1・2・3・4 から いちばん いいものを ひとつ えらんで ください。**

문제2 ＿＿의 말은 어떻게 씁니까? 1·2·3·4에서 가장 알맞은 것을 하나 고르세요.

13 わたしの へやには はなが おおいです。

1 山　　2 川　　3 花　　4 本

동음이의어에 주의하며,
본문에 어울리는 한자를 찾아보세요~

| 13 | ① ② ● ④ |
|---|---|

## 포인트

**STEP1 문제 체크**

밑줄의 단어만 보고 답을 찾지 말고, 밑줄의 앞뒤 문맥 살펴보고 의미 유추

**STEP2 선택지 체크**

▶모양이 비슷한 글자 체크
㉮ 本(ほん)–木(き)

▶소리가 비슷한 글자 주의
㉮ 電気(でんき)–天気(てんき)

▶의미가 비슷한 글자 구분
㉮ 暗(くら)い–黒(くろ)い

**STEP3 오답 소거**

틀렸다고 생각하는 선택지 소거

## 문제3 문맥규정
もんだい3 文脈規定

### 문제 유형

**문맥규정(10문항)** ➡ 문장에 맞는 어휘를 고르는 문제 ➡ 예상 소요 시간 7분

★ 2020년도 제2회 시험부터 10문항에서 6문항으로 변경

**もんだい3 (　　)に なにが はいりますか。1・2・3・4から いちばん いいものを ひとつ えらんで ください。**

문제3 (　)에 무엇을 넣습니까? 1·2·3·4에서 가장 알맞은 것을 하나 고르세요.

21 あそこで バスに (　　)。

1 あがりました　　2 つきました

3 のりました　　4 はいりました

괄호 앞뒤 단어에 유의하며 어울리는 표현을 찾아보세요~

| 21 | ① ② ● ④ |
|---|---|

### 포인트

**STEP1 문제 체크**

괄호 앞뒤로 연결된 어휘를 잘 살펴보고 괄호 안에 넣을 어휘 유추

**STEP2 선택지 체크**

▶비슷한 무리의 선택지일 경우 호응하는 어휘를 반드시 체크

㉠ ゆきが ふる(눈이 내리다)

▶반대의 뜻을 가진 선택지 조심

㉠ けす(끄다)–つける(켜다)

▶비슷하지만 의미가 다른 선택지의 함정 주의

㉠ まいあさ(매일 아침)–けさ(오늘 아침)

**STEP3 오답 소거**

정답이 바로 보이면 좋겠지만 그렇지 않을 경우, 알고 있는 선택지부터 넣어 보며 오답을 소거

# 문제4 유의표현

もんだい4 言い換え類義

## 문제 유형

**유의표현(5문항)** ➡ 다른 단어나 표현으로 의미가 가까운 말이나 표현을 묻는 문제 ➡ 예상 소요 시간 3분

★ 2020년도 제2회 시험부터 5문항에서 3문항으로 변경

**もんだい4 ＿＿＿＿＿の　ぶんと　だいたい　おなじ　いみの　ぶんが　あります。１・２・３・４から　いちばん　いいものを　ひとつ　えらんで　ください。**

문제4 ＿＿＿의 문장과 대체로 같은 의미의 문장이 있습니다. 1·2·3·4에서 가장 알맞은 것을 하나 고르세요.

31　けさ　しゅくだいを　しました。

1　おとといの　あさ　しゅくだいを　しました。
2　おとといの　よる　しゅくだいを　しました。
3　きょうの　あさ　しゅくだいを　しました。
4　きょうの　よる　しゅくだいを　しました。

공통된 부분을 제외하고, 다른 부분을 비교하며 정답을 찾아보세요~

| 31 | ① ② ● ④ |
|---|---|

## 포인트

**STEP1 문제 체크**

공통된 부분을 제외하고, 다른 부분을 체크하여 시간을 단축

**STEP2 선택지 체크**

▶가타카나 선택지 먼저 체크
　㉵ たてもの≒ビル,
　　たべもの≒ケーキ

▶부정형 선택지 꼼꼼히 체크
　㉵ くらい≒あかるくない

▶주고받는 표현의 주체자 확인
　㉵ AがBにかす≒BはAにかりる
　　AがBにおしえる≒BはAにならう

**STEP3 정답 찾기**

선택지도 전부 성립하는 문장이므로, 오답 소거하기가 힘들지만, 선택지에서 가타카나가 나오거나 부정형이 나오면 먼저 확인해 보자.

# 제1회 실전문제 -언어지식(문자·어휘)-

제한시간 17분

**もんだい1 ＿＿＿＿＿の ことばは ひらがなで どう かきますか。1・2・3・4から いちばん いい ものを ひとつ えらんで ください。**

한자읽기

1 かれは わたしの 兄です。

1 あね　2 あに　3 あき　4 あめ

2 いもうとは ジュースを 飲みます。⑪⑮⑲

1 のみます　2 かみます　3 やみます　4 こみます

3 おんなの ひとは 百人 います。⑯㉑

1 びゃくじん　2 ひゃくにん　3 ひゃくじん　4 びゃくにん

4 かれの 名前は なんですか。⑪

1 めいまえ　2 ゆまえ　3 めまえ　4 なまえ

5 わたしは 毎日 うんどうを して います。⑰

1 まいにち　2 めいにち　3 まいつき　4 めいつき

6 うさぎの 耳は とても おおきいです。⑮⑱⑲

1 め　2 はな　3 みみ　4 のど

7 この ホテルは へやが 広いです。

1 ふかい　2 ひろい　3 せまい　4 おもい

8 やまだは　おくれるので　さきに　<u>入りましょう</u>。⑰㉓

1　いりましょう　2　はいりましょう　3　のりましょう　4　すわりましょう

9 ケーキは　テーブルの　<u>上</u>に　おいて　ください。⑱

1　した　2　なか　3　うえ　4　よこ

10 ちかくに　<u>川</u>が　あります。⑭⑮⑯㉓

1　いけ　2　かわ　3　うみ　4　やま

11 <u>木よう日</u>に　えいごの　テストが　あります。⑰㉒

1　かようび　2　すいようび　3　もくようび　4　きんようび

12 この　ざっしは　<u>千円</u>です。⑲

1　ぜんえん　2　せんえん　3　まんえん　4　ばんえん

**もんだい2** ＿＿＿＿＿の　ことばは　どう　かきますか。1・2・3・4から　いちばん

**표기** いい　ものを　ひとつ　えらんで　ください。

13 わたしは　あまり　ちょこれーとを　たべません。⑱

1　チョコルート　2　チョニレート　3　チョコレート　4　チョニルート

14 やまださんの　かいしゃは　どこですか。⑭⑮⑯㉓

1　会士　2　合社　3　合士　4　会社

15 つくえの　したに　かばんが　あります。⑰

1　上　2　下　3　不　4　止

16 きのうは　がっこうを　やすみました。⑪⑮⑯⑰

1　字枚　2　字校　3　学枚　4　学校

17 あの　ひとは　わたしの　あねです。

1　兄　2　姉　3　妹　4　弟

18 この　しゃしんを　みて　ください。⑯

1　目て　2　買て　3　見て　4　貝て

19 この　くつは　ななまんえんです。⑰⑲

1　五万円　2　六万円　3　七万円　4　八万円

20 えいごは　ちゅうごくごより　むずかしいです。⑱㉒

1　英語　2　英話　3　央語　4　央話

**もんだい3　(　　　)に　なにが　はいりますか。1・2・3・4から　いちばん　いい　もの**
**문맥규정**　**を　ひとつ　えらんで　ください。**

21 きっぷを　(　　　　)　かいました。⑰
1　にだい　2　にさつ　3　にまい　4　にほん

22 しらない　もんだいは　せんせいに　(　　　　) します。⑯
1　なやみ　2　はつおん　3　こたえ　4　しつもん

23 いえに　さいふを　(　　　　)。⑮⑰
1　まちました　2　わすれました　3　おちました　4　こまりました

24 この　ビルは　にほんで　いちばん　(　　　　) です。⑮⑯⑰
1　たかい　2　おもい　3　つよい　4　ふとい

25 きょうは　いちにちじゅう　(　　　　)。⑲㉒
1　じょうぶです　2　ひまです　3　へたです　4　べんりです

26 わたしは　(　　　　) 6じに　おきます。⑱
1　けさ　2　ひる　3　まいあさ　4　ゆうべ

27 わたしの　しゅみは　(　　　　) を　きくことです。
1　ほん　2　えいが　3　しょうせつ　4　おんがく

28 てんきが　いいから　ははと　こうえんを　(　　　　)。⑰
1　さんぽします　2　いいます　3　わらいます　4　たちます

29 あねが　くれた　かばんは　とても　(　　　　) です。⑭⑮⑱⑲
1　だいじょうぶ　2　じょうぶ　3　にぎやか　4　たいへん

30 (　　　　) かぜが　ふいて　います。⑮
1　おおい　2　つよい　3　あさい　4　きいろい

**もんだい4** ＿＿＿＿＿の ぶんと だいたい おなじ いみの ぶんが あります。
**유의표현** 1・2・3・4から いちばん いいものを ひとつ えらんで ください。

31 この みちは くらいです。⑩

1 この みちは くろいです。
2 この みちは くろくないです。
3 この みちは あかるいです。
4 この みちは あかるくないです。

32 やまださんは どうぶつが すきです。⑱

1 やまださんは サッカーや すいえいが すきです。
2 やまださんは りんごや すいかが すきです。
3 やまださんは いぬや ねこが すきです。
4 やまださんは コーヒーや こうちゃが すきです。

33 あしたは わたしの たんじょうびです。⑪⑮

1 あしたは わたしの かいた ひです。
2 あしたは わたしの うたった ひです。
3 あしたは わたしの おいた ひです。
4 あしたは わたしの うまれた ひです。

34 はやしさんは ぎんこうで はたらいて います。⑰

1 はやしさんは ぎんこうで やすんで います。
2 はやしさんは ぎんこうで ならって います。
3 はやしさんは ぎんこうで しごとを して います。
4 はやしさんは ぎんこうで おかねを かりて います。

35 きむらは おととし にほんに きました。⑪⑭

1 きむらは きのう にほんに きました。
2 きむらは きょねん にほんに きました。
3 きむらは ふつか まえ にほんに きました。
4 きむらは にねん まえ にほんに きました。

맞힌 개수 확인 ＿＿＿ /35

» 맞춤처방

# 제2회 실전문제 -언어지식(문자·어휘)-

제한시간 17분

**もんだい1** ＿＿＿＿＿の　ことばは　ひらがなで　どう　かきますか。1・2・3・4から いちばん　いい　ものを　ひとつ　えらんで　ください。

한자읽기

1 わたしの　あねは　やさしい　先生です。⑲

1　せんせえ　2　せんぜい　3　せんせ　4　せんせい

2 ノートに　でんわばんごうを　書いて　ください。⑭⑯

1　まいて　2　さいて　3　かいて　4　おいて

3 うえださんは　きょう　がっこうを　休みました。⑰⑱

1　よみました　2　やすみました　3　のみました　4　すみました

4 きむらさんの　車が　とまって　います。⑪⑭⑰

1　みせ　2　きゃく　3　くるま　4　とり

5 いすから　立ちます。⑲

1　まちます　2　かちます　3　たちます　4　うちます

6 あさっては　土よう日です。⑮

1　とようび　2　とようひ　3　どようび　4　どようひ

7 がっこうは　びょういんの　右に　あります。⑮⑱⑲

1　ひだり　2　うしろ　3　まえ　4　みぎ

8 そとに <u>出て</u>、 いぬと あそびましょう。⑰

1 でして 2 だて 3 でて 4 だして

9 あそこに いる <u>女の人</u>は わたしの いもうとです。

1 おんなのこ 2 おんなのご 3 おんなのひと 4 おんなのびと

10 スーパーと こうばんの <u>間</u>に ゆうびんきょくが あります。⑯

1 よこ 2 となり 3 あいだ 4 うしろ

11 わたしの たんじょうびは <u>九月</u> みっかです。⑲

1 しがつ 2 ごがつ 3 はちがつ 4 くがつ

12 きょうは ひとが <u>少ない</u>です。⑰㉑㉒

1 すけない 2 すかない 3 すきない 4 すくない

**もんだい2** ＿＿＿＿の　ことばは　どう　かきますか。1・2・3・4から　いちばん
표기　いいものを　ひとつ　えらんで　ください。

13 どようびは　いつも　やまに　のぼります。⑪⑬⑰

1　空　　2　海　　3　川　　4　山

14 この　ビルは　何めーとるですか。⑲

1　メートレ　　2　ノートレ　　3　メートル　　4　ノートル

15 この　かばんは　たかいですね。⑮⑯⑰

1　古い　　2　安い　　3　高い　　4　広い

16 ごごから　あめが　ふると　おもいます。⑱⑲㉒

1　午前　　2　年前　　3　午後　　4　年後

17 わたしの　ちちは　いしゃです。⑱㉓

1　母　　2　毎　　3　父　　4　交

18 ははは　まいあさ　しんぶんを　よみます。⑰㉒

1　新聞　　2　新間　　3　親聞　　4　親間

19 この　スカートは　すこし　おおきいです。⑱㉓

1　小し　　2　少し　　3　表し　　4　秒し

20 かのじょの　めは　とても　きれいです。⑰

1　手　　2　耳　　3　口　　4　目

**もんだい3** （　　　）に なにが はいりますか。1・2・3・4から いちばん いい ものを

문맥규정 **ひとつ えらんで ください。**

21 としょかんで ほんを 3（　　　　）かりました。

1 けん　　2 さつ　　3 まい　　4 ちょう

22 あしたまでに （　　　　） を だして ください。⑲

1 けんぶつ　　2 けんがく　　3 しゅくだい　　4 じゅぎょう

23 あの みせの ひとは とても （　　　　）です。

1 おなじ　　2 たくさん　　3 しんせつ　　4 だいじょうぶ

24 シャワーを （　　　　） ねます。⑮⑱

1 あそんで　　2 あびて　　3 あらって　　4 あげて

25 アメリカに いる ともだちに （　　　　）を かきます。⑲

1 てがみ　　2 しんぶん　　3 きって　　4 ふうとう

26 この コーヒーは （　　　　）を いれて あまいです。⑰

1 しお　　2 やさい　　3 さとう　　4 さかな

27 あたまが （　　　　） びょういんに いきました。

1 いたくて　　2 こわくて　　3 たかくて　　4 さむくて

28 きょうは （　　　　） さきに かえります。⑲

1 つれて　　2 つかって　　3 つけて　　4 つかれて

29 いま あめが ふって いますから そとは （　　　　）です。⑰

1 つまらない　　2 ぬるい　　3 さむい　　4 つめたい

30 この みちを （　　　　） いって、 みぎに まがって ください。⑱

1 だんだん　　2 たくさん　　3 まっすぐ　　4 いろいろ

**もんだい4　＿＿＿＿＿の ぶんと　だいたい　おなじ　いみの　ぶんが　あります。1・2・3・4から　いちばん　いい　ものを　ひとつ　えらんで　ください。**

유의표현

31 あの　かばんは　とても　かるいです。⑪⑱

1　あの　かばんは　とても　おもいです。
2　あの　かばんは　ぜんぜん　おもくないです。
3　あの　かばんは　とても　たかいです。
4　あの　かばんは　ぜんぜん　たかくないです。

32 あそこでは　はがきや　きってを　うっています。⑭⑱

1　あそこは　ぎんこうです。
2　あそこは　きっさてんです。
3　あそこは　ゆうびんきょくです。
4　あそこは　びょういんです。

33 この　もんだいは　やさしいです。

1　この　もんだいは　あぶないです。
2　この　もんだいは　たのしいです。
3　この　もんだいは　たいへんです。
4　この　もんだいは　かんたんです。

34 きのう　みた　えいがは　おもしろくなかったです。⑪⑰

1　きのう　みた　えいがは　たのしかったです。
2　きのう　みた　えいがは　つまらなかったです。
3　きのう　みた　えいがは　かなしかったです。
4　きのう　みた　えいがは　こわかったです。

35 こどもが　おおぜい　います。

1　こどもが　いつも　います。
2　こどもが　たくさん　います。
3　こどもが　ひとり　います。
4　こどもが　すこし　います。

맞힌 개수 확인 ＿＿＿ / 35

# 제3회 실전문제 -언어지식(문자·어휘)-

⏱ 제한시간 17분

**もんだい1 ＿＿＿＿＿の ことばは ひらがなで どう かきますか。1・2・3・4から いちばん いい ものを ひとつ えらんで ください。**

한자읽기

1 りんごを 五つ ください。⑱⑲

1 ふたつ　　2 みっつ　　3 よっつ　　4 いつつ

2 じゅぎょうは 午前 9じからです。

1 ごぜん　　2 ごせん　　3 ごご　　4 ごこ

3 えきの 前に やおやが あります。⑰

1 よこ　　2 となり　　3 うしろ　　4 まえ

4 ぎんこうは ホテルの 東がわに あります。⑱

1 ひがしがわ　　2 にしがわ　　3 みなみがわ　　4 きたがわ

5 あには 外国で はたらいて います。⑭⑮⑰

1 かいこく　　2 がいこく　　3 かいごく　　4 がいごく

6 ともだちと いっしょに 来て ください。⑪⑮⑰

1 おきて　　2 して　　3 ないて　　4 きて

7 あそこに ふるい ふくを うる 店が あります。⑭⑱

1 みせ　　2 みぜ　　3 えぎ　　4 えき

8 もういちど　話して　ください。

1　まわして　2　かして　3　はなして　4　ゆるして

9 ちちは　うでを　組んで　います。⑲

1　すんで　2　のんで　3　くんで　4　かんで

10 ははの　たんじょうびに　花を　あげました。⑱

1　うみ　2　いけ　3　はな　4　やま

11 えいがかんで　まえださんに　会いました。⑪⑰

1　ならいました　2　あいました　3　つかいました　4　かいました

12 きょうは　天気が　いいですね。⑮⑲㉓

1　てんき　2　でんき　3　げんき　4　けんき

**もんだい2** ＿＿＿＿＿の ことばは どう かきますか。1・2・3・4から いちばん
**표기** いい ものを ひとつ えらんで ください。

13 えきの まえに れすとらんが できました。⑰

1 レストフソ 2 レストラン 3 レフトラノ 4 レフトラソ

14 すずきさんと わたしは おなじ としです。⑪⑬

1 筒じ 2 口じ 3 回じ 4 同じ

15 あさごはんは たべません。⑰

1 良べません 2 飯べません 3 飲べません 4 食べません

16 この こうえんには こどもが おおいです。⑪⑭⑱

1 太い 2 大い 3 夕い 4 多い

17 わたしは まいにち りょうしんに でんわします。⑰㉓

1 雲話 2 雲語 3 電語 4 電話

18 びょういんと ぎんこうの あいだに コンビニが あります。⑯

1 間 2 聞 3 門 4 問

19 えきから いえまで ろっぷん ぐらい かかります。⑱

1 六本 2 六分 3 穴本 4 穴分

20 うみで およぎたいです。

1 山 2 花 3 海 4 川

**もんだい3　(　　　　)に　なにが　はいりますか。1・2・3・4から　いちばん　いい　ものを**
문맥규정　**ひとつ　えらんで　ください。**

21 いま　むすめの　(　　　　　)を　えがいて　います。⑰
1　のど　2　こえ　3　かお　4　ちから

22 へやを　(　　　　　)しましたから、きれいです。⑱
1　せんたく　2　りょうり　3　かいもの　4　そうじ

23 この　へやは　あついですから、(　　　　　)を　つけましょう。
1　コップ　2　エレベーター　3　エアコン　4　テーブル

24 あそこの　(　　　　　)で　3がいへ　いって　ください。⑰
1　かいだん　2　まど　3　ろうか　4　へや

25 きょうは　いい(　　　　　)なので　いぬと　さんぽします。⑮㉓
1　でんき　2　でんしゃ　3　てんき　4　てんいん

26 はを　(　　　　　)　ねて　ください。⑲
1　きいて　2　みがいて　3　あらって　4　あびて

27 ちちは　まいしゅう　やまに　(　　　　　)。⑮
1　のみます　2　のぼります　3　ふります　4　わかります

28 (　　　　　)で　にんじんと　ねぎを　かいました。
1　へや　2　くすりや　3　はなや　4　やおや

29 あそこで　タクシーに　(　　　　　)。
1　あがりましょう　2　のりましょう　3　つきましょう　4　はいりましょう

30 うえださんの　いえは　わたしの　いえから　(　　　　　)です。⑲
1　かるい　2　ながい　3　ちかい　4　おもい

PART 1　언어지식(문자·어휘)

**もんだい4 ＿＿＿＿の ぶんと だいたい おなじ いみの ぶんが あります。**
**유의표현 1・2・3・4から いちばん いい ものを ひとつ えらんで ください。**

31 けさ　コーヒーを　のみました。⑰

1　きのうの　あさ　コーヒーを　のみました。
2　きのうの　よる　コーヒーを　のみました。
3　きょうの　あさ　コーヒーを　のみました。
4　きょうの　よる　コーヒーを　のみました。

32 きむらさんは　たなかさんに　ほんを　かりました。⑲

1　きむらさんは　たなかさんに　ほんを　かえしました。
2　きむらさんは　たなかさんに　ほんを　かしました。
3　たなかさんは　きむらさんに　ほんを　かえしました。
4　たなかさんは　きむらさんに　ほんを　かしました。

33 あそこは　りょうりを　する　ところです。⑰

1　あそこは　だいどころです。
2　あそこは　ろうかです。
3　あそこは　にわです。
4　あそこは　じんじゃです。

34 この　にもつは　おもいです。

1　この　にもつは　かるいです。
2　この　にもつは　かるくないです。
3　この　にもつは　あまいです。
4　この　にもつは　あまくないです。

35 まえださんは　いとうさんに　さくぶんを　おしえます。⑱

1　まえださんは　いとうさんに　さくぶんを　ならいます。
2　まえださんは　いとうさんに　さくぶんを　おくります。
3　いとうさんは　まえださんに　さくぶんを　ならいます。
4　いとうさんは　まえださんに　さくぶんを　おくります。

맞힌 개수 확인 ＿＿＿ /35

MEMO

# 제3장 만점처방

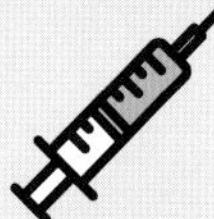

## 실전문제 정답 및 해설

# 언어지식(문자·어휘) 실전문제 정답 및 해설

## 제1회 실전문제 정답 및 해설

| 정답 |

| | | | | | | |
|---|---|---|---|---|---|---|
| 1 2 | 2 1 | 3 2 | 4 4 | 5 1 | 6 3 | 7 2 |
| 8 2 | 9 3 | 10 2 | 11 3 | 12 2 | 13 3 | 14 4 |
| 15 2 | 16 4 | 17 2 | 18 3 | 19 3 | 20 1 | 21 3 |
| 22 4 | 23 2 | 24 1 | 25 2 | 26 3 | 27 4 | 28 1 |
| 29 2 | 30 2 | 31 4 | 32 3 | 33 4 | 34 3 | 35 4 |

| 해설 |

**문제 1 ＿＿＿＿의 말은 히라가나로 어떻게 씁니까? 1·2·3·4에서 가장 알맞은 것을 하나 고르세요.**

1　2　그는 나의 형(오빠)입니다.

해설　✱ 가족 호칭 암기!　兄는 훈독으로 「あに」이다. 父(ちち)(아버지), 母(はは)(어머니) 등 가족 호칭은 자주 출제되므로 'DAY9'의 인간관계를 다시 한번 확인해 보자.

어휘　かれ 그 | わたし 나

2　1　여동생은 주스를 마십니다.

해설　✱ 훈독에 주목!　飲는 훈독으로 「のむ」이며, '마시다'라는 뜻을 가진다. 3번 이상 출제되었던 어휘이므로 꼭 외워 두자. 飲(の)む와 함께 食(た)べる(먹다)도 알아 두자.

어휘　いもうと 여동생 | ジュース 주스

3　2　여자는 100명 있습니다.

해설　✱ 음독에 주의!　숫자 百(100)은 「ひゃく」라고 읽으며, 人는 훈독으로 「ひと」, 음독으로 「じん・にん」이라고 읽는다. 사람을 셀 때에는 「にん」으로 읽어야 한다. 단, 一人(ひとり)(1명)와 二人(ふたり)(2명)만 읽는 법이 다르다는 것을 꼭 기억해 두자.

어휘　おんなの ひと 여자

4　4　그의 이름은 무엇입니까?

해설　✱ 훈독에 주목!　두 글자로 된 명사는 名前처럼 훈독으로 발음할 때가 있으므로 반드시 주의해야 한다. 名의 훈독은 「な」이며, 前의 훈독은 「まえ」이다.

어휘　なん 무엇

5　1　나는 매일 운동을 하고 있습니다.

해설　✱ 음독에 주의!　毎의 음독은 「まい」이고, 日의 훈독은 「か・ひ」, 음독은 「じつ・にち」이다. 毎日에서 日는 「にち」로 읽어야 한다. 그리고 요일 중에서 日よう日(일요일)의 경우 日의 읽는 법이 앞과 뒤가 다르게 「にちようび」라고 읽힌다. 자주 등장하니 꼭 외워 놓자.

어휘　うんどう 운동 | する 하다

6　3　토끼의 귀는 매우 큽니다.

해설　✱ 신체 부위 한자 체크!　耳(귀)는 일본어로 「みみ」이고, 3번 이상 한자읽기에서 출제되었으므로 꼭 기억해 두자. 한자읽기나 표기에서 자주 출제되는 신체 부위로는 目(め)(눈)・口(くち)(입)・足(あし)(발)・手(て)(손) 등이 있다.

어휘　ねこ 고양이 | とても 매우 | ちいさい 작다

7　2　이 호텔은 방이 넓습니다.

해설　✱ 반대어 함정 체크!　イ형용사는 대부분 훈독이며, 広의 경우 훈독으로 「ひろい」가 된다. イ형용사의 한자읽기 문제의 오답 선택지를 보면, 반대어가 꼭 등장하는데 함께 알아 두면 좋다. 広(ひろ)い(넓다) ↔ 狭(せま)い(좁다), 大(おお)きい(크다) ↔ 小(ちい)さい(작다), 多(おお)い(많다) ↔ 少(すく)ない(적다), 明(あか)るい(밝다) ↔ 暗(くら)い(어둡다) 등이 자주 출제된다.

어휘　ホテル 호텔 | へや 방

8　2　야마다는 늦을 테니까 먼저 들어갑시다.

해설　✱ 훈독에 주목!　入의 훈독은 「いる・いれる・はいる」이며, N5에서 자주 출제되는 어휘는 入(い)れる(넣다), 入(はい)る(들어가다, 들어오다)이다.

어휘　おくれる 늦다 | ～から ~때문에, ~테니까 | さきに 먼저 | ～ましょう ~합시다

9　3　케이크는 테이블 위에 놔 주세요.

해설　✱ 위치와 방향 한자 체크!　위치와 방향을 나타내는 1자로 된

명사는 모두 훈독으로 읽히므로, 꼼꼼하게 외워 두자. 한자 읽기와 표기에서 3번 이상 출제된 어휘는 上(위) · 下(아래) · 前(앞) · 後ろ(뒤) · 外(밖) · 中(안) 등이 있다.

어휘 ケーキ 케이크 | テーブル 테이블 | おく 놓다, 두다 | ~てください ~해 주세요

10 2 근처에 강이 있습니다.

해설 ✻ 비슷한 카테고리 한자 체크! 강, 하늘, 바다 등과 같은 한자는 모두 훈독이며, 연관된 단어들이 오답 선택지로 항상 등장하므로 함께 외워 두는 것이 효과적이다. 川(강), 空(하늘), 海(바다), 山(산), 花(꽃) 등은 매년 출제되고 있다.

어휘 ちかく 근처

11 3 목요일에는 영어 시험이 있습니다.

해설 ✻ 요일 암기! よう日(요일)는 일본어로 「ようび」이다. 월요일부터 일요일까지 月(월), 火(화), 水(수), 木(목), 金(금), 土(토), 日(일)를 전부 체크해 두자.

어휘 えいご 영어 | テスト 시험

12 2 이 잡지는 1,000엔입니다.

해설 ✻ 숫자 체크! 숫자 千(1,000)은 「せん」이라고 읽고, 일본 화폐 단위 円(엔)은 음독으로 「えん」이라고 읽는다. 주의할 점은 千을 「いっせん」이라고 읽어서는 안 되며, 숫자 10,000은 「いちまん」으로 숫자 '1'까지 넣어서 읽어야 한다.

어휘 ざっし 잡지

## 문제 2 ＿＿＿＿의 말은 어떻게 씁니까? 1·2·3·4에서 가장 알맞은 것을 하나 고르세요.

13 3 나는 그다지 초콜릿을 먹지 않습니다.

해설 ✻ 비슷한 글자에 주의! 가타카나의 맞는 표기를 찾는 문제로, 비슷한 모양의 글자를 섞어 놓았기 때문에 꼼꼼하게 살펴봐야 한다. 이 문제는 コ(こ)와 ニ(に), レ(れ)와 ル(る)를 잘 구별할 수 있으면 된다.

어휘 あまり~ない 그다지 ~않다 | たべる 먹다

14 4 야마다 씨의 회사는 어디입니까?

해설 ✻ 비슷한 한자에 주의! '회사'의 한자 표기를 묻는 문제로 먼저 かい에 해당하는 한자는 「会」이기 때문에 2, 4번 보기는 먼저 제외할 수 있고, しゃ에 해당하는 한자는 「社」이기 때문에 1번도 오답이다. 형태가 유사하거나 부수의 작은 차이로 혼란을 주는 문제로 보기를 유심히 살펴봐야 한다.

어휘 どこ 어디

15 2 책상 아래에 가방이 있습니다.

해설 ✻ 비슷한 한자에 주의! '아래'의 의미를 지닌 한자를 묻는 문제로 정답은 2번이다. 1, 3, 4번은 각각 '위', '아니다', '멈추다'의 의미가 있으므로 정답이 될 수 없다. 정답과 유사한 한자를 제시하고 있는 문제로 한자의 정확한 형태뿐만 아니라 의미 체크도 확실하게 해야 한다.

어휘 つくえ 책상 | かばん 가방

16 4 어제는 학교를 쉬었습니다.

해설 ✻ 비슷한 한자에 주의! '학교'의 한자 표기를 찾는 문제로 学(학)과 비슷하게 생긴 字(지), 校(교)와 비슷한 枚(매)를 잘 구분할 수 있는지를 체크한다. 学의 음독은 「がく」이지만 校가 결합되면서 「がっこう」처럼 촉음으로 발음되니 주의하자.

어휘 きのう 어제 | やすむ 쉬다

17 2 저 사람은 나의 누나(언니)입니다.

해설 ✻ 가족 한자 체크! 가족 관계의 경우 한자읽기에서도 자주 등장하지만 표기에도 만만치 않게 등장한다. あね(언니, 누나)는 한자로 「姉」라고 표기한다. 다른 선택지 兄(형, 오빠), 弟(남동생), 妹(여동생)도 반드시 나오므로 꼼꼼하게 체크하자.

어휘 ひと 사람

18 3 이 사진을 봐 주세요.

해설 ✻ 비슷한 한자에 주의! 동사 みる는 '보다'라는 의미로, 한자는 「見る」로 표기한다. 선택지를 보면 모양이 유사한 한자들을 모아 두었는데, 각각 め(눈)는 目, かう(사다)는 買う, かい(조개)는 貝로 표기하므로 오답이 된다.

어휘 これ 이것 | ~てください ~해 주세요

19 3 이 신발은 7만 엔입니다.

해설 ✻ 숫자에 주의! 공통적으로 들어가 있는 万円(만 엔)을 제외하고 앞에 있는 한자는 전부 숫자로 五(ご), 六(ろく), 七(なな), 八(はち)이므로 정답은 3번이다. 숫자의 표기도 자주 등장하므로 체크해 두자.

어휘 くつ 신발, 구두

20 1 영어는 중국어보다 어렵습니다.

해설 ✻ 비슷한 한자에 주의! えいご는 영어라는 의미로 英(영)과 語(어)가 결합된 단어이다. 「英」와 「央」, 「語」와 「話」가 비슷하게 생겼으니 주의하자.

어휘 ちゅうごくご 중국어 | より ~보다 | むずかしい 어렵다

**문제 3 ( )에 무엇이 들어갑니까? 1·2·3·4에서 가장 알맞은 것을 하나 고르세요.**

21 3 표를 2장 샀습니다.

해설 ✻ 수량사에 주의! 표를 세는 수량사는 「まい(장)」이다. 다른 선택지 だい(대)는 자동차나 전자제품을 셀 때, さつ(권)는 책을 셀 때, ほん(자루, 병)은 가늘고 긴 것 또는 병을 셀 때 사용한다.

어휘 きっぷ 표 | かう 사다

22 4 모르는 문제는 선생님께 질문합니다.

해설 ✻ 선택지 함정 주의! しらない もんだい(모르는 문제)를 せんせい(선생님)께 어떻게 할까 생각해 보면 「しつもん(질문)」이 정답이 된다. 오답 선택지 중 しつもん(질문)을 항상 따라다니는 어휘 「こたえ(대답)」를 주의하자.

어휘 しる 알다 | もんだい 문제 | せんせい 선생님

23 2 집에 지갑을 두고 왔습니다.

해설 ✻ 어울리는 어휘 찾기! 보기 중 공란 앞의 さいふ(지갑)와 함께 올 수 있는 표현은 「わすれました(두고 왔습니다)」이다. 다른 선택지 まつ(기다리다), おちる(떨어지다), こまる(곤란하다)의 의미도 알아 두자.

어휘 いえ 집 | さいふ 지갑

24 1 이 빌딩은 일본에서 가장 높습니다.

해설 ✻ 단어 성격 파악하기! 공란 앞의 ビル(빌딩)와 함께 자주 등장하는 형용사로는 「たかい(높다), ひくい(낮다)」 등이 있다. たかい의 경우 '높다' 이외에도 '비싸다'라는 의미도 있으므로 체크해 놓자. 다른 선택지 おもい(무겁다), つよい(강하다), ふとい(굵다) 등도 알아 두자.

어휘 ビル 빌딩 | にほん 일본 | いちばん 가장

25 2 오늘은 하루 종일 한가합니다.

해설 ✻ 단어 성격 파악하기! 선택지 じょうぶだ(튼튼하다), ひまだ(한가하다), へただ(서툴다), べんりだ(편리하다) 중에서 きょう(오늘)와 함께 올 수 있는 ナ형용사는 「ひまだ(한가하다)」이다.

어휘 きょう 오늘 | いちにちじゅう 하루 종일

26 3 나는 매일 아침 6시에 일어납니다.

해설 ✻ 시제에 주목! おきます(일어납니다)는 현재 시제로 습관 등을 말할 때 사용하여 정답은 「まいあさ(매일 아침)」가 된다. 다른 선택지 けさ(오늘 아침), ひる(점심), ゆうべ(어제 저녁)는 오답이 된다.

어휘 まいあさ 매일 아침 | おきる 일어나다

27 4 나의 취미는 음악을 듣는 것입니다.

해설 ✻ 명사+동사 구문 체크! 공란 뒤의 きく(듣다)와 함께 올 수 있는 단어는 「おんがく(음악)」이다. 다른 선택지 ほん(책)과 しょうせつ(소설)은 동사 「よむ(읽다)」와, えいが(영화)는 동사 「みる(보다)」와 어울린다.

어휘 しゅみ 취미 | きく 듣다

28 1 날씨가 좋아서 엄마와 공원을 산책합니다.

해설 ✻ 어울리는 어휘 찾기! 공란 앞의 こうえん(공원)과 함께 올 수 있는 단어는 「さんぽします(산책합니다)」이다. 다른 선택지 わらう(웃다), たつ(서다)도 함께 알아 두자.

어휘 てんき 날씨 | いい 좋다 | はは 엄마 | こうえん 공원

29 2 누나(언니)가 준 가방은 매우 튼튼합니다.

해설 ✻ 어휘 성질 파악하기! かばん(가방)의 성질을 말해 줄 수 있

는 선택지는 だいじょうぶだ(괜찮다), じょうぶだ(튼튼하다), にぎやかだ(번화하다), たいへんだ(힘들다) 중 じょうぶだ(튼튼하다)가 된다. 14년, 15년, 18년, 19년 4회나 출제된 어휘로 꼭 외워 두자.

어휘 あね 누나(언니) | くれる (다른 사람이 나에게) 주다 | かばん 가방 | とても 매우

30 2 강한 바람이 불고 있습니다.

해설 ✲ 어울리는 어휘 찾기! 공란 뒤의 かぜ(바람)를 꾸며줄 수 있는 단어는 「つよい(강하다)」이다. 다른 선택지 おおい(많다), あさい(얕다), きいろい(노랗다)도 참고로 알아 두자.

어휘 かぜ 바람 | ふく 불다 | ～ている ~하고 있다

**문제 4 ________ 의 문장과 대체로 같은 의미의 문장이 있습니다. 1·2·3·4에서 가장 알맞은 것을 하나 고르세요.**

31 4 이 길은 어둡습니다.

1 이 길은 검습니다.

2 이 길은 검지 않습니다.

3 이 길은 밝습니다.

4 이 길은 밝지 않습니다.

해설 ✲ 비슷한 발음에 주의! くらい(어둡다)와 くろい(검다)는 발음이 비슷하고 의미도 유사하여 같이 출제되는 경우가 많다. 보통 형용사의 경우 반대말의 부정형이 선택지에 등장한다. 그것이 정답일 확률이 높다. 즉 「くらい(어둡다) ≒ あかるくない(밝지 않다)」가 정답이다.

어휘 みち 길 | くらい 어둡다 | くろい 검다 | あかるい 밝다

32 3 야마다 씨는 동물을 좋아합니다.

1 야마다 씨는 축구나 수영을 좋아합니다.

2 야마다 씨는 사과나 수박을 좋아합니다.

3 야마다 씨는 개나 고양이를 좋아합니다.

4 야마다 씨는 커피나 홍차를 좋아합니다.

해설 ✲ 단어 의미 체크! どうぶつ(동물)라는 단어를 알고 있으면 쉽게 풀린다. 정답은 3번 「いぬ(개)나 ねこ(고양이)」가 된다. 다른 선택지 1번은 うんどう(운동), 2번은 くだもの(과일), 4번은 のみもの(음료)에 해당하는 어휘들이다.

어휘 どうぶつ 동물 | すきだ 좋아하다 | サッカー 축구 | すいえい 수영 | りんご 사과 | すいか 수박 | いぬ 강아지 | ねこ 고양이 | コーヒー 커피 | こうちゃ 홍차

33 4 내일은 나의 생일입니다.

1 내일은 내가 쓴 날입니다.

2 내일은 내가 노래 부른 날입니다 .

3 내일은 내가 둔 날입니다.

4 내일은 내가 태어난 날입니다.

해설 ✲ 단어 의미 체크! たんじょうび(생일)를 바꿔 말하면 「うまれた ひ(태어난 날)」로 표현할 수 있다.

어휘 あした 내일 | たんじょうび 생일 | かく 쓰다 | うたう 노래 부르다 | おく 놓다, 두다 | うまれる 태어나다

34 3 하야시 씨는 은행에서 일하고 있습니다.

1 하야시 씨는 은행에서 쉬고 있습니다.

2 하야시 씨는 은행에서 배우고 있습니다.

3 하야시 씨는 은행에서 일을 하고 있습니다.

4 하야시 씨는 은행에서 돈을 빌리고 있습니다.

해설 ✲ 단어 의미 체크! はたらく는 '일하다'라는 의미의 동사로 3번 「しごとを する(일을 하다)」가 유의표현이 된다.

어휘 ぎんこう 은행 | はたらく 일하다 | やすむ 쉬다 | ならう 배우다 | しごと 일 | おかね 돈 | かりる 빌리다

35 4 기무라는 재작년에 일본에 왔습니다.

1 기무라는 어제 일본에 왔습니다.

2 기무라는 작년에 일본에 왔습니다.

3 기무라는 2일 전에 일본에 왔습니다.

4 기무라는 2년 전에 일본에 왔습니다.

해설 ✲ 시간 표현에 주의! おととし(재작년)는 올해를 기준으로 2년 전을 의미한다. 그러므로 정답은 4번이 된다. 시간 표현은 자주 출제되므로 체크해 두자. 「おととい(그저께)」도 자주 등장한다.

어휘 おととし 재작년 | くる 오다 | きのう 어제 | きょねん 작년 | ふつか 2일 | まえ 전

## 제2회 실전문제 정답 및 해설

| 정답 |

| | | | | | | |
|---|---|---|---|---|---|---|
| 1 4 | 2 3 | 3 2 | 4 3 | 5 3 | 6 3 | 7 4 |
| 8 3 | 9 3 | 10 3 | 11 4 | 12 4 | 13 4 | 14 3 |
| 15 3 | 16 3 | 17 3 | 18 1 | 19 2 | 20 4 | 21 2 |
| 22 3 | 23 3 | 24 2 | 25 1 | 26 3 | 27 1 | 28 4 |
| 29 3 | 30 3 | 31 2 | 32 3 | 33 4 | 34 2 | 35 2 |

| 해설 |

**문제 1 ＿＿＿＿의 말은 히라가나로 어떻게 씁니까? 1·2·3·4 에서 가장 알맞은 것을 하나 고르세요.**

1　4　저의 누나(언니)는 상냥한 선생님입니다.

해설　* 장음에 주의! 19년에 출제된 문제로 선생님의 음독을 묻는 문제이다. 先은 음독으로 「せん」이고, 生는 음독으로 「せい・しょう」인데, 先生의 경우 「せい」라고 읽는다. 「せい」를 짧게 읽지 않도록 주의하자.

어휘　あね 누나(언니) | やさしい 상냥하다

2　3　노트에 전화번호를 써 주세요.

해설　* 비슷한 발음 체크! 書く(쓰다)는 일본어로 「かく」라고 발음한다. 다른 선택지 聞く(듣다)는 きく, 咲く(피다)는 さく, 置く(두다)는 おく로 발음한다.

어휘　ノート 노트 | でんわばんごう 전화번호 | ～てください ~해 주세요

3　2　우에다 씨는 오늘 학교를 쉬었습니다.

해설　* 비슷한 발음 체크! 休む(쉬다)는 일본어로 「やすむ」로 읽는다. 17년과 18년 2회나 출제되었다. 다른 선택지 중 よむ(읽다)는 読む, のむ(마시다)는 飲む라고 표기한다.

어휘　きょう 오늘 | がっこう 학교

4　3　기무라 씨의 자동차가 서 있습니다.

해설　* 1자로 된 한자는 훈독! 車(차)는 훈독으로 「くるま」라고 발음하고 '자동차'라는 의미를 가진다. 음독으로는 「しゃ」라고 발음하며, 관련 어휘로는 電車(전철)가 있고 でんしゃ라고 읽는다. 다른 선택지 みせ(가게)는 店, きゃく(손님)는 客, とり(새)는 鳥라고 표기한다.

어휘　とまる 멈추다 | 자동사+ている ~해져 있다(상태)

5　3　의자에서 일어납니다.

해설　* 비슷한 발음 체크! 立つ(서다)는 「たつ」라고 읽으며, 19년도에 출제되었다. 다른 선택지 まつ(기다리다)는 「待つ」, かつ(이기다)는 「勝つ」라고 표기한다.

어휘　いす 의자

6　3　내일모레는 토요일입니다.

해설　* 탁음에 주의! よう日(요일)에서 日는 「び」라고 읽는다. 요일은 한자읽기・표기에서 자주 출제되므로 반드시 알아 두자. 월은 月(げつ), 화는 火(か), 수는 水(すい), 목은 木(もく), 금은 金(きん), 토는 土(ど), 일은 日(にち)이다. 특히 토요일의 土는 「と」라고 읽지 않도록 주의한다.

어휘　あさって 모레

7　4　학교는 병원 오른쪽에 있습니다.

해설　* 위치 관련 단어 체크! 일본어로 오른쪽은 右라고 표기하고 「みぎ」라고 읽는다. 왼쪽은 左라고 표기하고 「ひだり」로 읽는다.

어휘　がっこう 학교 | びょういん 병원

8　3　밖에 나가서 강아지와 놉시다.

해설　* 훈독에 주목! 한자 出의 훈독 동사는 出る(나가다, 나오다)와 出す(꺼내다, 제출하다)가 있으며, 出る는 「でる」, 出す는 「だす」라고 읽는다. 매년 나오는 동사이므로 꼭 외워 두자.

어휘　そと 밖 | いぬ 강아지 | あそぶ 놀다 | ～ましょう ~합시다

9　3　저곳에 있는 여자는 나의 여동생입니다.

해설　* 훈독에 주목! 女の人(여자)의 女는 「おんな」, 人는 「ひと」라 읽는다. 반대로 男の人(남자)의 男는 「おとこ」, 人는 동일하게 「ひと」라 읽는다. 각각 출제된 적이 있으므로 잘 체크해 두자.

어휘　あそこ 저곳, 저기 | いもうと 여동생

10 3 슈퍼와 파출소 사이에 우체국이 있습니다.

**해설** ✻ 위치 관련 단어 체크! 間는 '사이'라는 뜻으로 「あいだ」라고 있는다. 다른 선택지 前(앞)은 まえ, 隣(옆)는 となり, 後ろ(뒤) うしろ로 발음된다. N5에서 위치 표현은 모든 영역에서 반복해서 출제되고 있다.

**어휘** スーパー 슈퍼 | こうばん 파출소 | ゆうびんきょく 우체국

11 4 나의 생일은 9월 3일입니다.

**해설** ✻ 숫자에 주의! 숫자 9는 한자로 九라고 쓰고, 「きゅう」 혹은 「く」라 읽는다. 9월의 경우 「きゅうがつ」가 아니라 「くがつ」라 읽으므로 꼭 주의해야 한다. 4월도 자주 등장하는데 4월은 한자로 四月이라고 표기하고, 「しがつ」라 읽는다. 꼭 체크해 두자.

**어휘** たんじょうび 생일 | みっか 3일

12 4 오늘은 사람이 적습니다.

**해설** ✻ 반대어 함정 체크! 少ない(적다)는 일본어로 「すくない」라 읽는다. 반대되는 의미를 가진 '많다'는 일본어로 多い라고 표기하고 「おおい」라 읽는다. 형용사의 경우, 암기할 때 반대되는 의미를 지닌 어휘도 같이 외워 두자.

**어휘** きょう 오늘 | ひと 사람

## 문제 2 ________의 말은 어떻게 씁니까? 1·2·3·4에서 가장 알맞은 것을 하나 고르세요.

13 4 토요일은 항상 산에 오릅니다.

**해설** ✻ 비슷한 카테고리 한자 체크! やま는 한국어로 '산'이라는 의미로 「山」라고 표기 한다. 11년, 13년, 17년 세 차례나 출제된 한자이다. 다른 선택지도 꼭 알아 두자. そら(하늘)는 空, うみ(바다)는 海, かわ(강)는 川라고 표기한다.

**어휘** どようび 토요일 | いつも 항상 | のぼる 오르다

14 3 이 빌딩은 몇 미터입니까?

**해설** ✻ 비슷한 글자에 주의! N5 표기 문제에서는 올바른 가타카나 표기 문제가 등장한다. 꼭 맞춰야 하므로, 평소에 헷갈리는 것이 있다면 잘 체크해 두자. 이 문제에서는 メ(め)와 ノ(の), レ(れ)와 ル(る)를 비교할 수 있는지를 물어본다.

**어휘** ビル 빌딩

15 3 이 가방은 비싸네요.

**해설** ✻ 반대되는 한자 체크! たかい(비싸다)는 「高い」라고 표기하고, 반대되는 단어 やすい(싸다)는 「安い」로 표기한다. 다른 선택지 ひろい(넓다)는 広い, ふるい(오래되다)는 古い라고 표기한다.

**어휘** かばん 가방

16 3 오후부터 비가 내릴 것이라고 생각합니다.

**해설** ✻ 비슷한 한자에 주의! ごご(오후)는 한자로 「午後」라고 표기한다. ごぜん(오전)은 「午前」이라고 표기한다. 함께 알아 두자. 그리고 午와 年가 비슷하게 생겼으니 주의하자.

**어휘** あめ 비 | ふる 내리다 | おもう 생각하다

17 3 저의 아빠는 의사입니다.

**해설** ✻ 비슷한 한자에 주의! 가족 호칭에 관련된 한자는 반드시 나온다. ちち(아버지)는 父로 표기하고 はは(어머니)는 母라고 표기한다. 한자 父와 校를 혼동하지 말자.

**어휘** いしゃ 의사

18 1 엄마는 매일 아침 신문을 읽습니다.

**해설** ✻ 비슷한 한자에 주의! しんぶん(신문)은 「新聞」이라고 표기한다. 新과 親, 聞와 間처럼 비슷한 한자가 반드시 선택지에 등장하니 유심히 체크해야 한다.

**어휘** はは 엄마 | まいあさ 매일 아침 | よむ 읽다

19 2 이 치마는 조금 큽니다.

**해설** ✻ 비슷한 한자에 주의! すこし(조금)라는 부사는 「少し」라 표기한다. 선택지 중 헷갈리기 쉬운 小는 ちいさい(작다)의 한자이다.

**어휘** スカート 치마 | おおきい 크다

20 4 그녀의 눈은 매우 예쁩니다.

**해설** ✻ 신체 부위 한자 체크! 신체와 관련된 한자는 늘 등장한다. め(눈)은 目, て(손)은 手, みみ(귀)는 耳, くち(입)는 口라고 표기한다.

**어휘** かのじょ 그녀 | とても 매우 | きれいだ 예쁘다

## 문제 3 (　　)에 무엇이 들어갑니까? 1·2·3·4에서 가장 알맞은 것을 하나 고르세요.

21　2　도서관에서 책을 3권 빌렸습니다.

**해설** ✱ 수량사에 주의! 책을 세는 수량사는 「さつ(권)」이다. 다른 선택지 だい(대)는 자동차나 전자제품을 셀 때, まい(장)는 종이나 천을 셀 때, さい(살)는 나이를 셀 때 사용한다.

**어휘** としょかん 도서관 | ほん 책 | かりる 빌리다

22　3　내일까지 숙제를 제출해 주세요.

**해설** ✱ だす에 주의! 공란 뒤의 「だす(꺼내다, 제출하다)」와 어울리는 단어는 レポート(리포트), しゅくだい(숙제), てがみ(편지) 등이 있다. 정답은 3번이며, 다른 선택지 けんぶつ(구경), けんがく(견학), じゅぎょう(수업)도 체크해 두자.

**어휘** あした 내일 | だす 내다, 제출하다 | ～てください ~해 주세요

23　3　저 가게의 사람(점원)은 매우 친절합니다.

**해설** ✱ 단어 성질에 주의! 사람(ひと)의 성질을 설명해 줄 수 있는 선택지는 「しんせつだ(친절하다)」이다. 다른 선택지 おなじだ(같다), だいじょうぶだ(괜찮다)도 자주 나오는 어휘이므로 알아 두자. たくさん은 부사이므로 뒤에 です가 붙지 못 한다.

**어휘** みせ 가게 | ひと 사람

24　2　샤워를 하고 잡니다.

**해설** ✱ 명사+동사 구문 체크! 한국어로는 '샤워를 하다'이나, 일본어로는 「あびる(뒤집어 쓰다)」라는 동사를 붙여 「シャワーをあびる(샤워를 하다)」라고 한다. 18년, 19년 2년 연속으로 출제된 중요한 구문이다.

**어휘** シャワー 샤워 | ねる 자다

25　1　미국에 있는 친구에게 편지를 씁니다.

**해설** ✱ 괄호 앞뒤 단어 체크! 괄호 앞뒤 단어를 보면 ともだちに(친구에게)와 かく(쓰다)가 있다. 친구에게 쓸 수 있는 것은 선택지에서 「てがみ(편지)」가 된다. 다른 선택지에서 편지와 관련된 어휘 きって(우표), ふうとう(봉투)도 함께 알아 두자.

**어휘** アメリカ 미국 | ともだち 친구 | かく 쓰다

26　3　이 커피는 설탕을 넣어서 달콤합니다.

**해설** ✱ 어울리는 어휘 찾기! あまい(달다)와 어울리는 선택지는 「さとう(설탕)」가 된다. あまい(달다)는 2회이상 출제되었으며, 혼동되는 다른 선택지 しお(소금)도 체크해 두자.

**어휘** コーヒー 커피 | いれる 넣다 | あまい 달다

27　1　머리가 아파서 병원에 갔습니다.

**해설** ✱ 문맥 살피기! 문맥을 살펴보자. あたま(머리)가 어떠해서 びょういん(병원)에 갔을까? 선택지에서 적당한 것은 「いたい(아프다)」가 된다. 병원이라는 단어만 보고 こわい(무섭다)를 선택하지 말자.

**어휘** あたま 머리 | びょういん 병원 | いく 가다

28　4　오늘은 피곤해서 먼저 돌아갑니다.

**해설** ✱ 문맥 체크! きょう(오늘) 어떠해서 さきに かえる(먼저 돌아가다)라는 내용이 나왔을까? 선택지 중 적절한 것은 「つかれる(피곤하다, 지치다)」가 된다. 다른 선택지 わすれる(깜빡 잊다), まちがえる(틀리다, 실수하다), おぼえる(외우다, 기억하다)도 つかれる의 오답으로 자주 나오므로 알아 두자.

**어휘** きょう 오늘 | さきに 먼저 | かえる 돌아가다, 돌아오다

29　3　지금 비가 내리고 있어서 밖은 추워요.

**해설** ✱ 문맥 체크! 공란 앞에 비가 내리고 있다고 했고, そと(밖)와 함께 올 수 있는 표현은 기온이 낮다는 의미를 가진 「さむい(춥다)」이다. 다른 선택지 つめたい(차갑다), ぬるい(미지근하다)는 보통 물의 온도를 말할 때 쓰이므로 혼동해서는 안 된다.

**어휘** きのう 어제 | あめ 비 | ふる 내리다 | そと 밖

30　3　이 길을 곧장 가서 오른쪽으로 돌아 주세요.

**해설** ✱ 부사 체크! '직진하다'는 「みちを まっすぐ いく(길을 곧

장 가다)」라고 표현한다. 다른 선택지 だんだん(점점), たくさん(많이), いろいろ(여러 가지)도 자주 등장하니 함께 알아 두자.

어휘 みち 길 | みぎ 오른쪽 | まがる 돌다 | ~てください ~해 주세요

**문제 4 ＿＿＿＿의 문장과 대체로 같은 의미의 문장이 있습니다. 1·2·3·4에서 가장 알맞은 것을 하나 고르세요.**

31 2 저 가방은 매우 가볍습니다.

1 저 가방은 매우 무겁습니다.
2 저 가방은 매우 무겁지 않습니다.
3 저 가방은 매우 비쌉니다.
4 저 가방은 매우 비싸지 않습니다.

해설 ✻ 부정형에 주의! かるい(가볍다)는 おもい(무겁다)의 부정형인 「おもく ないです(무겁지 않습니다)」로 표현할 수 있다.

어휘 かばん 가방 | とても 매우 | かるい 가볍다 | おもい 무겁다 | たかい 비싸다

32 3 저곳에서는 엽서와 우표를 팔고 있습니다.

1 저곳은 은행입니다.
2 저곳은 찻집입니다.
3 저곳은 우체국입니다.
4 저곳은 병원입니다.

해설 ✻ 우체국 관련 어휘 체크! はがき(엽서)와 きって(우표)는 ゆうびんきょく(우체국)과 관련된 어휘이다. 우체국과 관련된 어휘들은 청해・독해 파트에서도 자주 등장하므로 꼭 외워 둬야 한다.

어휘 あそこ 저기, 저곳 | はがき 엽서 | きって 우표 | うる 팔다 | ~ている ~하고 있다 | ぎんこう 은행 | きっさてん 찻집, 카페 | ゆうびんきょく 우체국 | びょういん 병원

33 4 이 문제는 쉽습니다.

1 이 문제는 위험합니다.
2 이 문제는 즐겁습니다.
3 이 문제는 힘듭니다.
4 이 문제는 간단합니다.

해설 ✻ 여러 뜻을 가진 어휘 주의! やさしい는 '쉽다' 그리고 '상냥하다'라는 의미를 가지고 있다. 주어가 もんだい(문제)이기 때문에 '쉽다'로 해석하는 것이 적당하다. 유의어로는 ナ형용사 「かんたんだ(간단하다, 쉽다)」가 된다.

어휘 もんだい 문제 | やさしい 쉽다 | あぶない 위험하다 | たのしい 즐겁다 | たいへんだ 힘들다 | かんたんだ 간단하다

34 2 어제 본 영화는 재미있지 않았습니다.

1 어제 본 영화는 재미있었습니다.
2 어제 본 영화는 시시했습니다.
3 어제 본 영화는 슬펐습니다.
4 어제 본 영화는 무서웠습니다.

해설 ✻ 부정형에 주의! おもしろくない(재미있지 않다)의 유의어는 '재미없다, 시시하다'라는 의미를 가진 「つまらない」이다. 체크해 두자.

어휘 きのう 어제 | みる 보다 | えいが 영화 | おもしろい 재미있다 | たのしい 즐겁다 | つまらない 재미없다, 시시하다 | かなしい 슬프다 | こわい 무섭다

35 2 아이가 여럿 있습니다.

1 아이가 항상 있습니다.
2 아이가 많이 있습니다.
3 아이가 한 명 있습니다.
4 아이가 조금 있습니다.

해설 ✻ おおぜい의 뜻 주의! 사람이 많을 때 사용하는 「おおぜい(여럿, 많은 사람)」는 바꿔 말하면 「ひとが たくさん います(사람이 많이 있습니다)」등으로 표현할 수 있다. 다른 선택지에서 등장하는 부사 いつも(항상), すこし(조금)도 알아 두자.

어휘 こども 아이 | おおぜい 많은 사람, 여럿 | いつも 항상, 늘 | たくさん 많음 | ひとり 한 명 | すこし 조금

## 제3회 실전문제 정답 및 해설

| 정답 |

| | | | | | | |
|---|---|---|---|---|---|---|
| 1 4 | 2 1 | 3 4 | 4 1 | 5 2 | 6 4 | 7 1 |
| 8 3 | 9 3 | 10 3 | 11 2 | 12 1 | 13 2 | 14 4 |
| 15 4 | 16 4 | 17 4 | 18 1 | 19 2 | 20 3 | 21 3 |
| 22 4 | 23 3 | 24 1 | 25 3 | 26 2 | 27 2 | 28 4 |
| 29 2 | 30 3 | 31 3 | 32 4 | 33 1 | 34 2 | 35 3 |

| 해설 |

**문제 1 ________의 말은 히라가나로 어떻게 씁니까? 1·2·3·4에서 가장 알맞은 것을 하나 고르세요.**

1 4 사과를 5개 주세요.

해설 ✻ 숫자 체크! 숫자 五つ(5개)는 일본어로 「いつつ」라 읽는다. 五의 음독은 「ご」로 五分(5분)은 ごふん, 五枚(5장)은 ごまい, 五階(5층)은 ごかい라고 읽는다.

어휘 りんご 사과 | ください 주세요

2 1 수업은 오전 9시부터입니다.

해설 ✻ 반대 의미의 한자 주의! 午前(오전)은 일본어로 「ごぜん」이라고 읽는다. 항상 함께 등장하는 午後(오후)는 「ごご」라고 읽으니 혼동하지 않도록 주의하자.

어휘 じゅぎょう 수업

3 4 역 앞에 채소 가게가 있습니다.

해설 ✻ 위치 관련 단어 체크! 前은 훈독으로 「まえ」, 음독으로 「ぜん」이라고 읽는데, 위치를 말할 때 前(앞)은 「まえ」라 읽는다. 다른 선택지 上(위)는 うえ, 下(아래)는 した, 後ろ(뒤)는 うしろ라고 발음한다.

어휘 えき 역 | やおや 채소 가게

4 1 은행은 호텔의 동쪽에 있습니다.

해설 ✻ 동서남북 발음 주의! 방향을 나타내는 어휘는 일상 생활에도 많이 쓰이니 꼭 외워 두자. 東(동)은 ひがし, 西(서)는 にし, 南(남)은 みなみ, 北(북)은 きた로 읽는다. 꼭 체크해 놓자.

어휘 ぎんこう 은행 | ホテル 호텔

5 2 형(오빠)은 외국에서 일하고 있습니다.

해설 ✻ 음독에 주의! 外国(외국)의 한자는 음독으로 「がいこく」라고 발음한다. 外의 훈독은 「そと」, 国는 「くに」라고 발음하고 각각 '바깥', '나라'라는 의미를 가진다. 음독과 훈독을 혼동하지 말자.

어휘 あに 형(오빠) | はたらく 일하다 | ~ている ~하고 있다

6 4 친구와 함께 와 주세요.

해설 ✻ 불규칙 동사 읽기 체크! 来る(오다)는 일본어로 「くる」라고 읽는다. 세 번이나 출제된 동사로 꼭 외워 두자.

어휘 ともだち 친구 | いっしょに 함께 | ~てください ~해 주세요

7 1 저곳에 오래된 옷을 파는 가게가 있습니다.

해설 ✻ 1자로 된 한자는 훈독! 店(가게)은 일본어 훈독으로 「みせ」라고 발음한다. 두 번 이상 출제된 중요한 어휘이다. 다른 선택지 えき(역)의 한자는 駅이다.

어휘 あそこ 저곳 | ふるい 낡다, 오래되다 | ふく 옷 | うる 팔다

8 3 한 번 더 말해 주세요.

해설 ✻ 비슷한 발음 체크! 話す(이야기하다)는 일본어로 「はなす」라 읽는다. 다른 선택지 まわす는 '돌리다', かす는 '빌려주다', ゆるす는 '허락하다, 허가하다'이며 의미만 잘 알아 두자.

어휘 もういちど 한번 더

9 3 아빠는 팔짱을 끼고 있습니다.

해설 ✻ 훈독에 주의! 다소 난이도 있는 문제로 19년도에 출제되었다. うでを 組む(팔짱을 끼우다)는 일본어로 「うでを くむ」라고 읽는다.

어휘 ちち 아빠 | うで 팔 | うでを くむ 팔짱을 끼다

10 3 엄마 생일에 꽃을 주었습니다.

해설 ✻ 비슷한 카테고리 한자 체크! 花(꽃)는 일본어로 「はな」라 읽는다. 다른 선택지 うみ(바다)의 한자는 海, いけ(연못)의 한자는 池, やま(산)의 한자는 山이다.

어휘 はは 엄마 | たんじょうび 생일 | あげる (내가 다른 사람에게) 주다

11 2 영화관에서 마에다 씨를 만났습니다.

해설 ✻ 동사 읽기 주의! 会う(만나다)는 훈독으로 「あう」라 읽는다. 2회나 출제된 중요한 어휘이다. 다른 선택지 ならう(배우다)의 한자는 習う, つかう(사용하다)의 한자는 使う, かう(사다)의 한자는 買う가 된다. 함께 학습해 두자.

어휘 えいがかん 영화관

12 1 오늘은 날씨가 좋네요.

해설 ✻ 탁음에 주의! 天気(날씨)는 일본어로 「てんき」라 읽는다. 탁음을 붙여 「でんき」라고 읽지 않도록 주의하자. 참고로 「でんき」는 '전기'라는 의미로 電気라고 표기한다.

어휘 きょう 오늘 | いい 좋다

**문제 2 ________의 말은 어떻게 씁니까? 1·2·3·4에서 가장 알맞은 것을 하나 고르세요.**

13 2 역 앞에 레스토랑이 생겼습니다.

해설 ✻ 비슷한 글자에 주의! 올바른 가타카나 표기를 찾는 문제로 ス(す)와 フ(ふ), ソ(そ)와 ン(ん)을 잘 구별할 수 있는지를 묻는다.

어휘 えき 역 | まえ 앞 | できる 생기다

14 4 스즈키 씨와 저는 같은 나이입니다.

해설 ✻ 비슷한 한자에 주의! おなじだ(같다, 동일하다)는 한자로 「同じだ」로 표기한다. 비슷한 한자 筒・口・回 등에 주의하자.

어휘 とし 나이

15 4 아침밥은 먹지 않습니다.

해설 ✻ 비슷한 한자에 주의! たべる(먹다)의 일본어 표기는 「食べる」이다. 오답 선택지로 항상 등장하는 한자는 飲む(마시다)이며 のむ라고 읽는다. 혼동하지 않도록 주의하자.

어휘 あさごはん 아침밥

16 4 이 공원에는 아이가 많습니다.

해설 ✻ 비슷한 모양과 의미에 주의! おおい(많다)는 「多い」라고 표기 한다. 세 번 이상 출제된 중요한 한자이다. 多와 모양이 비슷한 夕과 혼동하지 않도록 주의하자. 또한 의미가 비슷한 おおきい(크다)는 大きい, ふとい(굵다)는 太い로 표기하는데 자주 등장하므로 꼭 구분해 두어야 한다.

어휘 こうえん 공원 | こども 아이

17 4 저는 매일 부모님에게 전화합니다.

해설 ✻ 비슷한 한자에 주의! でんわ(전화)는 한자로 「電話」라고 표기한다. 雲와 電, 語와 話가 비슷하게 생겼으니 주의하자.

어휘 りょうしん 부모님

18 1 병원과 은행 사이에 편의점이 있습니다.

해설 ✻ 비슷한 한자에 주의! あいだ(사이)는 한자로 「間」라고 표기하며, 다른 선택지 聞는 きく(듣다)의 聞く와 しんぶん(신문)의 新聞에 등장하는 한자이다. 자주 나오니 함께 체크해 두자.

어휘 びょういん 병원 | ぎんこう 은행 | コンビニ 편의점

19 2 역에서부터 집까지 6분 정도 걸립니다.

해설 ✻ 숫자 관련 한자 체크! ろっぷん(6분)은 한자로 「六分」이라고 표기한다. 六와 穴가 비슷하게 생겼고, 本(ほん・ぽん・ぼん) 과 分(ふん・ぷん)이 비슷한 발음이니 주의하자.

어휘 えき 역 | いえ 집 | ぐらい 정도 | かかる 걸리다, 소요되다

20 3 바다에서 헤엄치고 싶습니다.

해설 ✻ 같은 카테고리 한자 체크! うみ(바다)는 「海」라고 표기한다. 다른 선택지 やま(산)은 山, はな(꽃)는 花, かわ(강)은 川로 표기한다. 함께 늘 등장하는 한자이므로 꼭 체크해 두자.

어휘 およぐ 헤엄치다 | たい ~하고 싶다

**문제 3 (　　)에 무엇이 들어갑니까? 1·2·3·4에서 가장 알맞은 것을 하나 고르세요.**

21 3 지금 딸의 얼굴을 그리고 있어요.

해설 ✻ 문맥 살피기! むすめ(딸)와 えがく(그리다)를 보고 딸의 무엇을 그리고 있을까를 유추하며 선택지를 살펴보면 「かお(얼굴)」가 정답이 된다. 다른 선택지 のど(목, 목구멍), こえ(목소리), ちから(힘)도 함께 체크해 두자.

어휘 むすめ 딸 | みがく 닦다

22 4 방을 청소해서 깨끗합니다.

해설 ✻ 문맥 살피기! 최근 경향을 살펴보면 '~해서 ~하다'처럼 원인과 결과의 문장이 자주 등장한다. きれいだ(깨끗하다)만 보고 せんたく(세탁)를 선택해서는 안 되고, 앞뒤 문맥을 잘 파악해야 하며, 정답은 へや(방)를 「そうじ(청소)」가 정답이 된다.

어휘 へや 방 | きれいだ 깨끗하다

23 3 이 방은 더우니까 에어컨을 켭시다.

해설 ✻ 문맥 살피기! あつい(덥다)와 つける(켜다)를 보고, 더워서 무엇을 켰을까를 생각해 보자. 선택지 중 적당한 것은 エアコン(에어컨)뿐이다. 다른 선택지 コップ(컵), エレベーター(엘리베이터),テーブル(테이블)도 체크해 두자.

어휘 あつい 덥다 | つける 켜다

24 1 저기 계단으로 3층에 가 주세요.

해설 ✻ 포인트 캐치! 괄호 뒷부분을 보면 3がいへ いく(3층으로 가다)가 나온다. 무엇으로 가면 좋을까를 생각하면서 선택지를 보면 かいだん(계단), まど(창문), ろうか(복도), へや(방) 중 정답은 「かいだん(계단)」이 된다. 보기의 선택지는 청해, 독해에서도 자주 나오는 어휘이다.

어휘 あそこ 저기, 저곳 | ~かい ~층 | いく 가다 | ~てください ~해 주세요

25 3 오늘은 날씨가 좋아서 강아지와 산책합니다.

해설 ✻ 비슷한 발음 체크! 괄호 뒤 いぬと さんぽする(강아지와 산책하다)가 있고, 앞에는 いい(좋다)가 있다. 무엇이 좋아서 산책을 할까를 생각해 보자. 「てんき(날씨)」가 정답이 된다. 선택지 중 비슷한 발음의 でんき(전기)와 혼동해서는 안 된다.

어휘 きょう 오늘 | いい 좋다 | ので ~때문에 | いぬ 강아지 | さんぽ 산책

26 2 이를 닦고 주무세요.

해설 ✻ 특정 구문 외우기! 「はを みがく(이를 닦다)」라는 구문을 외우고 있었다면 간단하게 풀 수 있는 문제이다. 다른 선택지도 おんがくを きく(음악을 듣다), かおを あらう(세수를 하다), シャワーを あびる(샤워를 하다)처럼 구문으로 외워 두면 좋다.

어휘 は 이 | ねる 자다

27 2 아빠는 매주 산에 오릅니다.

해설 ✻ 특정 구문 외우기! '등산하다, 산에 오르다'는 일본어로 「やまに のぼる」라고 한다. 다른 선택지 중 ふる의 경우, '내리다'라는 의미로 あめ(비)나 ゆき(눈)과 함께 쓰인다.

어휘 ちち 아빠 | まいしゅう 매주 | やま 산

28 4 채소 가게에서 당근과 파를 샀습니다.

해설 ✻ 채소 가게 관련 어휘 체크! 공란 뒤의 にんじん(당근), ねぎ(파) 를 파는 곳은 「やおや(채소 가게)」이다. へや(방), くすりや(약국), はなや(꽃집)은 정답으로 적절하지 않다.

어휘 にんじん 당근 | ねぎ 파 | かう 사다

29 2 저곳에서 택시를 탑시다.

해설 ✻ 특정 구문 외우기! '택시를 타다'를 일본어로 하면 「タクシーに のる」가 된다. 다른 선택지 はいる(들어가다)와 혼동해서는 안 된다.

어휘 タクシー 택시

30 3 우에다 씨의 집은 우리 집에서 가깝습니다.

해설 ✻ 문맥 살피기! 거리를 나타내는 형용사는 대표적으로 ちかい(가깝다)와 とおい(멀다)가 있다. 정답은 ちかい(가깝다)가 된다. 다른 선택지의 무게를 나타내는 かるい(가볍다)・おもい(무겁다), 길이를 나타내는 ながい(길다)도 자주 등장한다.

어휘 いえ 집 | ちかい 가깝다

**문제 4 ＿＿＿＿＿의 문장과 대체로 같은 의미의 문장이 있습니다. 1·2·3·4에서 가장 알맞은 것을 하나 고르세요.**

31 3 오늘 아침 커피를 마셨습니다.

1 어제 아침 커피를 마셨습니다.

2 어젯밤 커피를 마셨습니다.

3 오늘 아침 커피를 마셨습니다.

4 어젯밤 커피를 마셨습니다.

해설 ✱ 단어 의미 체크! 「けさ(오늘 아침)」은 「きょうの あさ(오늘 아침)」으로 바꿔 말할 수 있다.

어휘 けさ 오늘 아침 | コーヒー 커피 | のむ 마시다 | きのう 어제 | あさ 아침 | よる 밤 | きょう 오늘

32 4 기무라 씨는 다나카 씨에게 책을 빌렸습니다.

1 기무라 씨는 다나카 씨에게 책을 돌려줬습니다.

2 기무라 씨는 다나카 씨에게 책을 빌려줬습니다.

3 다나카 씨는 기무라 씨에게 책을 돌려줬습니다.

4 다나카 씨는 기무라 씨에게 책을 빌려줬습니다.

해설 ✱ 조사 체크! 다음 세 개의 어휘는 꼭 외워 두자. 「かりる(빌리다), かえす(돌려주다), かす(빌려주다)」는 자주 출제되는 어휘이다. 이 때 누가 누구에게 빌리고 빌려줬는지 정확히 확인해야 한다.

어휘 ほん 책 | かりる 빌리다 | かえす 돌려주다 | かす 빌려주다

33 1 저곳은 요리를 하는 곳입니다.

1 저곳은 부엌입니다.

2 저곳은 복도입니다.

3 저곳은 정원입니다.

4 저곳은 신사입니다.

해설 ✱ りょうり 어휘 체크! りょうり(요리)를 하는 곳은 「だいどころ(부엌)」이다. だいどころ(부엌)은 시험에 자주 등장하기도 하지만 일상 생활에 자주 쓰이는 어휘이므로 꼭 외워 두자.

어휘 あそこ 저기, 저곳 | りょうり 요리 | ところ 장소 | だいどころ 부엌 | ろうか 복도 | にわ 정원 | じんじゃ 신사

34 2 이 짐은 무겁습니다.

1 이 짐은 가볍습니다.

2 이 짐은 가볍지 않습니다.

3 이 짐은 답니다.

4 이 짐은 달지 않습니다.

해설 ✱ 부정형에 주의! おもい(무겁다)는 かるい(가볍다)의 부정형인 「かるく ないです(가볍지 않습니다)」로 표현할 수 있다.

어휘 にもつ 짐 | あまい 달다

35 3 마에다 씨는 이토 씨에게 작문을 가르칩니다.

1 마에다 씨는 이토 씨에게 작문을 배웁니다.

2 마에다 씨는 이토 씨에게 작문을 보냅니다.

3 이토 씨 는 마에다 씨에게 작문을 배웁니다.

4 이토 씨는 마에다 씨에게 작문을 보냅니다.

해설 ✱ 조사 체크! 「Aは Bに おしえる(A는 B에게 가르치다)」는 「Bは Aに ならう(B는 A에게 배우다)」로 바꾸어 표현할 수 있다.

어휘 さくぶん 작문 | おしえる 가르치다 | ならう 배우다 | おくる 보내다

# PART 2

## N5 언어지식(문법)

 제1장 긴급처방 필수 문법

 제2장 맞춤처방 실전문제

 제3장 만점처방 정답 및 해설

# 진짜 한 권으로 끝내는 JLPT N5

## ★ 시작하기 전 공략 TIP

문법 파트는 기초 문법 이해가 필수!

2020년 대비 최신 문형 반영

빅데이터 기반 꼼꼼한 설명

2주 단기 완성

## ★ 미리 확인하는 시험 영역

N5 언어지식의 '문법' 파트는 총 3개입니다.

- **문제1** 문장의 문법1(문법형식 판단)
- **문제2** 문장의 문법2(문장 만들기)
- **문제3** 글의 문법

# 제1장 긴급처방

## 필수 문법

-2주 완성-

# 긴급처방 DAY 1 조사(1)

**긴급처방 공부법**

조사는 문장에서 중요한 역할을 하기 때문에, 시험에도 자주 등장한다. 기출 연도를 체크하면서 탄탄하게 문법 공부를 시작해 보자.

## 시험에 자주 나오는 조사

체크 박스 아래 숫자는 기출 연도

|  |  |  |
|---|---|---|
| ☐ ⑰ ㉑ ㉓ | は | 뜻 ~은/는<br>예 山田(やまだ)は 学生(がくせい)です。 야마다는 학생입니다. |
| ☐ ⑪ ⑰ ⑱ ㉑ ㉒ ㉓ | が | ① ~이/가<br>예 彼(かれ)が この クラスの 先生(せんせい)です。 그가 이 클래스(반)의 선생님입니다.<br>② ~지만 접속조사<br>예 あの 店(みせ)は おいしいですが、高(たか)いです。 저 가게는 맛있지만, 비쌉니다.<br>**긴급처방!** ~을/를로 해석하지만 조사 が를 사용하는 경우<br>~が すきだ ~을/를 좋아하다 I ~が きらいだ ~을/를 싫어하다 I ~が じょうずだ ~을/를 잘하다 I ~が へただ ~을/를 못하다 I ~が ほしい ~을/를 갖고 싶다<br>私(わたし)は ニンジンが きらいです。 나는 당근을 싫어합니다.<br>新(あたら)しい かばんが ほしいです。 새로운 가방을 갖고 싶습니다.<br>日本語(にほんご)が 話(はな)せます。 일본어를 말할 수 있습니다. 가능 동사 앞 |
| ☐ ⑱ ㉑ ㉒ ㉓ | を | 뜻 ~을/를<br>예 新(あたら)しい ペンを 買(か)います。 새로운 펜을 삽니다. |

| | | |
|---|---|---|
| □ ⑰ ⑱ ⑲ ㉒ ㉓ | **に** | ① **~에** 장소, 시간<br>예 いすの 下(した)に ねこが います。 의자 아래에 고양이가 있습니다.<br>昼休(ひるやす)みに 本(ほん)を 読(よ)みます。 점심 시간에 책을 읽습니다.<br>② **~에게** 대상<br>예 先生(せんせい)に 話(はな)します。 선생님에게 이야기합니다.<br>③ **~에** 수량사<br>예 一日(いちにち)に 3回(かい) この 薬(くすり)を 飲(の)んで ください。 하루에 3번 이 약을 드세요.<br>④ **~하러** 목적<br>예 買(か)い物(もの)に 行(い)きます。 쇼핑하러 갑니다. |

> **긴급처방!** 조사 に가 붙는 동사
>
> ~に あう ~을/를 만나다 | ~に のる ~을/를 타다 | ~に すむ ~에서 살다 |
> ~に まがる ~쪽으로 돌다 ⑯
>
> 友達(ともだち)に 会(あ)います。 친구를 만납니다.
>
> つぎの しんごうを みぎに まがって ください。
> 다음 신호를 오른쪽으로 돌아 주세요. (우회전하세요.)

| | | |
|---|---|---|
| □ ⑪ | **へ** | 뜻 **~에** 장소, 방향<br>예 夏休(なつやす)みに 日本(にほん)へ 行(い)きます。 여름 방학에 일본에 갑니다. |
| □ ⑱ | **へも** | 뜻 **~에도**<br>예 どこへも 行(い)きませんでした。 어디에도 가지 않았습니다. |
| □ ⑪ ⑯ ㉓ | **も** | ① **~도**<br>예 木村(きむら)さんも 学生(がくせい)です。 기무라 씨도 학생입니다.<br>② **~이나** 강조<br>예 シャツが 100枚(まい)も あります。 셔츠가 100장(씩)이나 있습니다. |

# 긴급처방 DAY 2 조사(2)

## 시험에 자주 나오는 조사

✓ 체크 박스 아래 숫자는 기출 연도

|  |  |  |
|---|---|---|
| □ ⑪ ⑯ ⑲ ㉑ ㉓ | で | ① ~에서 장소<br>예 駅(えき)の 前(まえ)で 会(あ)いましょう。 역 앞에서 만납시다.<br>② ~(으)로 수단<br>예 地下鉄(ちかてつ)で 行(い)きます。 지하철로 갑니다.<br>③ ~(으)로 재료<br>예 これは 米(こめ)で 作(つく)った パンです。 이것은 쌀로 만든 빵입니다.<br>④ ~때문에 이유<br>예 かぜで 休(やす)みます。 감기 때문에 쉽니다.<br>⑤ ~해서 계산<br>예 全部(ぜんぶ)で いくらですか。 전부해서 얼마입니까?<br>⑥ ~이면 시간<br>예 10分(ぷん)で 行(い)きます。 10분이면 갑니다. |
| □ ㉒ | でも | 뜻 ~라도<br>예 お茶(ちゃ)でも 飲(の)みませんか。 차라도 마시지 않을래요? |
| □ | での | 뜻 ~에서의<br>예 日本(にほん)での せいかつは どうですか。 일본에서의 생활은 어때요? |

☐ ⑪ ⑯ ⑰ ⑲ ㉓

## の

① **~의/해석하지 않음** 명사+の+명사

예 これは山田(やまだ)さんの本(ほん)です。이것은 야마다 씨의 책입니다.
これは日本語(にほんご)の本(ほん)です。이것은 일본어 책입니다.

② **~의 것** 소유격

예 あの雑誌(ざっし)は私(わたし)のです。저 잡지는 내 것입니다.

③ **~이/가** 주격 조사 が 대신 사용

예 私(わたし)の作(つく)ったパンです。내가 만든 빵입니다.

④ **보통체(반말)의 의문문**

예 いつ来(く)るの。언제 와?

☐ ⑪ ⑯ ⑱ ㉒

## と

① **~와/과** 전부 열거

예 イチゴとスイカがあります。딸기와 수박이 있습니다.

✓ ~といっしょに(~와/과 함께)
昨日(きのう)あねといっしょに出(で)かけました。어제 언니와 함께 외출했습니다.

② **~라고** 인용

예 私(わたし)はきのう「けっこんしてください」とりさんに言(い)いました。
저는 어제 '결혼해 주세요'라고 이 씨에게 말했습니다.

☐ ⑯

## や

뜻 **~며, ~이랑** 일부 열거

예 イチゴやスイカなどがあります。딸기랑 수박 등이 있습니다.

☐ ⑰ ㉓

## など

뜻 **~등**

예 かばんの中(なか)には本(ほん)やさいふなどがあります。
가방 안에는 책이랑 지갑 등이 있습니다.

# 긴급처방 DAY 3 조사(3)

## 시험에 자주 나오는 조사

체크 박스 아래 숫자는 기출 연도

| | | |
|---|---|---|
| □<br>⑱<br>⑲<br>㉒<br>㉓ | **か** | ① ~까? 의문문<br>예 山田(やまだ)さんは 日本人(にほんじん)ですか。 야마다씨는 일본인입니까?<br>② ~일지 불확실<br>예 来(く)るか どうか わかりません。 올지 어떨지 모릅니다. |
| □<br>⑰<br>㉑<br>㉒ | **から** | ① ~에서, ~부터 장소/시간<br>예 7時(じ)から 始(はじ)まります。 7시부터 시작됩니다.<br>② ~니까, ~때문에 접속조사<br>예 寒(さむ)いから はやく 帰(かえ)りましょう。 추우니까 빨리 돌아갑시다. |
| □ | **ので** | 뜻 ~니까, ~때문에 접속조사<br>예 今日(きょう)は つかれたので 出(で)かけませんでした。<br>오늘은 피곤해서 외출하지 않았습니다.<br>雨(あめ)が 降(ふ)って いるので タクシーに 乗(の)りましょう。<br>비가 내리고 있으니까 택시를 탑시다. |
| □<br>㉑<br>㉒ | **まで** | 뜻 ~까지<br>예 韓国(かんこく)から 日本(にほん)まで どのぐらい かかりますか。<br>한국에서 일본까지 어느 정도 걸립니까? |
| □ | **だけ** | 뜻 ~만, ~뿐<br>예 クラスに 男(おとこ)の 人(ひと)は 一人(ひとり)だけです。 반에 남자는 한 명뿐입니다. |
| □ | **しか~ない** | 뜻 ~밖에 없다<br>예 1000円(えん)しか ありません。 1000엔밖에 없습니다. |

| | | |
|---|---|---|
| ☐ ⑪ ㉓ | **より** | 뜻 ~보다 비교<br>예 兄(あに)は 私(わたし)より せが 高(たか)いです。형은 나보다 키가 큽니다. |
| ☐ ⑪ ⑱ ⑲ ㉑ | **くらい / ぐらい** | 뜻 ~정도<br>예 3時間(じかん)ぐらい あります。3시간 정도 있습니다. |
| ☐ | **ころ/ごろ** | 뜻 ~쯤, ~경 접미사<br>예 6時(じ)ごろ 会(あ)いましょう。6시쯤 만납시다. |

긴급처방

# DAY 4 명사

긴급처방 공부법

명사는 시험에 자주 출제되지 않지만, 일본어를 공부하는 데 있어 중요한 부분이므로 가볍게 명사문의 패턴을 훑어보자.

## 1 명사문의 패턴

| 구분 | 보통체(반말) | | 정중체 | |
|---|---|---|---|---|
| 긍정 | 本(ほん)だ | 책이다 | 本(ほん)です | 책입니다 |
| 부정 | 本(ほん)ではない | 책이 아니다 | 本(ほん)ではありません<br>ではないです | 책이 아닙니다 |
| 과거 | 本(ほん)だった | 책이었다 | 本(ほん)でした<br>だったです (X) | 책이었습니다 |
| 과거 부정 | 本(ほん)ではなかった | 책이 아니었다 | 本(ほん)ではありませんでした<br>ではなかったです | 책이 아니었습니다 |

✓ では는 じゃ로 교체할 수 있으며, 회화에서는 じゃ를 더 많이 사용한다.

✓ ありません은 ないです로 교체 할 수 있다.

✓ ありませんでした는 なかったです로 교체할 수 있다.

## 2 보통체 「だ(이다)」의 활용

✓ 체크 박스 아래 숫자는 기출 연도

| | |
|---|---|
| ☐ **명사 だ /**<br>**명사 ではない** | 뜻 ~이다/~이 아니다<br><br>예 私(わたし)は学生(がくせい)だ。나는 학생이다.<br>私(わたし)は先生(せんせい)ではない。나는 선생님이 아니다.<br><br>✓ かばんが ない(가방이 없다)와 かばんでは ない(가방이 아니다)를 헷갈리지 않도록 하자. |

☐ **명사 だった / 명사 では なかった**

뜻 ~이었다/~이 아니었다

예 彼(かれ)は 銀行員(ぎんこういん)だった。그는 은행원이었다.
彼女(かのじょ)は 医者(いしゃ)では なかった。그녀는 의사가 아니었다.

☐ ⑰ **명사 です / 명사 では ありません**

뜻 ~입니다/~이 아닙니다

예 私(わたし)は 警察(けいさつ)です。나는 경찰입니다.
父(ちち)は 社長(しゃちょう)では ありません。아빠는 사장이 아닙니다.

✅ ありません = ないです

☐ ⑱ **명사 でした / 명사 では ありませんでした**

뜻 ~이었습니다/~이 아니었습니다

예 彼女(かのじょ)は 高校(こうこう)の 先生(せんせい)でした。
그녀는 고등학교 선생님이었습니다.
あの人(ひと)は 店員(てんいん)では ありませんでした。
저 사람은 점원이 아니었습니다.

✅ ありませんでした = なかったです

☐ ⑪ **명사 で / 명사 では なくて**

뜻 ~이고, ~이며/~이 아니라 연결

예 彼女(かのじょ)は 韓国人(かんこくじん)で 会社員(かいしゃいん)です。
그녀는 한국인이며 회사원입니다.
彼(かれ)は 日本人(にほんじん)では なくて 韓国人(かんこくじん)です。
그는 일본인이 아니라 한국인입니다.

✅ ではなくて = じゃなくて

# 긴급처방 DAY 5 い형용사

## 1 い형용사의 패턴

**い형용사란?** 형용사는 명사를 수식하는 역할을 하며 주로 성질이나 상태를 나타냅니다. 그 중 끝이 い로 끝나는 형용사를 い형용사라고 합니다.

| 구분 | 보통체(반말) | | 정중체 | |
|---|---|---|---|---|
| 긍정 | やすい | 싸다 | やすいです | 쌉니다 |
| 부정 | やすくない | 싸지 않다 | やすくありません<br>くないです | 싸지 않습니다 |
| 과거 | やすかった | 쌌다 | やすかったです<br>でした(X) | 쌌습니다 |
| 과거 부정 | やすくなかった | 싸지 않았다 | やすくありませんでした<br>くなかったです | 싸지 않았습니다 |

## 2 い형용사의 활용

✓ 체크 박스 아래 숫자는 기출 연도

| | | |
|---|---|---|
| ☐ | **い형용사い /**<br>**い형용사~~い~~ + くない** | 뜻 ~다/~지 않다<br>예 あの店(みせ)は おいしい。저 가게는 맛있다.<br>この かばんは かるくない。이 가방은 가볍지 않다. |
| ☐<br>㉓ | **い형용사~~い~~ + かった /**<br>**い형용사~~い~~ + くなかった** | 뜻 ~었다/~지 않았다<br>예 昨日(きのう)は 暑(あつ)かった。어제는 더웠다.<br>金曜日(きんようび)は 忙(いそが)しくなかった。금요일은 바쁘지 않았다. |

| |  |  |
|---|---|---|
| □ | **い형용사い + です /**<br>**い형용사~~い~~ + くありません** | 뜻 ~습니다/~지 않습니다<br>예 あの店(みせ)は やすいです。<br>저 가게는 쌉니다.<br>このくつは たかく ありません。<br>이 구두는 비싸지 않습니다.<br>✓ くありません = くないです |
| □<br>㉒ | **い형용사~~い~~ + かったです /**<br>**い형용사~~い~~ + くありませんでした** | 뜻 ~었습니다/~지 않았습니다<br>예 昨日(きのう)は 寒(さむ)かったです。 어제는 추웠습니다.<br>パーティーは 楽(たの)しく ありませんでした。<br>파티는 즐겁지 않았습니다.<br>✓ くありませんでした = くなかったです |
| □<br>⑲ | **い형용사い + 명사** | 뜻 ~한(인)+명사 명사 수식<br>예 木村(きむら)さんは やさしい人(ひと)です。<br>기무라 씨는 상냥한 사람입니다. |
| □<br>⑯<br>㉒ | **い형용사~~い~~ + くて** | 뜻 ~하고/~해서 연결<br>예 あの店(みせ)は おいしくて やすいです。<br>저 가게는 맛있고 쌉니다. |
| □ | **い형용사~~い~~ + く**<br>**い형용사~~い~~ + くする**<br>**い형용사~~い~~ + くなる** | 뜻 ~하게, ~하게 하다, ~해지다 부사화<br>예 りんごを おいしく 食(た)べます。 사과를 맛있게 먹습니다.<br>部屋(へや)を 明(あか)るく します。 방을 밝게 합니다.<br>すこし 寒(さむ)く なりました。 조금 추워졌습니다. |

## 3 いい・よい(좋다)의 활용

| 구분 | 보통체(반말) | | 정중체 | |
|---|---|---|---|---|
| 긍정 | いい・よい | 좋다 | いいです・よいです | 좋습니다 |
| 부정 | よくない | 좋지 않다 | よくありません<br>よくないです | 좋지 않습니다 |
| 과거 | よかった | 좋았다 | よかったです | 좋았습니다 |
| 과거 부정 | よくなかった | 좋지 않았다 | よくありませんでした<br>よくなかったです | 좋지 않았습니다 |

✓ '좋다'라는 い형용사는 いい 혹은 よい라고 하는데, 활용할 때에는 꼭 よい를 사용한다.

# 긴급처방 DAY 6 な형용사

## 1 な형용사의 패턴

**な형용사란?** 끝이 だ로 끝나고, 명사를 수식할 때 な로 바뀌는 형용사를 な형용사라고 합니다.

| 구분 | 보통체(반말) | | 정중체 | |
|---|---|---|---|---|
| 긍정 | すきだ | 좋아하다 | すきです | 좋아합니다 |
| 부정 | すきではない | 좋아하지 않다 | すきではありません<br>ではないです | 좋아하지 않습니다 |
| 과거 | すきだった | 좋아했다 | すきでした | 좋아했습니다 |
| 과거 부정 | すきではなかった | 좋아하지 않았다 | すきではありませんでした<br>ではなかったです | 좋아하지 않았습니다 |

✓ では는 じゃ로 교체할 수 있으며, 회화에서는 じゃ를 더 많이 사용한다.
✓ ありません은 ないです로 교체할 수 있다.
✓ ありませんでした는 なかったです로 교체할 수 있다.

## 2 な형용사의 활용

✓ 체크 박스 아래 숫자는 기출 연도

☐ ㉓ **な형용사だ / な형용사だ + では ない**

뜻 ~다/~지 않다

예 ちかてつは便利(べんり)だ。 지하철은 편리하다.
このいすは楽(らく)では ない。 이 의자는 편하지 않다.

☐ **な형용사だ + だった / な형용사だ + では なかった**

뜻 ~었다/~지 않았다

예 祭(まつ)りはにぎやかだった。 축제는 북적였다.
この会社(かいしゃ)は有名(ゆうめい)では なかった。
이 회사는 유명하지 않았다.

PART 2 언어지식(문법)

☐ **な형용사だ + です**
**な형용사だ + では ありません**

뜻 **~습니다/~지 않습니다**

예 タクシーは 便利です。 택시는 편리합니다.

このサイトは 安全では ありません。
이 사이트는 안전하지 않습니다.

✓ ありません = ないです

☐ **な형용사だ + でした /**
**な형용사だ + では ありませんでした**

뜻 **~했습니다/~지 않았습니다**

예 昨日は ひまでした。
어제는 한가했습니다.

その 仕事は 大変では ありませんでした。
그 일은 힘들지 않았습니다.

✓ ありませんでした = なかったです

☐ ⑲ **な형용사な + 명사**

뜻 **~한(인)+명사** 명사 수식

예 私の 父は りっぱな 人です。
나의 아빠는 훌륭한 사람입니다.

☐ ⑯ **な형용사だ + で**

뜻 **~하고, ~해서** 연결

예 教室は しずかで きれいです。
교실은 조용하고 깨끗합니다.

☐ **な형용사だ + に**
**な형용사だ + にする**
**な형용사だ + になる**

뜻 **~하게, ~하게 하다, ~해지다** 부사화

예 きれいに 掃除します。
깨끗하게 청소합니다.

問題を 簡単に して ください。
문제를 간단하게 해 주세요.

日本語が 上手に なりました。
일본어가 능숙해졌습니다.

# DAY 7 동사 ます형

**긴급처방 공부법**

동사의 활용은 자주 출제되는 부분으로 꼼꼼하게 학습해야 한다. 정중형(ます형) · 부정형(ない형) · 과거형(た형) 순으로 학습하고 관련 문형도 암기하자.

## 1 동사의 특징과 분류

⊕ 동사의 특징: 동사는 1그룹, 2그룹, 3그룹으로 나뉘며, 항상 う단으로 끝난다.

| う단 | う | く | ぐ | す | つ | ぬ | ぶ | む | る |
|---|---|---|---|---|---|---|---|---|---|
| | u | ku | gu | su | tsu | nu | bu | mu | ru |

⊕ 동사의 분류: 3그룹 ➡ 2그룹 ➡ 1그룹 순으로 외우면 쉽다.

| 구분 | 특징 | 예 |
|---|---|---|
| 1그룹 동사 | ✓ う단으로 끝난다.<br>✓ 2그룹과 3그룹을 제외한 동사 | 예 かう 사다 \| たつ 서다 \| のる 타다<br>のむ 마시다 \| あそぶ 놀다 \| かく 쓰다<br>いそぐ 서두르다 \| はなす 말하다<br><br>⊕ **긴급처방!** 예외 1그룹 동사: 2그룹인 것 같지만 1그룹인 동사<br>예 かえる 돌아가(오)다 \| しる 알다 \| はいる 들어가(오)다 \|<br>はしる 달리다 \| きる 자르다 \| いる 필요하다 |
| 2그룹 동사 | ✓ る로 끝나고<br>✓ る앞에 い・え단이 오는 동사 | 예 みる 보다 \| ねる 자다 \| おきる 일어나다 |
| 3그룹 동사 | ✓ 불규칙 동사(두 개뿐이다) | 예 する 하다 \| くる 오다 |

PART 2 언어지식(문법)

## 2 동사의 ます형(정중형) 만드는 법 ⑯⑰

✓ 체크 박스 아래 숫자는 기출 연도

| 동사 종류 | 접속 방법 | 사전형 | ます형 | 예 |
|---|---|---|---|---|
| 1그룹 동사 | 어미 う단 →い단 + ます | 買(か)う 사다<br>立(た)つ 서다<br>飲(の)む 마시다<br>書(か)く 쓰다<br>遊(あそ)ぶ 놀다<br>話(はな)す 말하다<br>切(き)る 자르다 예외 1그룹 | 買(か)い<br>立(た)ち<br>飲(の)み<br>書(か)き<br>遊(あそ)び<br>話(はな)し<br>切(き)り | 買(か)います 삽니다<br>立(た)ちます 섭니다<br>飲(の)みます 마십니다<br>書(か)きます 씁니다<br>遊(あそ)びます 놉니다<br>話(はな)します 말합니다<br>切(き)ります 자릅니다 |
| 2그룹 동사 | 어미 る̶ + ます | 見(み)る 보다<br>寝(ね)る 자다 | 見(み)<br>寝(ね) | 見(み)ます 봅니다<br>寝(ね)ます 잡니다 |
| 3그룹 동사 | 불규칙 동사 | する 하다<br>くる 오다 | し<br>き | します 합니다<br>きます 옵니다 |

✓ 보통 동사의 ます형이라고 하면 ます를 붙이기 전 형태를 말한다.

## 3 ます의 활용 ㉒㉓

| 구분 | ます의 활용 | | 예문 |
|---|---|---|---|
| 긍정 | ます | ~합니다 | コーヒーを のみます。 커피를 마십니다. |
| 부정 | ません | ~하지 않습니다 | コーヒーを のみません。 커피를 마시지 않습니다. |
| 과거 | ました | ~했습니다 | コーヒーを のみました。 커피를 마셨습니다. |
| 과거 부정 | ませんでした | ~하지 않았습니다 | コーヒーを のみませんでした。 커피를 마시지 않았습니다. |
| 권유 | ましょう<br>ませんか | ~합시다<br>~하지 않을래요? | コーヒーを のみましょう。 커피를 마십시다.<br>コーヒーでも のみませんか。 커피라도 마시지 않을래요? |

## 4 동사의 ます형(정중형)에 접속하는 문형

✓ 체크 박스 아래 숫자는 기출 연도

☐ ⑯ ⑲ ㉓

**~ながら**

뜻 ~하면서 동시 동작

예 コーヒーを 飲(の)みながら、べんきょうを します。

커피를 마시면서 공부를 합니다.

☐ ⑲ ㉒ ㉓

**~たい**

뜻 ~을/를 ~하고 싶다, ~하고 싶다 희망

예 果物(くだもの)が 食(た)べたい。

과일을 먹고 싶다.

友(とも)だちと 海外旅行(かいがいりょこう)に 行(い)きたいです。

친구와 해외여행을 가고 싶습니다.

☐ ⑯ ㉒

**~に**

뜻 ~하러 목적

예 来週(らいしゅう)も コーヒーを飲(の)みに 行(い)きます。

다음 주도 커피를 마시러 갈 거예요.

☐ ⑯ ㉑

**~ましょう / ~ませんか**

뜻 ~합시다/~하지 않을래요? 권유

예 日曜日(にちようび)に 映画(えいが)でも 見(み)に 行(い)きましょう。

일요일에 영화라도 보러 갑시다.

日曜日(にちようび)に 映画(えいが)でも 見(み)に 行(い)きませんか。

일요일에 영화라도 보러 가지 않을래요?

# 긴급처방 DAY 8 동사 て・た・たり형(1)

## 1 동사의 て형(연결형) 만드는 법 ⑯⑰

✓ 원형 숫자는 기출 연도

| 동사 종류 | 접속 방법 | 사전형 | て형(~하고, 해서) |
|---|---|---|---|
| 1그룹 동사 | う | 買(か)う 사다 | 買(か)って 사고/사서 |
| | つ→って | 立(た)つ 서다 | 立(た)って 서고/서서 |
| | る | 乗(の)る 타다 | 乗(の)って 타고/타서 |
| | ぬ | 死(し)ぬ 죽다 | 死(し)んで 죽고/죽어서 |
| | む→んで | 飲(の)む 마시다 | 飲(の)んで 마시고/마셔서 |
| | ぶ | 遊(あそ)ぶ 놀다 | 遊(あそ)んで 놀고/놀아서 |
| | く→いて<br>ぐ→いで | 書(か)く 쓰다 | 書(か)いて 쓰고/써서 |
| | | 急(いそ)ぐ 서두르다 | 急(いそ)いで 서두르고/서둘러서 |
| | | 예외<br>行(い)く 가다 | 行(い)って 가고/가서<br>行(い)~~いて~~(X) |
| | す→して | 話(はな)す 말하다 | 話(はな)して 말하고/말해서 |
| 2그룹 동사 | る→て | 見(み)る 보다 | 見(み)て 보고/봐서 |
| | | 寝(ね)る 자다 | 寝(ね)て 자고/자서 |
| 3그룹 동사 | 불규칙 동사 | する 하다 | して 하고/해서 |
| | | くる 오다 | きて 오고/와서 |

✓ 行(い)く의 て형은 行(い)いて가 아니라 行(い)って로 바뀐다.

## 2 동사의 た형(과거형)・たり형(나열형) 만드는 법 ⑯⑰

| 동사 종류 | 접속 방법 | 사전형 | た형(~했다) | たり형(~하거나) |
|---|---|---|---|---|
| 1그룹 동사 | う<br>つ → った/ったり<br>る | 買(か)う 사다<br>立(た)つ 서다<br>乗(の)る 타다 | 買(か)った 샀다<br>立(た)った 섰다<br>乗(の)った 탔다 | 買(か)ったり 사거나<br>立(た)ったり 서거나<br>乗(の)ったり 타거나 |
| | ぬ<br>む → んだ/んだり<br>ぶ | 死(し)ぬ 죽다<br>飲(の)む 마시다<br>遊(あそ)ぶ 놀다 | 死(し)んだ 죽었다<br>飲(の)んだ 마셨다<br>遊(あそ)んだ 놀았다 | 死(し)んだり 죽거나<br>飲(の)んだり 마시거나<br>遊(あそ)んだり 놀거나 |
| | く → いた/いたり<br>ぐ → いだ/いだり | 書(か)く 쓰다<br>急(いそ)ぐ 서두르다<br>예외<br>行(い)く 가다 | 書(か)いた 썼다<br>急(いそ)いだ 서둘렀다<br>行(い)った 갔다<br>行(い)~~いた~~(X) | 書(か)いたり 쓰거나<br>急(いそ)いだり 서두르거나<br>行(い)ったり 가거나<br>行(い)~~いたり~~(X) |
| | す → した/したり | 話(はな)す 말하다 | 話(はな)した 말했다 | 話(はな)したり 말하거나 |
| 2그룹 동사 | る → た/たり | 見(み)る 보다<br>寝(ね)る 자다 | 見(み)た 봤다<br>寝(ね)た 잤다 | 見(み)たり 보거나<br>寝(ね)たり 자거나 |
| 3그룹 동사 | 불규칙 동사 | する 하다<br>くる 오다 | した 했다<br>きた 왔다 | したり 하거나<br>きたり 오거나 |

✓ 보통 동사 て형・た형・たり형이라고 하면 て・た・たり를 붙인 형태를 말한다.

긴급처방

# DAY 9 동사 て·た·たり형(2)

## 3 동사의 て형・た형・たり형과 관련된 문형

### 의뢰 표현

체크 박스 아래 숫자는 기출 연도

| | |
|---|---|
| □ ~(を)ください | 뜻 ~(을/를) 주세요<br>예 バナナ(を) 2つ ください。 바나나(를) 두 개 주세요. |
| □ ~て ください | 뜻 ~해 주세요<br>예 きょうかしょの 30ページを 見(み)て ください。<br>교과서 30페이지를 봐 주세요. |
| □ ~て くださいませんか | 뜻 ~해 주시지 않겠습니까?<br>예 すみません、窓(まど)を 開(あ)けて くださいませんか。<br>죄송하지만, 창문을 열어 주시지 않겠습니까? |

### 이동할 때의 상태

| | |
|---|---|
| □ ~て いく | 뜻 ~해 가다<br>예 学校(がっこう)まで 歩(ある)いて いく。<br>학교까지 걸어 간다. |
| □ ~て くる | 뜻 ~해 오다<br>예 天気(てんき)が 悪(わる)いから タクシーに 乗(の)って きた。<br>날씨가 안 좋아서 택시를 타고 왔다. |

## 허가와 금지 표현

| |  |  |
|---|---|---|
| ☐ | **~てもいいです** | 뜻 ~해도 됩니다 허가<br>예 ここで 食(た)べてもいいです。<br>여기에서 먹어도 됩니다. |
| ☐ | **~ては いけません** | 뜻 ~해서는 안 됩니다 금지<br>예 ここで たばこを 吸(す)っては いけません。<br>여기에서 담배를 피워서는 안 됩니다. |

## 조언 표현

| |  |  |
|---|---|---|
| ☐ | **~た ほうが いい** | 뜻 ~하는 편이 좋다<br>예 かぜを ひいた 時(とき)は 寝(ね)た ほうが いい。<br>감기에 걸렸을 때는 자는 편이 좋다. |

## 나열 표현

| |  |  |
|---|---|---|
| ☐<br>⑲<br>㉓ | **~たり~たりする** | 뜻 ~하거나 ~하거나 하다<br>예 週末(しゅうまつ)には 本(ほん)を 読(よ)んだり、そうじを したり します。<br>주말에는 책을 읽거나, 청소를 하거나 합니다. |

# DAY 10 동사 ない형

## 1 동사의 ない형(부정형) 만드는 법 ⑯⑰

✓ 원형 숫자는 기출 연도

| 동사 종류 | 접속 방법 | 사전형 | ない형 | 예 |
|---|---|---|---|---|
| 1그룹 동사 | 어미 う단 →あ단 + ない | 立つ 서다 | 立た | 立たない 서지 않다 |
| | | 死ぬ 죽다 | 死な | 死なない 죽지 않다 |
| | | 飲む 마시다 | 飲ま | 飲まない 마시지 않다 |
| | | 書く 쓰다 | 書か | 書かない 쓰지 않다 |
| | | 遊ぶ 놀다 | 遊ば | 遊ばない 놀지 않다 |
| | | 話す 말하다 | 話さ | 話さない 말하지 않다 |
| | | 切る 자르다 예외 1그룹 | 切ら | 切らない 자르지 않다 |
| | | 예외<br>会う 만나다 | 会わ<br>会あ | 会わない 만나지 않다<br>会~~あない~~ (X) |
| 2그룹 동사 | 어미 ~~る~~ + ない | 見る 보다 | 見 | 見ない 보지 않다 |
| | | 寝る 자다 | 寝 | 寝ない 자지 않다 |
| 3그룹 동사 | 불규칙 동사 | する 하다 | し | しない 하지 않다 |
| | | くる 오다 | こ | こない 오지 않다 |

✓ 会う처럼 う로 끝나는 동사는 会あない가 아니라 会わない로 바뀐다.

## 2 동사의 부정형(ない형)에 접속하는 문형

✓ 체크 박스 아래 숫자는 기출 연도

| |  |  |
|---|---|---|
| □ ㉓ | **~ないで** | 뜻 ~하지 않고<br>예 今日(きょう)は 朝(あさ)ご飯(はん)を 食(た)べないで 出(で)かけました。<br>오늘은 아침 밥을 먹지 않고 외출했습니다. |
| □ ㉓ | **~なくて** | 뜻 ~하지 않아서<br>예 今日(きょう)は 朝(あさ)ご飯(はん)を 食(た)べなくて 大変(たいへん)です。<br>오늘은 아침 밥을 먹지 않아서 힘들어요. |
| □ ⑱ | **~ないで ください** | 뜻 ~하지 마세요<br>예 犬(いぬ)を さわらないで ください。<br>강아지를 만지지 마세요. |

# DAY 11 지시어와 의문사

## 1 지시어

✓ 어휘 옆 숫자는 기출 연도

| 구분 | こ(이) | そ(그) | あ(저) | ど(어느) |
|---|---|---|---|---|
| 사물 | これ(이것) | それ(그것) | あれ(저것) | どれ(어느 것) |
| 장소 | ここ(여기) ㉒ | そこ(거기) ⑯ | あそこ(저기) | どこ(어디) |
| 방향 | こちら(이쪽) ㉒ | そちら(그쪽) | あちら(저쪽) | どちら(어느 쪽) ㉓ |
| 명사 수식 | この(이) | その(그) | あの(저) ㉓ | どの(어느) |
| | こんな<br>こういう (이런) | そんな<br>そういう (그런) | あんな<br>ああいう (저런) | どんな<br>どういう (어떤) |

## 2 의문사

### 육하원칙

| 의문사 | 의미 | 예문 |
|---|---|---|
| 誰<br>どなた(공손) | 누구<br>어느 분 | あの人は誰ですか。 저 사람은 누구입니까?<br>あの方はどなたですか。 저 분은 누구십니까? |
| いつ | 언제 | 木村さんの誕生日はいつですか。 기무라 씨의 생일은 언제입니까? |
| どこ ⑩ | 어디 | 郵便局はどこですか。 우체국은 어디입니까? |
| 何・何 | 무엇 | これは何ですか。 이것은 무엇입니까? |
| なぜ<br>どうして<br>なんで | 왜 | なぜ泣いていますか。 왜 울고 있어요?<br>どうして遅れましたか。 왜 늦었습니까?<br>なんでこんなに暑いですか。 왜 이렇게 더워요? |
| どう ㉓<br>いかが(공손) ⑮ | 어떻게 | 新しいかばんはどうですか。 새로운 가방은 어떻습니까?<br>お飲み物はいかがですか。 음료는 어떠신가요? |

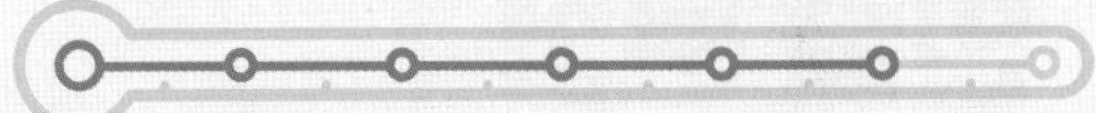



## 수와 양

| 의문사 | 의미 | 예문 |
|---|---|---|
| いくら ⑰ | 얼마(금액) | 黒(くろ)い靴(くつ)は いくらですか。<br>검은 구두는 얼마입니까? |
| いくつ ㉒ | 몇 개(수)/<br>몇 살(나이) | 全部(ぜんぶ)で いくつ ありますか。<br>전부 해서 몇 개 있습니까?<br>失礼(しつれい)ですが、おいくつですか。<br>실례지만 몇 살이십니까? |
| どのくらい<br>どれくらい ⑰ | 어느 정도,<br>얼마나 | 日本(にほん)に 住(す)んで どのくらいですか。<br>일본에서 산지 어느 정도 되었습니까? |

## 불확실

| 의문사+か | 의미 | 예문 |
|---|---|---|
| 何(なに)か ⑱ | 무언가 | 何(なに)か つめたい ものを 飲(の)みに 行(い)きませんか。<br>뭔가 차가운 거 마시러 가지 않을래요? |
| どこか ⑲ | 어딘가 | 冬休(ふゆやす)みは どこか 行(い)きますか。<br>겨울 방학에는 어딘가 가나요? |

긴급처방

# DAY 12 빈출 문형

## 1 시간과 관련된 표현

✓ 체크 박스 아래 숫자는 기출 연도

| |  |  |
|---|---|---|
| □ ⑪ ㉑ | **~前(まえ)に** | 뜻 ~하기 전에<br>접 동사 사전형 + まえに<br>예 暗(くら)く なる 前(まえ)に 帰(かえ)りましょう。<br>어두워지기 전에 돌아갑시다. |
| □ ⑱ ⑲ | **~てから** | 뜻 ~하고 나서<br>예 手(て)を 洗(あら)って から 食(た)べなさい。<br>손을 씻고 나서 먹어라. |
| □ ⑲ ㉓ | **~後(あと)(で)** | 뜻 ~후에, ~한 후에<br>접 [명사の, 동사 た형] + あとで<br>예 しょくじの 後(あと)で せんたくを します。<br>식사 후에 빨래를 합니다.<br>せんたくを した 後(あと)で テレビを 見(み)ます。<br>빨래를 한 후에 TV를 봅니다. |
| □ ㉓ | **~時(とき)** | 뜻 ~때,<br>예 学校(がっこう)に 行(い)く 時(とき) 友(とも)だちに 会(あ)いました。<br>학교에 갈 때 친구를 만났습니다. |
| □ | **①~中(じゅう)**<br>**②~中(ちゅう)** | 뜻 ① ~내내, ~종일<br>② ~중<br>예 今日(きょう)は 一日中(いちにちじゅう) 雨(あめ)が 降(ふ)って いる。<br>오늘은 하루 종일 비가 내리고 있다.<br>食事中(しょくじちゅう)に スマホを 見(み)るな。<br>식사 중에 스마트폰을 보지 말아라. |

## 2 주고받는 표현

□ ⑰ ㉑ ㉓ **あげる**

뜻 (내가 남에게) 주다

예 私は 山田さんに 本を あげました。

저는 야마다 씨에게 책을 주었습니다.

□ ⑲ ㉒ **くれる**

뜻 (남이 나에게) 주다

예 そふが くれた カメラを まいにち 使って います。

할아버지가 준 카메라를 매일 사용하고 있습니다.

□ ⑯ **もらう**

뜻 (내가 남에게) 받다

예 私は 先週 友だちに おかしを もらいました。

저는 지난주 친구에게 과자를 받았습니다.

## 3 선택과 관련된 표현

□ ⑰ ㉓ **~ほうが**

뜻 ~쪽이, ~편이

예 私は 自分で 作った りょうりの ほうが 好きです。

저는 직접 만든 요리 쪽을 좋아합니다.

□ ㉒ **~と~と どちらが**

뜻 ~과 ~중에서 어느 쪽이

예 南図書館と 北図書館と どちらが 英語の 本が 多い ですか。

남쪽 도서관과 북쪽 도서관 중에서 어느 쪽이 영어 책이 많습니까?

□ ㉑ ㉓ **~か**

뜻 ~이나, ~인지, ~인가

예 夏休みには 海か プールに 行きたい。

여름 휴가에는 바다나 수영장에 가고 싶다.

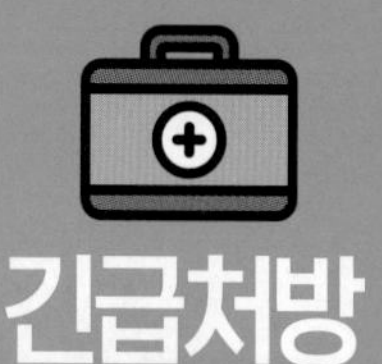

# 긴급처방 DAY 13 진행과 상태

## 1 자주 출제되는 자동사와 타동사

| 자동사 | | 타동사 | |
|---|---|---|---|
| ドアが あく | 문이 열리다 | ドアを あける | 문을 열다 |
| 窓(まど)が しまる | 창문이 닫히다 | 窓(まど)を しめる | 창문을 닫다 |
| 電気(でんき)が つく | 전등이 켜지다 | 電気(でんき)を つける | 전등을 켜다 |
| 車(くるま)が とまる | 차가 멈추다 | 車(くるま)を とめる | 차를 세우다 |
| 財布(さいふ)が おちる | 지갑이 떨어지다 | 財布(さいふ)を おとす | 지갑을 떨어뜨리다 |
| 学生(がくせい)が あつまる | 학생이 모이다 | 学生(がくせい)を あつめる | 학생을 모으다 |
| パソコンが こわれる | 컴퓨터가 고장나다 | 建物(たてもの)を こわす | 건물을 부수다 |
| グラスが われる | 유리가 깨지다 | グラスを わる | 유리를 깨다 |

- 자동사란? 저절로 일어나는 동작으로 자동사 앞에는 조사 「が」를 필요로 한다.
- 타동사란? 목적어를 필요로 하는 동사로 조사 「を」를 필요로 한다.

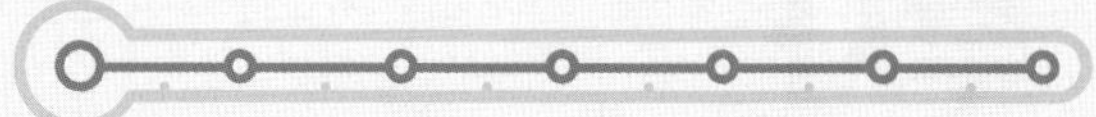





## 2 진행과 상태 표현

✓ 체크 박스 아래 숫자는 기출 연도

☐ **타동사 + て いる**
⑪

뜻 ~하고 있다 진행

예 彼(かれ)は 図書館(としょかん)で 勉強(べんきょう)して います。
그는 도서관에서 공부하고 있습니다.

☐ **타동사 + て ある**

뜻 ~해져 있다 상태

예 テーブルの 上(うえ)に ケーキが おいて あります。
테이블 위에 케이크가 놓여 있습니다.

✓ 타동사라도 상태 표현일 경우 조사는 が를 사용한다.

☐ **자동사 + て いる**

뜻 ~해져 있다 상태

예 ドアが 閉(し)まって いる。
문이 닫혀 있다.

うどんに 何(なに)かが 入(はい)って います。
우동에 무언가 들어가 있습니다.

**긴급처방!** 타동사, 자동사의 상태 표현

타동사로 만든 상태 표현은 누군가가 만들어 놓은 상태를 말하며,
자동사로 만든 상태 표현은 단순한 상태의 지속을 의미한다.

긴급처방

# DAY 14 부사

## 자주 나오는 부사

체크 박스 아래 숫자는 기출 연도

---

☐ ⑲ **ずっと**

뜻 계속, 훨씬

예 週末(しゅうまつ)は ずっと 寝(ね)ました。

주말에는 계속 잤습니다.

会社(かいしゃ)の 食堂(しょくどう)より レストランの 方(ほう)が ずっと おいしい。

회사 식당보다 레스토랑 쪽이 훨씬 맛있다.

---

☐ ⑲ ㉓ **まだ**

뜻 아직

예 私(わたし)は まだ その本(ほん)を 読(よ)んで いません。

나는 아직 그 책을 읽지 않았습니다.

---

☐ ⑯ **また**

뜻 또

예 来週(らいしゅう)の 月曜日(げつようび)に また 来(き)て ください。

다음 주 월요일에 또 오세요.

---

☐ ㉑ **もう**

뜻 벌써, 이미, 더

예 彼(かれ)は もう 家(いえ)に 着(つ)きました。

그는 이미 집에 도착했습니다.

もう 一杯(いっぱい) ください。

한 잔 더 주세요.

---

☐ ⑰ **ちょっと**

뜻 조금, 잠깐

예 私(わたし)の 会社(かいしゃ)は 駅(えき)から ちょっと 遠(とお)いです。

저의 회사는 역에서 좀 멀어요.

---

☐ ⑱ **ときどき**

뜻 때때로, 가끔

예 私(わたし)は ときどき テニスの あとで サッカーも します。

저는 때때로 테니스 후에 축구도 합니다.

| | | |
|---|---|---|
| ⑪ ㉑ | **よく** | 뜻 자주<br>예 私(わたし)は よく 旅行(りょこう)に 行(い)きます。<br>저는 자주 여행을 갑니다. |
| ⑪ | **あまり~ない** | 뜻 그다지 ~하지 않다<br>예 ホラー映画(えいが)は あまり 見(み)ません。<br>공포 영화는 그다지 보지 않습니다. |
| | **なかなか~ない** | 뜻 좀처럼 ~하지 않다<br>예 なかなか バスが 来(き)ませんね。<br>좀처럼 버스가 오지 않네요. |
| ⑱ ⑲ | **ぜんぜん~ない** | 뜻 전혀 ~하지 않다<br>예 ピアノには ぜんぜん 興味(きょうみ)が ありません。<br>피아노에는 전혀 흥미가 없습니다. |

# 제2장 맞춤처방

- 문제 유형 살펴보기
- 제1회 실전문제
- 제2회 실전문제
- 제3회 실전문제

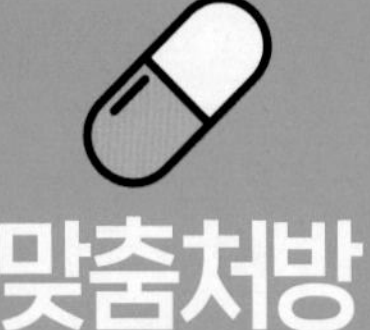

# 맞춤처방 문제 유형 살펴보기

## 문제1 문장의 문법1 (문법형식 판단)

もんだい1 文の文法1(文法形式の判断)

### 문제 유형

**문법형식 판단(16문항)** ➡ 문장에 맞는 문형을 고르는 문제 ➡ 예상 소요 시간 8분

★ 2020년도 제2회 시험부터 16문항에서 9문항으로 변경

**もんだい1 (　　)に 何(なに)を 入(い)れますか。 1・2・3・4から いちばん いい ものを 一(ひと)つ えらんで ください。**

문제1 ( )에 무엇을 넣습니까? 1·2·3·4 에서 가장 알맞는 것을 하나 고르세요.

1 これ（　　　）ざっしです。

1 に　　2 を　　3 は　　4 や

어려운 단어가 나오더라도 조사를 꼼꼼하게 체크하고 문장 구조를 이해하면서 답을 찾는다.

| 1 | ① ② ● ④ |
|---|---|

### 포인트

**STEP1 문제 체크**

괄호 앞뒤만 확인해서는 안 되고, 문장 전체를 꼼꼼하게 체크하자.

**STEP2 선택지 체크**

▶조사의 다양한 역할에 조심
▶과거형인지 현재형인지 시제 체크
▶부정형인지 긍정형인지 주의
▶ない가 따라다니는 부사 체크
▶접속형태 확인하기
て형, ない형, ます형 등

**STEP3 오답 소거**

괄호에 선택지를 넣어가며 오답 선택지를 소거한다.

# 문제2 문장의 문법2 (문장 만들기)

もんだい2 文の文法2(文の組み立て)

## 문제 유형

**문장 만들기(5문항)** ➡ 나열된 단어를 재배열하여 문장을 완성시키는 문제 ➡ 예상 소요 시간 5분

★ 2020년도 제2회 시험부터 5문항에서 4문항으로 변경

**もんだい2 ＿★＿に 入る ものは どれですか。1・2・3・4から いちばん いい ものを 一つ えらんで ください。**

문제 2 ＿★＿에 들어갈 것은 어느 것입니까? 1・2・3・4 에서 가장 알맞은 것을 하나 고르세요.

17 あの ＿＿＿ ＿＿＿ ＿★＿ ＿＿＿ ですか。

1 くるま　2 の　3 だれ　4 は

접속 형태를 고려하면서 4개의 빈칸 중 첫 번째와 네 번째 빈칸을 먼저 찾도록 노력하자.

| 17 | ① ② ● ④ |
|---|---|

## 포인트

**STEP1 문제 체크**

밑줄 앞뒤의 접속 형태를 고려하며, 첫 번째 빈칸과 네 번째 빈칸에 들어갈 선택지를 먼저 찾아내자.

**STEP2 선택지 체크**

▶동사를 수식해 주는 문장인지, 명사를 수식해 주는 문장인지 문장의 구조를 파악하고 그에 맞는 조사를 찾기

▶문장의 앞뒤가 인과 관계인지 역접 관계인지 접속 조사 파악하기

▶주고받는 표현(くれる・もらう・あげる) 앞에 등장하는 조사 꼼꼼하게 체크하기

**STEP3 정답 찾기**

순서 배열을 올바르게 한 후, ★의 위치를 확인한다. ★의 위치는 문제마다 다르므로 마지막에 실수하지 않도록 하자.

## 문제3 글의 문법

もんだい3 文章の文法

### 문제 유형

**글의 문법(5문항)** ➡ 글을 읽고 앞뒤의 연결이 맞는 말을 찾는 문제 ➡ 예상 소요 시간 4분

★ 2020년도 제2회 시험부터 5문항에서 4문항으로 변경

**もんだい3 22 から 26 に 何(なに)を 入(い)れますか。ぶんしょうの いみを かんがえて、1・2・3・4から いちばん いい ものを 一(ひと)つ えらんで ください。**

문제3 22부터 26에 무엇을 넣습니까? 글의 의미를 생각하여 1 · 2 · 3 · 4 에서 가장 알맞은 것을 하나 고르세요.

大好(だいす)きな　ジュースは　すいかジュースです。私(わたし)の　国(くに)では　いろいろな　店(みせ)に　あります。22 하지만, 그러나 、日本(にほん)では　売(う)って　いる　店(みせ)を　知(し)りません。日本(にほん)で　好(す)きな　ジュースは　りんごジュースです。毎日(まいにち)　飲(の)みます。

지문을 먼저 읽고 빈칸에 우리말로 적어 놓은 다음 선택지와 비교해 보며 정답을 찾는다.

22　1 だから　　2 でも　　3 いつも　　4 もっと

| 22 | ① ● ③ ④ |
|---|---|

### 포인트

**STEP1 문제 체크**

문장의 문법은 문장과 문장 사이의 연결이 바르게 되어 있는지 묻는 문제이다.

접속사, 문말표현, 지시어, 문맥 어구를 묻는 문제가 출제된다.

**STEP2 선택지 체크**

▶앞 문장과의 관계 체크하기 역접(앞뒤 반대되는 내용), 순접(앞뒤 유사한 내용), 인과(앞뒤 원인이나 결과)

▶시제, 접속사, 지시어 표시하면서 읽어 내려가기

▶문장 끝이 빈칸일 때에는 긍정형이나 부정형이 적당한지 희망 표현이 들어갈지 유추하기

**STEP3 오답 소거**

선택지를 대입하며 문제를 풀면 모두 정답으로 보인다.

지문을 먼저 읽고 빈칸에 한국어로 적어 놓은 다음 선택지와 비교해 본다.

# 제1회 실전문제 -언어지식(문법)-

⏱ 제한시간 17분



**もんだい1**　(　　　　)に　何を　入れますか。1・2・3・4から　いちばん　いい　ものを　一つ　えらんで　ください。

1　父は　いつも　じてんしゃ　(　　　　)　会社に　行きます。⑰⑲㉓

　1　に　　2　で　　3　を　　4　も

2　やおやで　くだもの　(　　　　)　やさいを　買いました。⑪⑯⑲

　1　も　　2　が　　3　や　　4　を

3　なつやすみに　アメリカ　(　　　　)　フランスに　行きたいです。⑱⑲㉓

　1　は　　2　か　　3　が　　4　も

4　木村さんは　さんにん　(　　　　)　こどもが　います。⑪⑯⑰⑲

　1　に　　2　と　　3　は　　4　の

5　本だなには　日本語の　本も　英語の　本（　　　　）　あります。⑪⑯㉓

　1　も　　2　に　　3　の　　4　で

6　山田「木村さん（　　　　）きのう　だれか　会いましたか。」⑪⑰㉓
　木村「はい、上田さんに　会いました。」

　1　は　　2　が　　3　や　　4　か

7　れいぞうこの　中に　ある　ぎゅうにゅうは　だれ　(　　　　)　ですか。⑪㉓

　1　で　　2　に　　3　の　　4　も

8　この　にんぎょうは　父が　木　(　　　　)　つくった　ものです。⑯⑲㉓

　1　を　　2　が　　3　で　　4　に

9 A「ありがとうございます。」
B「（　　　　　）。」
1　ごめんください　2　ただいま　3　どういたしまして　4　いただきます

10 A「よく　山(やま)に　のぼりますか。」
B「はい、ときどき（　　　　　）。」⑪⑯⑱
1　おとうとと　のぼります　2　おとうとだけ　のぼります
3　おとうとが　のぼります　4　おとうとしか　のぼりません

11 へやに　入(はい)る（　　　　　）くつを　ぬいで　ください。⑪
1　まえで　2　まえに　3　あとで　4　あとに

12 山田(やまだ)「鈴木(すずき)さんは　よく　家(いえ)で　料理(りょうり)を　しますか。」
鈴木(すずき)「いいえ、私(わたし)は　ぜんぜん（　　　　　）。」⑱
1　します　2　しました
3　しません　4　しませんでした

13 学校(がっこう)の　図書館(としょかん)の　休(やす)みは（　　　　　）。
1　いまですか　2　いつですか
3　どこですか　4　なんですか

14 （　　　　　）時(とき)は　ギターを　ひきます。⑪⑰⑲
1　ひま　2　ひまで　3　ひまだ　4　ひまな

15 A「飲(の)みものは　コーヒーが（　　　　　）、紅茶(こうちゃ)が（　　　　　）。」
B「じゃ、紅茶(こうちゃ)を　おねがいします。」⑲
1　いただきますか　2　いいですか　3　わかりましたか　4　じょうずですか

16 私(わたし)は　毎朝(まいあさ)　ご飯(はん)や　パンを　食(た)べます。　でも　今日(きょう)は　おそく　起(お)きたから　何(なに)も（　　　　　）。⑲
1　食(た)べましたか　2　食(た)べました
3　食(た)べませんでした　4　食(た)べませんでしたか

**もんだい２　＿★＿に　入る　ものは　どれですか。１・２・３・４から　いちばん　いい　ものを　一つ　えらんで　ください。**

17 家から　会社までは　＿＿＿　＿＿＿　＿★＿　＿＿＿　のります。

1　ので　　2　とおい　　3　電車に　　4　いつも

18 毎日　＿＿＿　＿＿＿　＿★＿　＿＿＿　して　います。⑰

1　散歩を　　2　起きて　　3　犬と　　4　6時に

19 私は　＿＿＿　＿＿＿　＿★＿　＿＿＿　いまも　持って　いる。⑪

1　買った　　2　10年
3　まんねんひつを　　4　前に

20 弟は　毎朝　＿＿＿　＿＿＿　＿★＿　＿＿＿　学校に　行きます。⑪

1　で　　2　の　　3　車　　4　父

21 私は　ときどき　本屋に　行きます。本屋は　＿＿＿　＿★＿　＿＿＿　＿＿＿　あります。⑪⑯⑰⑱⑲

1　間　　2　花屋の　　3　コンビニと　　4　に

**もんだい3**　[ 22 ] から [ 26 ] に　何を　入れますか。ぶんしょうの　いみを　かんがえて、
1・2・3・4から　いちばん　いい　ものを　一つ　えらんで　ください。

山田さんと　木村さんは　「好きな　動物」の　さくぶんを　書いて、クラスの　みんなの　前で　読みました。

**(1) 山田さんの　さくぶん**

私は　子どものころから　動物が　好きです。　一番　好きな　動物は　犬です。　小学校　3年生の　時、　父が　かわいい　犬を [ 22 ] 。　名前は　「チイ」でした。　はじめて　会った　時　とても　小さかった [ 23 ] 「チイ」と　呼びました。　「チイ」と　私は　一緒に　公園を　散歩するのが　好きでした。3年前に　死にましたが　「チイ」は　今 [ 24 ] 私の　家族です。

**(2) 木村さんの　さくぶん**

私は　動物が　あまり　好きでは　ありません。 [ 25 ] 猫だけは　好きです。猫はしずかに　一人で　いて　くれるからです。また　犬の　ように　散歩しなくても　だいじょうぶです。動物と　いっしょに　生活するには　まじめな　人が　いいと [ 26 ]。　私は　外に　出るのが　好きでは　ないので　毎日　散歩するのは　たいへんです。だから　猫が　好きです。

22

1 買(か)います　　2 買(か)って　います
3 買(か)って　くれました　　4 買(か)いませんでした

23

1 のに　　2 ので　　3 だけ　　4 ほど

24

1 が　　2 と　　3 も　　4 を

25

1 じゃ　　2 でも　　3 そして　　4 それから

26

1 思(おも)います　　2 思(おも)って　いません
3 思(おも)いましたか　　4 思(おも)いましょう



맞힌 개수 확인 ______ / 26

» 맞춤처방

# 제2회 실전문제 -언어지식(문법)-

제한시간 10분

**もんだい1 （　　）に 何を 入れますか。1・2・3・4から いちばん いい ものを 一つ えらんで ください。**

1 私は コーヒー （　　　） さとうを 入れて 飲みます。⑪⑯⑰⑱⑲㉓

1 へ　　2 を　　3 の　　4 に

2 会社の 前 （　　　） カフェや レストランなどが あります。

1 では　　2 へも　　3 には　　4 とは

3 姉は 私 （　　　） おいしい パンを くれました。⑯⑰⑲

1 が　　2 に　　3 を　　4 で

4 私の 名前は 木村明子です。木村 （　　　） 呼んで ください。⑱

1 と　　2 を　　3 に　　4 か

5 A「おふろ （　　　） 入る 前に はを みがきましょう。」
B「はい、わかりました。」⑪⑯⑰⑱⑲㉓

1 も　　2 や　　3 で　　4 に

6 テストは 午後 3時 （　　　） 2時間ぐらいです。⑰

1 ごろ　　2 しか　　3 など　　4 から

7 私の 兄は りゅうがくせい （　　　） 日本語を 教えて います。⑪⑯⑰⑱⑲

1 も　　2 か　　3 の　　4 に

8 英語 （　　　） さくぶんを 書きました。⑯⑲㉓

1 で　　2 に　　3 を　　4 が

9 友だちに　たんじょうびの　プレゼントを　（　　　　）　もらいました。

1　ちょうど　　2　たくさん　　3　もうすぐ　　4　あまり

10 A「きのうは　（　　　　）　来ませんでしたか。」
B「かぜを　ひいて　家で　休みました。」

1　いくら　　2　どなた　　3　どうして　　4　いかが

11 私が　作った　ケーキより　母が　作った　ケーキの　方が　（　　　　）
おいしい。⑲

1　はじめに　　2　ゆっくり　　3　ずっと　　4　もう

12 ろうかを　（　　　　）　は　いけません。

1　はしる　　2　はしって　　3　はしり　　4　はしった

13 A「山田さんは　起きましたか。」
B「いいえ、　山田さんは　まだ　（　　　　）。」⑯

1　起きます　　2　起きています　　3　起きないです　　4　起きていません

14 兄は　毎日　朝ごはんを　食べて　（　　　　）　本を　読みます。⑱

1　中　　2　あと　　3　から　　4　ながら

15 この　スカートを　買いたいですが、（　　　　）　買いませんでした。⑰

1　高いから　　2　高いだけ　　3　高いのに　　4　高いが

16 (図書館で)
先生「ここに　じてんしゃを　（　　　　）。じてんしゃを　おく　ところは
　　　あそこですよ。」
学生「わかりました。」⑱

1　おきませんか　　2　おかないでくださいね
3　おきませんでしたか　　4　おいてくださいね

**もんだい２　＿★＿に　入(はい)る　ものは　どれですか。１・２・３・４から　いちばん　いい　ものを　一(ひと)つ　えらんで　ください。**

17 コンビニの　＿＿＿　＿＿＿　＿＿＿　＿★＿　一番(いちばん)　ちかいです。⑲

1　ゆうびんきょくが　　2　となりの
3　私(わたし)の　　4　会社(かいしゃ)から

18 A「山田(やまだ)さん、あまいもの　好(す)きですか。」
B「いいえ、　＿＿＿　＿★＿　＿＿＿　＿＿＿　ありません。」⑯

1　あまり　　2　では　　3　好(す)き　　4　あまいものは

19 姉(あね)が　＿＿＿　＿★＿　＿＿＿　＿＿＿　すこし　おもいです。⑪⑰⑲

1　かわいいですが　　2　くれた
3　小(ちい)さくて　　4　かばんは

20 ベッドの　＿＿＿　＿★＿　＿＿＿　＿＿＿　しずかに　して　ください。

1　あかちゃんが　　2　寝(ね)ている　　3　上(うえ)で　　4　ので

21 友(とも)だちに　＿＿＿　＿★＿　＿＿＿　＿＿＿　きました。

1　本(ほん)を　　2　かりた　　3　行(い)って　　4　かえしに

**もんだい3** [ 22 ] から [ 26 ] に 何を 入れますか。ぶんしょうの いみを かんがえて、
1・2・3・4から いちばん いい ものを 一つ えらんで ください。

ユカさんと みほさんは 「日本の バス」の さくぶんを 書いて、 クラスの みんなの 前で 読みます。

**(1)ユカさんの さくぶん**

日本の バスは とても 便利です。 だいたい きまった 時間に 来るので 長い間 待たなくても いいです。[ 22 ] 学校に 行く 時は いつも バスに 乗ります。 また みんな バスが 止まってから 降りるので 安全です。 私は しずかな ところが [ 23 ] 、バスの 中は 大きな 声で 話す 人も あまり いないので とても いいです。

**(2)みほさんの さくぶん**

日本の バスは 便利ですが、値段が 高くて [ 24 ] 。それで 近い ところには バスでは なく 自転車に 乗って 行きます。学校は 家から 遠く ありませんが 毎日 歩いて いくのは 大変なので ときどき バスに 乗ります。毎朝 お母さんが 500円を [ 25 ] 。歩いて 学校に 行く 時は 好きな 物を 買って 食べられますが、バスに 乗る 日は [ 26 ] できません。それで 私は 日本の バスに あまり 乗りません。

22

1　でも　　2　それから　　3　だから　　4　しかし

23

1　好(す)きで　　2　好(す)きではなくて
3　好(す)きでしたが　　4　好(す)きではありませんでしたが

24

1　いつも　乗(の)ります　　2　いつも　乗(の)りません
3　あまり　乗(の)ります　　4　あまり　乗(の)りません

25

1　あります　　2　あげます
3　くれます　　4　もらいます

26

1　あれが　　2　これが　　3　どれが　　4　それが

맞힌 개수 확인 ＿＿＿ /26

# 제3회 실전문제 -언어지식(문법)-

제한시간 17분

**もんだい1 (　　　)に 何(なに)を 入(い)れますか。1・2・3・4から いちばん いい ものを 一(ひと)つ えらんで ください。**

1 これは スミレ （　　　） いう 花(はな)です。⑱

1 は　　2 と　　3 や　　4 か

2 私(わたし)は 一週間(いっしゅうかん) （　　　） 1かい ピアノを ならいに 行(い)きます。⑰

1 で　　2 へ　　3 の　　4 に

3 もっと ひろい へや （　　　） 方(ほう)が いいですね。⑪⑰⑱㉓

1 に　　2 が　　3 の　　4 と

4 ここは 消(け)しゴム （　　　） 消(け)して ください。⑯⑲㉓

1 を　　2 の　　3 で　　4 に

5 先週(せんしゅう)から 1日(にち)に 4時間(じかん) （　　　） 寝(ね)て いません。⑪⑱⑲

1 しか　　2 ほど　　3 だけ　　4 ぐらい

6 山田(やまだ)「鈴木(すずき)さん、じゅぎょうが 終(お)わってから いっしょに 図書館(としょかん)で 勉強(べんきょう)しませんか。」
鈴木(すずき)「いいですよ。」
山田(やまだ)「じゃ、2時(じ) （　　　） ここで 会(あ)いましょう。」⑰

1 に　　2 が　　3 で　　4 へ

7 エイミさんは きょねん アメリカ （　　　） 来(き)ました。⑪⑯⑰⑱⑲㉑

1 から　　2 まで　　3 が　　4 を

8 食事(しょくじ)の 後(あと)、1時間(じかん) （　　　） 休(やす)みます。⑪⑱⑲

1 に　　2 を　　3 ごろ　　4 ぐらい

9 A「森さんは　毎朝　（　　　　　）　食べますか。」
B「いいえ、何も　食べません。」⑪⑱⑲

1　何かが　　2　何か　　3　何も　　4　何かも

10 あの　店は　午後からなので　今は　まだ　（　　　　　）。⑯

1　あきます　　2　あいて　います
3　あいて　いません　　4　あきません

11 鈴木「前田さん、これ　前田さんの　本ですよね。」
前田「いいえ、それは　私の　（　　　　　）　ありません。」⑱

1　本は　　2　本が　　3　本　　4　本では

12 母は　だいどころで　料理を　し（　　　　　）　ラジオを　聞いて　います。⑯㉓

1　から　　2　後　　3　前　　4　ながら

13 電車の　中で　（　　　　　）　声で　電話を　しては　いけません。⑲

1　大き　　2　大きい　　3　大きく　　4　大きいな

14 しごとが　忙しくて、　（　　　　　）　会いませんでした。⑪⑱⑲

1　だれに　　2　だれかを　　3　だれにも　　4　だれを

15 A「すみません。この　ネクタイは　（　　　　　）。」
B「5千円です。」⑰

1　ありますか　　2　どれですか　　3　いくらですか　　4　どうですか

16 先生「ミキさん、日本語が　とても　じょうずに　なりましたね。」
ミキ「（　　　　　）。」

1　はい、なります　　2　はい、わかりました
3　いいえ、まだまだです　　4　いいえ、なりません

**もんだい２　＿★＿に　入る　ものは　どれですか。１・２・３・４から　いちばん　いい　ものを　一つ　えらんで　ください。**

17 きのうは　友だちと　＿＿＿　＿★＿　＿＿＿　＿＿＿　行きました。⑪⑰⑲

1　店に　　2　有名な　　3　ラーメンが　　4　いっしょに

18 私も　妹も　＿＿＿　＿＿＿　＿★＿　＿＿＿　見る　ことが　好きです。⑪

1　を　　2　で　　3　映画　　4　家

19 A「木村さんは　どこに　いますか。」
B「来週　しけんが　＿＿＿　＿★＿　＿＿＿　＿＿＿　勉強を　して　いると　思います。」

1　ある　　2　で　　3　ので　　4　図書館

20 今週の　＿＿＿　＿＿＿　＿★＿　＿＿＿　つもりです。

1　みんなで　　2　あそびに　　3　土曜日は　　4　行く

21 私は　動物が　好きです。一番　＿＿＿　＿★＿　＿＿＿　＿＿＿　です。⑪⑰⑲

1　の　　2　好きな　　3　は　　4　猫

**もんだい3　[22]　から　[26]　に　何を　入れますか。ぶんしょうの　いみを　かんがえて、1・2・3・4から　いちばん　いい　ものを　一つ　えらんで　ください。**

鈴木さんは　「私の　友だち」の　さくぶんを　書いて、　クラスの　みんなの　前で　読みます。

私の　友だち

鈴木奈々

アユミは　中学校の　友だちです。家も　近くて　学校が　終わった　後は、いつも　いっしょに　帰って　います。アユミの　弟も　同じ　学校だから　[22]　帰って　います。アユミは　私と　同じ　ところが　たくさん　あります。魚料理が　あまり　好きではない　ことや　ピアノを　ひく　こと　[23]　です。きょうだいが　いない　私に　アユミは　いい　友だちに　なって　[24]　。

しかし　来月　アユミは　アメリカに　留学します。私は　その　話を　聞いて　とても　かなしく　なりました。大好きな　友だちに　[25]　会う　ことが　できないからです。アユミは　毎月　手紙を　書くと　言って　くれました。いつか　また　アユミと　いっしょに　[26]　。

정답과 해설 153쪽



22

1 二人(ふたり)で　2 二人(ふたり)と　3 三人(さんにん)で　4 三人(さんにん)と

23

1 や　2 も　3 ほど　4 など

24

1 くれました　2 あげました
3 なりました　4 ありました

25

1 さきに　2 すぐに　3 もう　4 まだ

26

1 遊(あそ)びました　2 遊(あそ)びたいです
3 遊(あそ)んで　います　4 遊(あそ)びません

맞힌 개수 확인 ______ / 26

# 제3장 만점처방

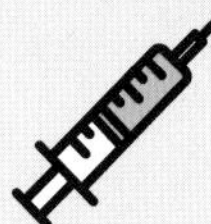

## 실전문제 정답 및 해설

# 언어지식(문법) 실전문제 정답 및 해설

## 제1회 실전문제 정답 및 해설

|정답|

| | | | | | | |
|---|---|---|---|---|---|---|
| 1 2 | 2 3 | 3 2 | 4 4 | 5 1 | 6 1 | 7 3 |
| 8 3 | 9 3 | 10 1 | 11 2 | 12 3 | 13 2 | 14 4 |
| 15 2 | 16 3 | 17 4 | 18 3 | 19 1 | 20 3 | 21 2 |
| 22 3 | 23 2 | 24 3 | 25 2 | 26 1 | | |

|해설|

**문제 1 ( )에 무엇을 넣습니까? 1·2·3·4에서 가장 알맞은 것을 하나 고르세요.**

1 2 아빠는 항상 자전거로 회사에 갑니다.

해설 ✻ 수단 + で(으로)! 자전거는 회사를 가는 수단에 해당하므로 수단을 나타내는 조사 で(~으로)가 정답이다.

어휘 父(ちち) 아빠 | いつも 항상, 늘 | じてんしゃ 자전거 | 会社(かいしゃ) 회사 | 行(い)く 가다

2 3 채소 가게에서 과일이랑 채소를 샀습니다.

해설 ✻ 명사 + や(이랑)! 채소 가게에서 산 것을 열거한 문장이다. 두 명사를 연결하는 조사「や(이랑)」가 정답이다.

어휘 やおや 채소 가게 | くだもの 과일 | やさい 채소 | 買(か)う 사다

3 2 여름 방학에 미국이나 프랑스에 가고 싶습니다.

해설 ✻ か 해석에 주목! 미국과 프랑스 중 한 곳에 가고 싶다고 하는 문장으로 불확실함을 표현하는 조사「か(~이나, ~인지, ~인가)」가 정답이다. 시험에 자주 출제되므로 확인해 두자.

어휘 なつやすみ 여름 방학 | アメリカ 미국 | フランス 프랑스 | 동사 ます형+たい ~하고 싶다

4 4 기무라 씨는 3명의 아이가 있습니다.

해설 ✻ 명사 + の(의) + 명사! 일본어에서는 명사와 명사 사이에「の」를 넣는다. '아이'와 '3명'는 모두 명사이고 '~의'로 해석된다. の의 용법은 여러 가지이며 시험에 4회이상 출제된 중요한 조사이다.

어휘 こども 아이

5 1 책장에는 일본어 책도 영어 책도 있습니다.

해설 ✻ 명사 + も(도)! 명사를 열거할 때 조사 も(~도)를 사용한다. 이 문제에서도 '일본어 책'과 '영어 책'을 열거하고 있으므로, 정답은「も(~도)」이다.

어휘 本(ほん)だな 책장 | 日本語(にほんご) 일본어 | 本(ほん) 책 | 英(えい) 영어

6 1 야마다: 기무라 씨는 어제 누군가 만났습니까?
기무라: 네, 우에다 씨를 만났습니다.

해설 ✻ 주격 조사 は(은/는)! 주격 조사 は는 주어에 붙어 '~은/는'이라고 해석한다. 우리말과 많이 비슷해, 문장만 잘 해석하면 간단하게 풀 수 있다.

어휘 きのう 어제 | だれか 누군가 | 会(あ)う 만나다

7 3 냉장고 안에 있는 우유는 누구의 것입니까?

해설 ✻ 소유를 나타내는 の(~의 것)! 소유를 나타내는「の」는 '~의 것'이라고 해석한다.「の」의 용법은 자주 출제되니 꼼꼼하게 체크해 두어야 한다.

어휘 れいぞうこ 냉장고 | 中(なか) 속, 안 | ぎゅうにゅう 우유 | だれ 누구

8 3 이 인형은 아빠가 나무로 만들었습니다.

해설 ✻ 재료 + で(로)! 재료를 설명할 때 조사 で(~으로)를 사용한다. 조사 で는 여러가지 뜻을 가지고 있으니「긴급처방 DAY2」로 가서 꼭 체크해 놓자.

어휘 にんぎょう 인형 | 木(き) 나무

9 3 A: 감사합니다.
B: 천만에요.

해설 ✻ 상황에 맞는 인사표현 찾기! '감사합니다'의 대답으로는「どういたしまして (천만에요)」가 적당하다. 다른 선택지 ごめんください(계십니까?)는 방문할 때, ただいま(다녀왔습니다)는 집에 귀가 했을 때, いただきます(잘 먹겠습니다)

는 음식을 먹을 때 사용한다.

어휘 ありがとうございます 감사합니다

10 1 A: 자주 산에 오릅니까?
B: 네, 가끔 남동생과 오릅니다.

해설 ✻ 조사 と(와/과 함께)! 조사 と는 '~와/과 함께'라는 의미로도 사용한다. 다른 선택지의 だけ(뿐, 만), が(이/가, 을/를), しか~ない(밖에 ~없다)도 자주 나오는 조사이니 꼭 알아 두자.

어휘 よく 자주, 잘 | 山(やま) 산 | のぼる 오르다 | ときどき 가끔

11 2 방에 들어가기 전에 신발을 벗어 주세요.

해설 ✻ 시간의 전후 표현! 시간적 전후 표현을 알아보면 '~하기 전에'는 「동사 사전형+まえに」이고, '~한 후에'는 「동사 た형+あとで」이다. 이 때 주의할 점은 접속형태와 뒤에 붙는 조사이다. まえで 혹은 あとに라고 해서는 안 된다. 단, あとで의 で는 생략할 수 있다.

어휘 へや 방 | 入(はい)る 들어가(오)다 | くつ 신발 | ぬぐ 벗다 | ~てください ~해 주세요

12 3 야마다: 스즈키 씨는 자주 집에서 요리를 합니까?
스즈키: 아니요, 저는 전혀 하지 않습니다.

해설 ✻ ぜんぜん(전혀)의 의미에 주의! 공란 앞의 ぜんぜん(전혀)은 부사로, 뒤에 부정형 ない(~하지 않다)가 따라다닙니다. 그리고 과거가 아닌 평소의 습관에 대해 말하고 있으므로 과거형은 쓸 수 없다는 것이 포인트이다.

어휘 家(いえ) 집 | 料理(りょうり) 요리 | ぜんぜん~ない 전혀 ~않다

13 2 학교 도서관의 휴일은 언제입니까?

해설 ✻ 의문사 체크! 도서관의 休み(휴일)를 묻는 문제로 いま(지금)・いつ(언제)・どこ(어디)・なん(무엇) 중에서 적당한 것은 「いつ(언제)」가 된다.

어휘 学校(がっこう) 학교 | 図書館(としょかん) 도서관 | 休(やす)み 휴식, 쉬는 시간

14 4 한가할 때에는 기타를 칩니다.

해설 ✻ な형용사 + 명사! な형용사가 명사를 수식할 때에는 だ를 な로 바꿔준다. 때문에 정답은 ひまな(한가한)가 된다. 세번 이상 출제되었으므로 꼭 체크해 두자.

어휘 時(とき) 때 | ギター 기타 | ひく 치다

15 2 A: 마실 것은 커피가 좋습니까, 홍차가 좋습니까?
B: 그럼 홍차로 부탁드립니다.

해설 ✻ 취향을 묻는 표현! 상대방의 취향을 물어볼 때에는 「いいですか(좋습니까?)」라 묻는다. 일상 생활에 자주 쓰는 표현이므로 외워 두자.

어휘 飲(の)み物(もの) 음료 | コーヒー 커피 | 紅茶(こうちゃ) 홍차 | おねがいします 부탁합니다

16 3 저는 매일 아침 밥이나 빵을 먹습니다. 하지만 오늘은 늦게 일어나서 아무것도 먹지 않았습니다.

해설 ✻ 何も(아무것도) ~ない(않다) 구문 체크! 何も(아무것도)는 부정형 ない(~하지 않다)가 항상 따라다닌다. 최근에 자주 출제되므로 꼭 체크해 두자.

어휘 毎朝(まいあさ) 매일 아침 | ご飯(はん) 밥 | パン 빵 | 食(た)べる 먹다 | 今日(きょう) 오늘 | おそい 늦다 | 起(お)きる 일어나다

## 문제 2 ＿＿★＿＿에 들어갈 것은 어느 것입니까? 1・2・3・4에서 가장 알맞은 것을 하나 고르세요.

17 4 2 とおい 1 ので ★4 いつも 3 電車に

해석 집에서 회사까지는 멀어서 항상 전철을 탑니다.

해설 ✻ 이유를 설명하는 문장! 우선 '~을/를 타다'는 ~にのる가 되므로 네 번째에 3번을 배치할 수 있다. 그리고 전철을 타는 이유를 설명하는 ので(때문에) 앞에는 とおい(멀다)를 배치할 수 있다.

어휘 家(うち) 집 | とおい 멀다 | ので ~때문에 | 電車(でんしゃ) 전철 | ~にのる ~을/를 타다

18 3 4 6時に 2 起きて ★3 犬と 1 散歩を

해석 매일 6시에 일어나서 강아지와 산책을 하고 있습니다.

해설 ✻ 동작의 열거는 て(하고, 해서)! 이 문제는 동작의 열거를 통해 '매일~하고 있다'라는 습관을 말하는 문장이다. 선택지를 보고, 동사가 선택지에 나올 경우에는 앞에 뭐가 오는지를 찾아보자. 起きる(일어나다) 앞에는 6時に(6시에)가 자연스럽

다. 그리고 して いる(하고 있다) 앞에는 목적어(을/를)를 필요로 하여 散歩を(산책을)가 적당하다. 마지막 하나 남은 犬と(강아지와)를 배열하면 4-2-3-1이 된다.

어휘 毎日(まいにち) 매일 | 起(お)きる 일어나다 | 犬(いぬ) 강아지 | 散歩(さんぽ) 산책 | ~ている ~하고 있다

19 1 2 10年 4 前に ★1 買った 3 まんねんひつを

해석 나는 10년 전에 산 만년필을 지금도 갖고 있다.

해설 ✻ 명사 수식 문장! 우선 「今も 持って いる(지금도 가지고 있다)」 앞에는 '무엇을'을 떠올릴 수 있다. 선택지에 '을/를'이 붙어 있는 것은 まんねんひつを(만년필을)가 되며 네 번째에 배치한다. 나머지 선택지는 어떤 만년필인지를 수식해 주므로, 세 단어를 배열하면 '10년 전에 산' 2-4-1-3이 된다.

어휘 前(まえ)に 전에 | 買(か)う 사다 | まんねんひつ 만년필 | 持(も)つ 가지다, 들다

20 3 4 父 2 の ★3 車 1 で

해석 남동생은 매일 아침 아빠의 차로 학교에 갑니다.

해설 ✻ 수단을 설명하는 문장! 우선 네 번째 빈칸에 무엇이 들어갈까? 학교에 가는데, 무엇으로 가는지 수단을 묻는다. 탈 것의 수단은 車(차)가 되고, 수단에 붙는 조사 'で(~으로)'를 배치할 수 있다. 나머지는 누구의 차인지를 수식해 주는 父の(아빠의)를 연결하면 된다.

어휘 弟(おとうと) 남동생 | 毎朝(まいあさ) 매일 아침 | 父(ちち) 아빠 | 車(くるま) 자동차 | 学校(がっこう) 학교 | 行(い)く 가다

21 2 3 コンビニと ★2 花屋の 1 間 4 に

해석 저는 가끔 서점에 갑니다. 서점은 편의점과 꽃집 사이에 있습니다.

해설 ✻ 위치 표현의 조사 체크! ～と～の間に(~과~사이에)의 문장 구조를 잘 캐치하면 3-2-1-4가 된다.

어휘 ときどき 가끔, 때때로 | 本屋(ほんや) 서점 | 行(い)く 가다 | コンビニ 편의점 | 花屋(はなや) 꽃집 | 間(あいだ) 사이

**문제 3 [22] 부터 [26] 에 무엇을 넣습니까? 글의 의미를 생각하여 1·2·3·4에서 가장 알맞은 것을 하나 고르세요.**

해석 야마다 씨와 기무라 씨가 '좋아하는 동물'의 작문을 쓰고 반 친구들 앞에서 읽었습니다.

> **(1) 야마다 씨의 작문**
> 나는 어렸을 때부터 동물을 좋아합니다. 가장 좋아하는 동물은 강아지입니다. 초등학교 3학년 때, 아빠가 귀여운 강아지를 [22] 사 주었습니다. 이름은 '치'였습니다. 처음 만난 날 매우 작았기 [23] 때문에 '치'라고 불렀습니다. '치'와 나는 함께 공원을 산책하는 것을 좋아했습니다. 3년 전에 죽었지만 '치'는 지금 [24] 도 나의 가족입니다.
>
> **(2) 기무라 씨의 작문**
> 나는 동물을 그다지 좋아하지 않습니다. [25] 하지만 고양이만은 좋아합니다. 고양이는 조용히 혼자서 있어 주기 때문입니다. 또한 강아지처럼 산책하지 않아도 괜찮습니다. 동물과 함께 생활하기에는 부지런한 사람이 좋다고 [26] 생각합니다. 나는 밖에 나가는 것을 좋아하지 않기 때문에 매일 산책하는 것은 힘듭니다. 그래서 고양이를 좋아합니다.

어휘 ころ 때, 쯤, 경 | 好(す)きだ 좋아하다 | 一番(いちばん) 가장 | 動物(どうぶつ) 동물 | 犬(いぬ) 강아지 | 小学校(しょうがっこう) 초등학교 | かわいい 귀엽다 | 名前(なまえ) 이름 | はじめて 처음으로 | 会(あ)う 만나다 | 小(ちい)さい 작다 | ~と呼(よ)ぶ ~라고 부르다 | 一緒(いっしょ)に 함께 | 公園(こうえん) 공원 | 散歩(さんぽ)する 산책하다 | 死(し)ぬ 죽다 | 家族(かぞく) 가족 | あまり~ない 그다지 ~않다 | 猫(ねこ) 고양이 | しずかに 조용히 | 一人(ひとり)で 혼자서 | 生活(せいかつ) 생활 | まじめだ 성실하다 | 外(そと) 밖 | 毎日(まいにち) 매일 | だから 그래서

22 3 1 삽니다 2 사고 있습니다
3 사 주었습니다 4 사지 않았습니다

해설 시제와 주고받는 표현 체크! 글의 문법의 경우, 문장과 문장을 자연스럽게 이어주면 된다. 선택지를 읽기 전, 본문의 글을 먼저 읽어 내려가면서 빈칸에 우리말로 적어 보자. 빈칸 앞에 주어가 '父が(아빠가)'이므로 '다른 사람이 나에게 사 준' 경우에 해당하기 때문에 くれる를 사용한 「買って くれました(사 주었습니다)」가 정답이다.

23 2 1 ~인데 2 ~때문에
3 ~만, 뿐 4 정도

**해설** 이유를 나타내는 접속 조사 주의! 공란 앞에서 강아지 이름을 '치'라고 부르게 된 이유가 나왔기 때문에 이유를 나타내는 표현인 「ので(때문에)」가 정답이다.

24　3　1 ~이/가　　2 ~와/과~
　　　3 ~도　　4 ~을/를

**해설** 조사 も(도) 체크! '치'가 죽기 전에도 지금도 가족이라는 의미의 문장이므로 조사 「も(~도)」가 정답이다.

25　2　1 그럼　2 하지만　3 그리고　4 그러고 나서

**해설** 역접일까 순접일까 접속사 체크! 문장의 문법에서 접속사 문제는 반드시 출제된다. 앞 문장과 뒤 문장의 연결이 역접(반대되는 내용)인지, 순접(비슷한 내용)인지를 파악한다. 공란 앞에서 동물을 좋아하지 않는다고 했고, 공란 뒤에서 고양이를 좋아한다고 했기 때문에 역접의 접속사 「でも(하지만)」가 정답이다.

26　1　1 생각합니다　　2 생각하고 있지 않습니다
　　　3 생각했습니까?　　4 생각합시다

**해설** 문장 끝 표현 시제 체크! 현재도 동물과 살기에는 부지런한 사람이 좋다고 생각하기 때문에 현재 시제인 「思います(생각합니다)」가 정답이다.

## 제2회 실전문제 정답 및 해설

| 정답 |

| | | | | | | |
|---|---|---|---|---|---|---|
| 1 4 | 2 3 | 3 2 | 4 1 | 5 4 | 6 4 | 7 4 |
| 8 1 | 9 2 | 10 3 | 11 3 | 12 2 | 13 4 | 14 3 |
| 15 1 | 16 2 | 17 4 | 18 1 | 19 4 | 20 1 | 21 1 |
| 22 3 | 23 1 | 24 4 | 25 3 | 26 4 | | |

| 해설 |

**문제 1 (　　)에 무엇을 넣습니까? 1·2·3·4에서 가장 알맞은 것을 하나 고르세요.**

1　4　나는 커피에 설탕을 넣어서 마십니다.

**해설** * に(에)와 へ(에)의 차이에 주목! 조사 に와 へ를 교차해서 사용할 수 있는 것은 「学校に(へ) いく」처럼 방향을 표현할 때이다. 이 경우는 항상 앞에 장소가 나오며, 동사 いく(가다)가 뒤에 온다. 하지만 이번 문제는 コーヒー(커피)와 동사 入れる(넣다)가 등장했다. 문장의 구조는 「~に(에)~を(을) 入れる(넣다)」가 된다. 5회 이상 출제된 조사 に의 용법을 반드시 익혀 두자.

**어휘** コーヒー 커피 | さとう 설탕 | 入れる 넣다 | 飲む 마시다

2　3　회사 앞에는 카페와 레스토랑 등이 있습니다.

**해설** * 장소 + には(에는)! 동사 먼저 체크하면 あります(있습니다)라는 존재 동사가 있다. 문장의 구조는 「~に~があります(~에 ~이있습니다)」가 된다. 선택지를 보면 두 개의 조사가 합쳐진 경우에는 각각의 의미를 연결해서 생각하면 되며, に가 들어있는 「には(에는)」가 정답이다.

**어휘** 会社 회사 | 前 앞 | カフェ 카페 | レストラン 레스토랑 | など 등

3　2　누나(언니)는 나에게 맛있는 빵을 주었습니다.

**해설** * 주고받는 표현의 くれる(주다) 동사 체크! 문법 문제는 문장 끝을 확인하고 문장 구조를 생각하면 답을 쉽게 찾을 수 있다. 이번 문제는 남이 나에게 줄 때 사용하는 「くれる(주다)」가 등장한다. くれる(주다)의 문장 구조는 「~さんが(~씨가) 私に(나에게) ~を(을) くれる(주다)」가 된다. 정답은 「に(에게)」이다.

**어휘** 姉 누나(언니) | おいしい 맛있다 | パン 빵 | くれる (다른 사람이 나에게) 주다

4　1　나의 이름은 기무라 아키코입니다. 기무라라고 불러 주세요.

**해설** * と(~라고)의 다른 용법! 조사 と는 열거할 때 쓰이며, '~와/과'의 의미를 갖는다. 이번 문제에서는 と의 인용 표현을 다룬다. 인용할 때에는 '~하고, ~라는'의미이다. 앞 문장의 기무라 아키코를 인용하여 '기무라라고' 불러 달라고 말한다.

**어휘** 名前 이름 | 呼ぶ 부르다 | ~てください ~해 주세요

5　4　A: 욕조에 들어가기(=목욕하기) 전에 이를 닦읍시다.
　　　B: 네, 알겠습니다.

해설 ※ 장소 + に(에)! 공란 뒤에 오는 入る(들어가다)는 주로「場所に入る(~에 들어가다)」의 형식으로 사용된다. 이 때 '~에'의 뜻을 가진 조사 に를 사용한다. 또한「おふろに 入る」는 직역하면 '욕조에 들어가다'가 되지만 '목욕하다'라는 관용 표현으로도 사용하며, 문자·어휘 파트에서도 자주 등장하므로 통째로 외워 두자.

어휘 おふろ 욕조 | 入る 들어가(오)다 | 前に ~전에 | は 이, 치마 | みがく 닦다

6 4 시험은 오후 3시부터 2시간 정도입니다.

해설 ※ 시간 + から(부터)! 공란 앞에는 3時(3시)라는 시간이 나오므로, 범위의 시작을 나타내는 조사 から(부터)를 유추할 수 있다. 다른 선택지 중 ごろ(쯤, 경)의 의미와 반드시 부정이 뒤에 따라오는 しか~ない(~밖에~없다)도 자주 나오는 조사이니 함께 체크해 놓자.

어휘 テスト 시험 | 午後 오후 | 時間 시간 | ぐらい 정도

7 4 나의 형(오빠)은 유학생에게 일본어를 가르치고 있습니다.

해설 ※ 사람(대상) + に(에게)! 조사 に는 기본적으로 '~에'라는 뜻을 가지고 있지만, 사람(대상)에 붙으면 '에게'라는 의미가 된다.

어휘 兄 형, 오빠 | りゅうがくせい 유학생 | 日本語 일본어 | 教える 가르치다

8 1 영어로 작문을 썼습니다.

해설 ※ 수단 + で(로)! 공란 앞의 영어는 작문을 쓰는 수단 및 방법에 해당하므로 이를 나타내는 조사「で(로)」가 정답이다.

어휘 英語 영어 | さくぶん 작문 | 書く 쓰다

9 2 친구에게 생일 선물을 많이 받았습니다.

해설 ※ 부사의 의미에 주목! 부사의 역할은 동사나 형용사를 꾸며주는 것이다. '선물을'과 '받았습니다' 사이에 어떤 부사가 어울릴까 생각해 보면, ちょうど(마침, 정각)・たくさん(많이)・もうすぐ(이제 곧)・あまり(너무, 그다지)에서 수량의 많음을 나타내는「たくさん(많이)」이 정답이 된다.

어휘 友だち 친구 | たんじょうび 생일 | プレゼント 선물 | もらう 받다

10 3 A: 어제는 왜 오지 않았습니까?
B: 감기에 걸려서 집에서 쉬었습니다.

해설 ※ 의문사에 주목! 의문사를 묻는 문제로 B가 오지 않은 이유에 대해서 설명하고 있기 때문에 정답은 이유를 묻는 의문사「どうして(왜)」가 정답이다. 다른 선택지 いくら(얼마), どなた(어느 분), いかが(어떻게)도 함께 알아 두자. 특히 いかが의 경우 どう의 공손체로「いかがですか(어떠세요?)」를 통째로 외워 두자.

어휘 きのう 어제 | 来る 오다 | かぜを ひく 감기에 걸리다 | 休む 쉬다

11 3 내가 만든 케이크보다 엄마가 만든 케이크 쪽이 훨씬 맛있다.

해설 ※ 부사 ずっと(훨씬)! 비교하는 문장에서 부사 ずっと는 몹시 차이가 나는 '훨씬'이라는 뜻을 가지며, 형용사를 꾸며 준다. ずっと의 다른 의미로「ずっと+동사」의 경우 훨씬이 아니라 '계속 쭉~하다'는 의미를 갖는다. 다른 선택지 はじめに(처음으로), ゆっくり(천천히), もう(이제)도 함께 체크해 놓자.

어휘 作る 만들다 | ケーキ 케이크 | より ~보다 | 母 엄마 | 方 쪽 | おいしい 맛있다

12 2 복도를 달려서는 안 됩니다.

해설 ※ 접속 형태에 주목! 금지 표현 '~해서는 안 된다'는 일본어로「~ては いけない」라고 한다. 추가로 허가 표현 '~해도 된다'는 ~ても いい이다.

어휘 ろうか 복도 | はしる 달리다 | ~ては いけません ~해서는 안 됩니다

13 4 A: 야마다 씨는 일어났습니까?
B: 아니요, 야마다 씨는 아직 일어나지 않았습니다.

해설 ※ 부사 まだ(아직)! 부사 まだ는 '아직'이라는 뜻으로 뒤에 '~하고 있지 않다'와 호응한다. 즉 '일어나 있지 않은 상태이다'를 일본어로 바꾸면 おきていません(일어나지 않았습니다)이 된다. 헷갈리는 선택지 おきないです는 '일어나지 않을 거예요'로 본인의 의지로 하지 않는다는 것을 뜻한다.

어휘 起きる 일어나다 | まだ 아직

14 3 형(오빠)는 매일 아침을 먹고 나서 책을 읽습니다.

해설 ※ 동사 て형 + から 접속 형태 주의! 자주 출제되는 から는 동사 て형에 접속하면 시간적 전후 표현 '~하고 나서'라는 의미를 가진다. 「정답은 食べてから(먹고 나서)」가 된다. 주의해야 할 선택지는 4번 ながら는 동사의 ます형에 접속하며, '~하면서'라는 뜻으로 동시 동작을 말한다.

어휘 毎日(まいにち) 매일 | 朝(あさ)ごはん 아침(밥) | 食(た)べる 먹다 | 本(ほん) 책 | 読(よ)む 읽다

15 1 이 치마를 사고 싶지만 비싸기 때문에 사지 않았습니다.

해설 ※ 이유 • 원인을 나타내는 접속조사 から(때문에)! 결국 사지 않은 이유는 치마가 비싸기 때문이다. 이때 이유나 원인을 나타내는 접속조사 から를 사용한다. な형용사와 명사의 경우에는 접속할 때, がくせいだから(학생이니까), しずかだから(조용하니까) 처럼 だ를 붙여 준다.

어휘 スカート 치마 | 買(か)う 사다 | 好(す)きだ 좋아하다 | 동사 ます형+たい ~하고 싶다 | 高(たか)い 비싸다

16 2 선생님: 여기에 자전거를 놓지 마세요. 자전거를 두는 곳은 저쪽이에요.

학생: 알겠습니다.

해설 ※ 요청 표현 ないでください(해 주세요)! ~ないで ください는 '하지 마세요'라고 요청하는 표현이다. 주의할 점은 ~なくてください라고 해서는 안 된다는 것이다. ~て ください(~해 주세요)도 함께 알아 두자.

어휘 じてんしゃ 자전거 | おく 두다, 놓다 | あそこ 저기

## 문제 2 ＿＿★＿＿에 들어갈 것은 어느 것입니까? 1·2·3·4에서 가장 알맞은 것을 하나 고르세요.

17 4 2 となりの 1 ゆうびんきょくが 3 私の ★4 会社から

해석 편의점 옆 우체국이 우리 회사에서 제일 가까워요.

해설 ※ 출발점을 나타내는 から(에서, 로부터)! 네 번째 빈칸을 생각해 보자. 一番 ちかい(가장 가깝다) 앞에는 어디를 기준으로 가장 가까운지를 나타내 주는 私の 会社から(우리 회사에서)가 적당하며, 주어 ゆうびんきょくが(우체국이)를 꾸며주는 コンビニのとなりの(편의점 옆)를 앞에 배치하면 2-1-3-4이 된다.

어휘 コンビニ 편의점 | となり 옆 | ゆうびんきょく 우체국 | 会社(かいしゃ) 회사 | 一番(いちばん) 가장, 제일 | ちかい 가깝다

18 1 4 あまいものは 1 ★あまり 3 好き 2 では

해석 A: 야마다 씨, 단 것 좋아하나요?

B: 아니요, 저는 단 것은 별로 좋아하지 않아요.

해설 ※ 부사 あまり~ない(그다지~않다)! あまり라는 부사는 뒤에 부정형이 접속하면 '그다지~하지 않다'라는 의미를 가진다. 이것을 고려하면 「あまり すきでは ありません(별로 좋아하지 않습니다)」를 먼저 완성시킬 수 있다. 그리고 주어 あまいものは를 제일 앞에 배치시키면, 4-1-3-2이 된다.

어휘 あまい 달다 | もの 것, 물건 | あまり～ない 그다지~않다 | 好(す)きだ 좋아하다

19 4 2 くれた 4 ★かばんは 3 小さくて 1 かわいいですが

해석 누나(언니)가 준 가방은 작고 귀엽지만 조금 무겁습니다.

해설 ※ 역접의 접속조사 찾기! 역접의 접속조사가 있는 경우, 문장의 구조는 「~は(은)~ですが(지만)~です(입니다)」가 된다. 구조 대로 배열하면 「かばんは かわいいですが すこし おもいです(가방은 예쁜데 조금 무겁습니다)」이다. 남은 선택지 くれた(준)는 姉が(언니가) 뒤에 배열하면 2-4-3-1이 된다.

어휘 姉(あね) 누나, 언니 | くれる (다른 사람이 나에게) 주다 | かばん 가방 | 小(ちい)さい 작다 | きれいだ 예쁘다 | すこし 조금 | おもい 무겁다

20 1 3 上で 1 ★あかちゃんが 2 寝ている 4 ので

해석 침대 위에서 아기가 자고 있기 때문에 조용히 해 주세요.

해설 ※ 이유를 설명하는 문장! 조용히 해 달라는 이유를 설명하는 문장으로, ので(~때문에)를 기준으로 문장 구조를 생각해 보면 「ベッドの上で(침대 위에서)~が(이)~ので(하니까)~しずかに して ください(조용히 해 주세요)」가 된다. 이 순서대로 배열하면 3-1-2-4이다.

어휘 ベッド 침대 | 上(うえ) 위 | あかちゃん 아기 | 寝(ね)る 자다 | ので ~때문에 | しずかだ 조용하다 | ~て ください ~해 주세요

21 1 2 かりた 1 ★本を 4 かえしに 3 行って

**해석** 친구에게 빌린 책을 돌려주러 갔다 왔습니다.

**해설** ※ ます형 + に行く에 주목! 목적을 나타내는 표현인 「동사의 ます형+に行く」(~하러 가다)에서 「かえしに 行って」를 연결하고, 나머지 「かりた 1本を」 앞에 배열하면 2-1-4-3이 된다.

**어휘** 友だち 친구 | かりる 빌리다 | 本 책 | かえす 돌려주다 | 行く 가다

## 문제 3 22 부터 26 에 무엇을 넣습니까? 글의 의미를 생각하여 1·2·3·4에서 가장 알맞은 것을 하나 고르세요.

**해석** 유카 씨와 미호 씨는 '일본의 버스'의 작문을 쓰고, 반 친구들 앞에서 읽습니다.

**(1) 유카 씨의 작문**

일본의 버스는 매우 편리합니다. 대개 정해진 시간에 오기 때문에 오랫동안 기다리지 않아도 됩니다. 22 그래서 학교에 갈 때에는 항상 버스를 탑니다. 또한 모두 버스가 멈추고 나서 내리기 때문에 안전합니다. 나는 조용한 곳을 23 좋아해서, 버스 안에는 큰 목소리로 이야기하는 사람도 그다지 없기 때문에 매우 좋습니다.

**(2) 미호 씨의 작문**

일본의 버스는 편리하지만, 가격이 비싸서 24 그다지 타지 않습니다. 그래서 가까운 곳은 버스가 아니라 자전거를 타고 갑니다. 학교는 집에서 멀지 않지만 매일 걸어서 가는 것은 힘들기 때문에 가끔 버스를 탑니다. 매일 아침 엄마가 500엔을 25 줍니다. 걸어서 학교에 갈 때에는 좋아하는 것을 사서 먹을 수 있지만, 버스를 타는 날은 26 그것이 그래서 할 수 없습니다. 나는 일본의 버스는 그다지 타지 않습니다.

**어휘** 便利だ 편리하다 | きまる 정해지다 | 長い間 오랫동안 | 待つ 기다리다 | だから 그래서 | 学校 학교 | ~にのる (교통수단)을 타다 | みんな 모두 | 止まる 멈추다 | 降りる 내리다 | 安全だ 안전하다 | しずかだ 조용하다 | ところ 곳 | 中 속, 안 | 大きな声 큰 목소리 | 話す 이야기하다 | あまり 그다지, 별로 | 値段 가격 | 高い 비싸다 | それで 그래서 | 近い 가깝다 | 自転車 자전거 | 遠い 멀다 | 毎日 매일 | 歩く 걷다 | 大変だ 힘들다 | ときどき 가끔, 때때로 | 毎朝 매일 아침 | 好きな物 좋아하는 것 | 買う 사다 | 食べられる 먹을 수 있다(가능형)

22 3 1 하지만 2 그러고 나서 3 그래서 4 그러나

**해설** ※ 앞뒤 문장 인과 관계! 빈칸 앞뒤 내용을 살펴보자. '일본 버스는 편리하고 정해진 시간에 와서 기다리지 않아도 된다. 그래서/따라서/그러므로 학교 갈 때 항상 버스를 탄다'이다. 두 문장의 관계는 역접(앞뒤 반대되는 내용), 순접(앞뒤 유사한 내용), 인과(앞뒤 원인과 결과) 중 인과 관계인 것을 알 수 있다. 문제의 선택지를 먼저 보면 많이 혼동되므로, 본문을 읽어가면서 빈칸에 우리말로 적고 선택지와 비교한다.

23 1 1 좋아해서 2 좋아하지 않고 3 좋아했지만 4 좋아하지 않았지만

**해설** ※ 시제와 긍정 • 부정형 주의! 빈칸에 적당한 말을 넣어보면, '나는 조용한 곳을 좋아하는데/좋아해서, 버스 안은 큰소리로 말하는 사람이 별로 없어서 너무 좋다'가 된다. 이때 시제와 부정형 등을 헷갈려 해서는 안 된다.

24 4 1 항상 탑니다 2 항상 타지 않습니다 3 그다지 탑니다 4 그다지 타지 않습니다

**해설** ※ 빈칸이 있는 문장에서 접속조사 체크! 빈칸이 포함된 문장의 키워드를 통해 문맥을 이해하고 우리말로 넣어보자. 일본 버스는 「便利ですが(편리하지만)、高くて (비싸서) 별로 타지 않는다」에서 역접(반대의 내용)의 접속조사 が, 이유 て를 확인했다면 빈칸에는 '탄다'가 아니라 '타지 않는다'가 적당하다.

25 3 1 있습니다 2 (내가 다른 사람에게) 줍니다 3 (다른 사람이 나에게) 줍니다 4 받습니다

**해설** ※ 주고받는 표현은 반드시 조사 체크! 빈칸 앞에 주어의 조사를 체크해 보면, 'お母さんが'가 된다. 남이 나에게 줄 때에는 くれる(주다)를 사용한다. 문장에서 わたし(나)는 생략할

수 있고, 내가 남에게 줄 때는 'あげる(주다)'를 사용한다는 점 꼭 주의하자.

26 4 1 저것이 2 이것이
3 어느 것이 4 그것이

해설 ＊ 지시어 それ는 바로 앞 내용을 가리킬 때 사용! 빈칸이 포함된 문장의 키워드를 통해 문맥을 이해하고 지시어가 들어간다는 가정하에 한국어로 넣어 보자. 「歩いて行くときは(걸어서 갈 때는) 食べられますが(먹을 수 있는데)、バスに乗る日は(버스를 타는 날은) 그것이 できません(불가능하다)」에서 빈칸에는 바로 앞의 '먹을 수 있는데'를 가리키는 「それ(그것)」가 정답이 된다. これ(이것)가 들어갈 경우엔 これ(이것)에 해당하는 내용은 다음 문장에 나와야 하는데 다음 문장에는 등장하지 않으므로 정답이 될 수 없다.

## 제3회 실전문제 정답 및 해설

| 정답 |

| | | | | | | |
|---|---|---|---|---|---|---|
| 1 2 | 2 4 | 3 3 | 4 3 | 5 1 | 6 1 | 7 1 |
| 8 4 | 9 2 | 10 3 | 11 4 | 12 4 | 13 2 | 14 3 |
| 15 3 | 16 3 | 17 3 | 18 3 | 19 3 | 20 2 | 21 1 |
| 22 3 | 23 4 | 24 1 | 25 3 | 26 2 | | |

| 해설 |

**문제 1 ( )에 무엇을 넣습니까? 1・2・3・4에서 가장 알맞은 것을 하나 고르세요.**

1 2 이것은 스미레(제비꽃)라고 하는 꽃입니다.

해설 ＊ 인용의 표현 という(라고 하는)! 열거할 때 쓰이는 조사 と는 '~와/과'의 의미를 갖지만, 이번 문제에서는 と(라고)・という(라고 하는) 등의 인용 표현을 알고 있는지를 묻는다. 독해와 청해에도 자주 등장하니 꼭 알아 두자.

어휘 花(はな) 꽃

2 4 나는 일주일에 1회 피아노를 배우러 갑니다.

해설 ＊ 수량사 + に(에)! 조사 に(에)는 「수량사+に+수량사」표현에도 사용된다. 예를 들어, '3일에 한 번'의 경우, 3日に1回(3일에 한 번)로 표현할 수 있다. 문제에서 일주일 동안 1회를 시행한다는 의미이므로 「に(~에)」가 정답이다.

어휘 一週間(いっしゅうかん) 일주일 | ～かい ~회(수량사) | ピアノ 피아노 | ならう 배우다 | 行(い)く 가다

3 3 더 넓은 방(의) 쪽이 좋습니다.

해설 ＊ 비교 표현 ほうが(쪽이, 편이)! 비교 표현 「명사 + の ほうが」의 문형으로 '~쪽이, ~편이'라는 의미이며, 세 번이나 출제 되었던 중요한 문형이다. 명사에 접속할 때 꼭 の를 넣지만, 한국어에서는 '방의 쪽'이 아닌 '방 쪽'이라고 표현하는 경우가 더 많기 때문에 조사 の를 놓치기 쉬우므로 조심하자.

어휘 もっと 더, 더욱 | ひろい 넓다 | へや 방 | 方(ほう) ~쪽, 방향 | いい 좋다

4 3 여기는 지우개로 지워 주세요.

해설 ＊ 수단 + で(로)! 지우개는 무언가를 지우는 수단이 되므로 수단을 나타내는 조사인 「で(~로)」가 정답이다.

어휘 ここ 여기, 이곳 | 消(け)しゴム 지우개 | 消(け)す 지우다 | ～て ください ~해 주세요

5 1 지난주부터 하루에 4시간밖에 자지 않았습니다.

해설 ＊ しか(밖에) + 부정형에 주목! 조사 しか(~밖에)는 항상 부정형 ない(없다, 아니다)를 동반한다. 긍정문일 경우에는 だけ(만, 뿐)를 사용하면 된다. 즉 '4시간밖에(しか) 자지 않았다=4시간만(だけ) 잤다'가 된다.

어휘 先週(せんしゅう) 지난주 | 時間(じかん) 시간 | 寝(ね)る 자다

6 1 야마다: 스즈키 씨, 수업 끝나고 나서 함께 도서관에서 공부하지 않을래요?
스즈키: 좋아요.
야마다: 그럼 2시에 여기에서 만납시다.

해설 ＊ 시간 + に(에)! 시간에 조사 に(에)가 붙어서, 정확한 시점을 말해 준다. 선택지 4번 へ(에)의 경우는 「学校へ いく(학교에 가다)」처럼 방향을 나타낼 때 쓰이며, 시간 뒤에는 접속하지 않는다.

어휘 じゅぎょう 수업 | 終(お)わる 끝나다 | いっしょに 함께 | 図書館(としょかん) 도서관 | 勉強(べんきょう) 공부 | 会(あ)う 만나다

7 1 에이미 씨는 작년에 미국으로부터 왔습니다.

해설 ✻ 출발을 나타내는 から(으로 부터)! 조사 から(으로부터)는 출발점을 나타낸다. 5회나 연속으로 출제된 조사이다. 꼭 알아두자.

어휘 きょねん 작년 | アメリカ 미국 | 来る 오다

8 4 식사 후, 1시간 정도 쉽니다.

해설 ✻ 시간+ぐらい에 주목! 부사 ぐらい(정도, 만큼)는 정확한 수치가 아닌 대략의 정도를 말해 준다. 다른 선택지 중 ごろ는 '쯤, 경'을 의미한다. 구분하기 쉬운 방법은 1時間(1시간)처럼 '동안'의 의미를 갖고 있는 間이 있다면 「ぐらい」가 적당하다.

어휘 食事 식사 | 명사+の後 (명사) 후에 | 時間 시간 | 休む 쉬다

9 2 A: 모리 씨는 매일 아침 무언가 먹습니까?
B: 아니요, 아무것도 먹지 않습니다.

해설 ✻ 의문사 + か(인지, 인가)! 불확실한 표현으로 か를 의문사에 붙여 なにか(뭔가), どこか(어딘가), だれか(누군가)처럼 많이 쓰인다. 조사 が(이/가, 을/를)와 헷갈려서는 안 된다.

어휘 毎朝 매일 아침 | 食べる 먹다 | いいえ 아니요 | 何も 아무것도

10 3 저 가게는 오후부터라 아직 열려있지 않습니다.

해설 ✻ まだ에 주목! 부사 まだ(아직)의 뒤에는 '~하고 있다, ~하고 있지 않다' 등 진행형 ている가 온다. まだ와 もう는 함께 자주 등장하는데 もう는 「もう~た(이미~했다)」처럼 과거형이 따라온다.

어휘 店 가게 | 午後 오후 | ので ~때문에 | 今 지금 | まだ 아직

11 4 스즈키: 마에다 씨, 이거 마에다 씨 책이죠?
마에다: 아니요, 그것은 나의 책이 아닙니다.

해설 ✻ だ(이다)의 활용에 주목! だ(이다)의 부정형 '~가 아니다' 는 では ありません, では ないです이며, では의 회화체는 じゃ이다.

어휘 これ 이것 | 本 책

12 4 엄마는 부엌에서 요리를 하면서 라디오를 듣고 있습니다.

해설 ✻ ます형 + ながら에 주목! 동시 동작을 나타내는 표현은 ながら(~하면서)가 된다. 접속 형태는 동사의 ます형이다. 자주 출제되니 꼭 기억해 두자.

어휘 母 엄마 | だいどころ 부엌 | 料理 요리 | ラジオ 라디오 | 聞く 듣다 | ~ている ~하고 있다

13 2 전철 안에서 큰 소리로 전화를 해서는 안 됩니다.

해설 ✻ い형용사의 명사 수식형! 공란 뒤에는 명사 声(목소리)가 있으므로 い형용사의 명사 수식 형태를 묻는 문제이다. い형용사는 보통체로 명사를 수식하기 때문에 「大きい(큰)」가 정답이다.

어휘 電車 전철 | 中 안 | 声 목소리 | 電話 전화 | ~てはいけません ~해서는 안 됩니다

14 3 일이 바빠서 아무도 만나지 않았습니다.

해설 ✻ だれにも(아무도, 누구와도) 의미 체크! '~를 만나다'는 ~に会う이다. '아무도 만나지 았았습니다'는 조사 も만 추가해서 「だれにも 会いませんでした」가 된다.

어휘 しごと 일 | 忙しい 바쁘다 | 会う 만나다

15 3 A: 실례합니다. 이 넥타이는 얼마입니까?
B: 5천 엔입니다.

해설 ✻ 의문사에 주목! B의 대답에서 가격을 말하고 있으므로 가격을 묻는 것임을 알 수 있다. 따라서 가격을 묻는 표현인 「いくらですか(얼마입니까)」가 정답이다.

어휘 すみません 실례합니다 | ネクタイ 넥타이

16 3 선생님: 미키 씨, 일본어가 매우 능숙해졌네요.
미키: 아니에요, 아직 멀었어요.

해설 ✻ 인사말 체크! '아직 멀었다'는 의미로 부사 まだ를 중복 사용한 「いいえ、まだまだです(아니요, 아직 멀었습니다)」가 정답이다. 인사 표현은 통째로 외워 두자.

어휘 日本語 일본어 | とても 매우 | じょうずだ 능숙하다 | な형용사 어간+になる ~해 지다

**문제 2 ＿★＿에 들어갈 것은 어느 것입니까? 1·2·3·4에서 가장 알맞은 것을 하나 고르세요.**

17 3 4 いっしょに ★3 ラーメンが 2 有名な 1 店に

해석 어제는 친구와 함께 라면이 유명한 가게에 갔습니다.

해설 ✻ 동사문의 구조 파악하기! 동사 行く(가다)가 등장한 문장의 구조는 '어디에 가다'가 된다. 선택지에 店に(가게에)가 장소에 해당하며, 장소를 꾸며주는 선택지를 배열해 보면 ラーメンが ゆうめいな 店に(라멘이 유명한 가게에)이다. 남은 선택지 4번을 첫 번째 배치하면 4-3-2-1이 된다.

어휘 きのう 어제 | ラーメン 라면 | 有名(ゆうめい)だ 유명하다 | 店(みせ) 가게 | 友(とも)だち 친구 | 行(い)く 가다

18 3 4 家 2 で ★3 映画 1 を

해석 나도 여동생도 집에서 영화를 보는 것을 좋아합니다.

해설 ✻ な형용사 문장 구조 파악하기! 네 번째 빈칸을 먼저 생각해 보자. 「見(み)る ことが 好(す)きです(보는 것을 좋아합니다)」를 보면, 보는 대상은 바로 映画(えいが)を(영화를)가 될 것이다. 즉 배열하면 4-2-3-1 정답은 3번이다.

어휘 妹(いもうと) 여동생 | 家(いえ) 집 | 映画(えいが) 영화 | 見(み)る 보다 | 好(す)きだ 좋아하다

19 3 1 ある ★3 ので 4 図書館 2 で

해석 A: 기무라 씨는 어디에 있습니까?
B: 다음 주 시험이 있어서 도서관에서 공부를 하고 있을 거라고 생각합니다.

해설 ✻ 이유 + ので(~때문에)! 이유의 접속조사 ので(때문에)를 중심으로 배열해 보자. 우선 첫 번째 들어갈 단어는 しけんが(시험이)가 등장하므로 「ある(있다)」가 된다. 그리고 「장소+で(에서)」에 해당하는 図書館で(도서관에서)를 뒤에 접속하면 간단하게 풀린다.

어휘 来週(らいしゅう) 다음 주 | しけん 시험 | ので ~때문에 | 勉強(べんきょう) 공부 | 思(おも)う 생각하다

20 2 3 土曜日は 1 みんなで ★2 あそびに 4 行く

해석 이번주 토요일은 다같이 놀러 갈 예정입니다.

해설 ✻ 목적 표현 ます형 + に行く(~하러 가다)! 「ます형+に行く(~하러 가다)」는 목적 표현으로, あそびに 行く(놀러 가다)를 완성시킬 수 있다. つもりだ(예정이다)는 동사 사전형에 접속하므로 바로 앞에 배치하면 정답은 2번임을 바로 찾을 수 있다.

어휘 今週(こんしゅう) 이번주 | 土曜日(どようび) 토요일 | みんなで 다같이 | あそぶ 놀다 | つもり 예정

21 1 2 好きな ★1 の 3 は 4 猫

해석 나는 동물을 좋아합니다. 가장 좋아하는 것은 고양이입니다.

해설 ✻ 명사로 끝나는 명사문 구조 이해하기! 선택지에서 です(~입니다) 앞에 올 수 있는 것은 명사 猫(고양이)이다. 명사문의 구조는 「~は~です(~은 ~입니다)」가 된다. 구조대로 배열하면 주어는 好きなのは(좋아하는 것은)이며, 여기에서 の는 형식 명사의 '것'을 의미한다.

어휘 動物(どうぶつ) 동물 | 好(す)きだ 좋아하다 | 一番(いちばん) 가장 | 猫(ねこ) 고양이

**문제 3 22 부터 26 에 무엇을 넣습니까? 글의 의미를 생각하여 1·2·3·4에서 가장 알맞은 것을 하나 고르세요.**

해석 스즈키 씨는 '나의 친구'의 작문을 쓰고, 반 친구들 앞에서 읽습니다.

> 나의 친구
>
> 스즈키 나나
>
> 아유미는 중학교 친구입니다. 집도 가까워서 학교가 끝난 후에는 항상 함께 돌아가고 있습니다. 아유미의 남동생도 같은 학교이기 때문에 22 셋이서 돌아가고 있습니다. 아유미는 나와 같은 점이 많이 있습니다. 생선 요리를 그다지 좋아하지 않는 것과 피아노를 치는 것 23 등 입니다. 형제가 없는 나에게 아유미는 좋은 친구가 되어 24 주었습니다.
> 그러나 다음 달 아유미는 미국으로 유학을 갑니다. 나는 그 이야기를 듣고 매우 슬퍼졌습니다. 매우 좋아하는 친구를 25 이제 만날 수가 없기 때문입니다. 아유미는 매달 편지를 쓰겠다고 말해 주었습니다. 언젠가 다시 아유미와 함께 26 놀고 싶습니다.

어휘 中学校(ちゅうがっこう) 중학교 | 友(とも)だち 친구 | 家(いえ) 집 | 近(ちか)い 가깝다 | 終(お)わる 끝나다 | いつも 항상 | 一緒(いっしょ)に 함께 | 帰(かえ)る 돌아가(오)다 | 弟(おとうと) 남동생 | 同(おな)じだ 같다 | 魚料理(さかなりょうり) 생선 요리 | あまり~ない 그다지 ~하지 않다 | 好(す)きだ 좋아하다 | ピアノをひく 피아노를 치다 | きょうだい 형제 | しかし 그러나 | 来月(らいげつ) 다음 달 | アメリカ 미국 | 留学(りゅうがく) 유학 | 話(はなし) 이야기 |

聞く 듣다 | かなしい 슬프다 | 大好きだ 매우 좋아하다 | ~に 会う ~를 만나다 | 毎月 매달 | 手紙 편지 | 言う 말하다 | いつか 언젠가 | また 다시

22 3 1 둘이서 2 두 명과 3 셋이서 4 세 명과

해설 ✻ 인과 관계 접속 조사 체크! 선택지의 인원수를 힌트로 2명인지 3명인지 빈칸을 채워 보자. 우선 첫 번째 문장에서 아유미와 나는 둘이서 함께 집에 가는데, 「アユミの弟も(아유미 남동생도) 同じ学校だから(같은 학교이기 때문에) 셋이서 帰っています(집에 가고 있다)」에서 아유미의 남동생도 추가하면 총 3명이 된다. 또한 「숫자＋で(해서, 이서)」의 조사의 의미도 체크해 두자. 정답은 「三人で(셋이서)」이다.

23 4 1 ~와/과 2 ~도 3 ~정도 4 ~등

해설 ✻ 문맥을 확인하면서 열거 조사 찾아내기! 빈칸 앞 부분의 「や(~이랑)」는 열거할 때 사용하는데 뒤에는 주로 「など(등)」가 붙는다.

24 1 1 (다른 사람이 나에게) 주었습니다
2 (내가 다른 사람에게) 주었습니다
3 되었습니다
4 있었습니다

해설 ✻ 주고 받는 표현의 조사 체크하기! 우선 빈칸이 있는 문장의 조사에 밑줄을 그어 보고 빈칸에 우리말로 적어보자. 「アユミは(는) 私に(에게) 友だちに なって 주었습니다」가 된다. 행동이든 물건이든 남이 나에게 해 줄 때에는 くれる, 내가 남에게 해 줄 때에는 あげる가 된다. 단, 행동을 해 줄 땐 동사 て형에 접속한다.

25 3 1 먼저 2 바로 3 이제 4 아직

해설 ✻ 문맥 확인하며 부사 넣기! 빈칸의 문장은 슬퍼진 이유에 대해 설명하고 있다. 「大好きな 友だちに(너무 좋아하는 친구를) 이제 더 이상 会うことができないからです(만날 수가 없기 때문이다)」처럼 빈칸에는 '이제'라는 의미의 부사가 오는 것이 적당하다.

26 2 1 놀았습니다 2 놀고 싶습니다
3 놀고 있습니다 4 놀지 않습니다

해설 ✻ 문장 끝 희망 표현! いつか(언젠가)는 막연한 미래를 의미하고, 희망 표현 「いつか(언젠가) ~たい(싶다)」와 함께 쓰인다.

MEMO

# PART 3

## N5 독해

제1장 긴급처방 독해 포인트

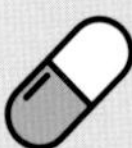
제2장 맞춤처방 실전문제

제3장 만점처방 정답 및 해설

# 진짜 한 권으로 끝내는 JLPT **N5**

## ★ 시작하기 전 공략 TIP

독해 파트는 정답 찾는 스킬이 중요!!

2020년 대비 최신 출제 경향 반영

스킬 전수 꼼꼼한 설명

고득점 합격

## ★ 미리 확인하는 시험 영역

N5 독해 파트는 총 3개입니다.

- **문제1** 내용이해(단문)
- **문제2** 내용이해(중문)
- **문제3** 정보검색

# 제1장 긴급처방

## 독해 포인트

# 긴급처방 독해 포인트

### 긴급처방 공부법

독해 문제를 풀 때, 접속어와 문말 표현에 정답이 숨어 있다. N5레벨에서 꼭 외워 두어야 하는 접속어와 문말 표현을 체크하고 문제를 풀자.

## 1 접속어

| 구분 | 접속어 | 의미 / 예문 |
|---|---|---|
| **순접** 원인과 결과를 나타낼 때 | それで | 의미 그래서<br>かぜを　ひきました。それで　がっこうを　やすみました。<br>감기에 걸렸습니다. 그래서 학교를 쉬었습니다. |
| | だから<br>ですから | 의미 그래서, 그러니까<br>ごはんを　たべて　いないです。だから、おなかが　すきました。<br>밥을 먹지 않았습니다. 그래서 배가 고픕니다. |
| **첨가** 특징 등을 나열할 때 | そして | 의미 그리고<br>たんじょうびに　パソコンを　もらいました。そして　スマホも　もらいました。<br>생일에 컴퓨터를 받았습니다. 그리고 스마트폰도 받았습니다. |
| | それから | 의미 그러고 나서, 그리고<br>としょかんで　べんきょうします。それから、ともだちに　あいます。<br>도서관에서 공부합니다. 그러고 나서 친구를 만납니다. |
| | それに | 첨가 게다가<br>あの　人(ひと)は　やさしいです。それに　まじめです。<br>저 사람은 상냥합니다. 게다가 성실합니다. |
| **역접** 앞뒤가 반대되는 내용이 올 때 | ～が | 첨가 ~지만<br>あめが　ふって　いますが、あまり　さむく　ないです。<br>비가 내리고 있지만, 그다지 춥지 않습니다. |
| | でも | 의미 그러나, 하지만<br>がんばって　れんしゅうを　しました。でも、まけました。<br>열심히 연습을 했습니다. 그러나 졌습니다. |
| | しかし | 의미 그러나<br>わたしは　えいごが　すきです。しかし　いもうとは　スペインごが　すきです。<br>나는 영어를 좋아합니다. 그러나 여동생은 스페인어를 좋아합니다. |

## 2 문말 표현

|  |  |
|---|---|
| ~たいです | 의미 ~하고 싶습니다<br>クラスの　ともだちに　あいたいです。<br>반 친구들을 만나고 싶습니다. |
| ~たりします | 의미 ~하거나 합니다<br>あにと　いっしょに　サッカーを　したり　します。<br>형과 함께 축구를 하거나 합니다. |
| ~てください | 의미 ~해 주세요<br>みなさんも　ぜひ　きて　ください。<br>여러분도 부디 와 주세요. |
| ~と言(い)いました<br>~と言(い)っていました | 의미 ~라고 말했습니다<br>れんらくは　いつでも　いいと　言(い)って　いました。<br>연락은 언제라도 좋다고 말했습니다. |
| ~ことができます | 의미 ~하는 것이 가능합니다 (=~할 수 있습니다)<br>にほんごで　はなす　ことが　できます。<br>일본어로 이야기할 수 있습니다. |
| ~なくてもいいです | 의미 ~하지 않아도 됩니다<br>わたしが　もって　いきますから　やまださんは　もって　こなくても　いいです。<br>제가 가져 갈 테니, 야마다 씨는 가져 오지 않아도 됩니다. |
| ~がほしいです | 의미 ~을/를 갖고 싶습니다<br>あたらしい　ノートが　ほしいです。<br>새로운 노트를 갖고 싶습니다. |
| ~と思(おも)います<br>~と思(おも)いました | 의미 ~라고 생각합니다, ~라고 생각했습니다<br>あさ　はやく　おきるのは　たいへんな　ことだと　思(おも)います。<br>아침 일찍 일어나는 것은 힘든 일이라고 생각합니다. |
| ~からです | 의미 ~때문입니다<br>びっくりした　りゆうは　みんな　しらなかったからです。<br>놀란 이유는 모두 몰랐기 때문입니다. |

PART 3 독해

# 제2장 맞춤처방

- 문제 유형 살펴보기
- 제1회 실전문제
- 제2회 실전문제

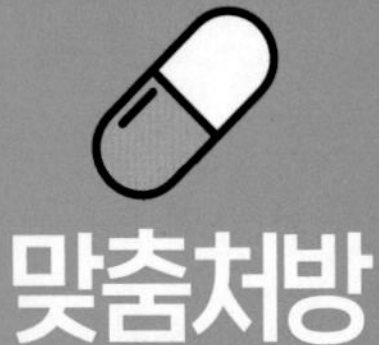

# 맞춤처방 문제 유형 및 **포인트**

## 문제 4 내용이해 (단문)
もんだい4 内容理解(短文)

### 문제유형

**내용이해(단문) (3문항)** ➡ 100~200자 정도의 글을 읽고 내용을 이해할 수 있는지를 묻는다.
➡ 예상 소요 시간 9분

★ 2020년도 제2회 시험부터 3문항에서 2문항으로 변경

### 포인트

STEP1

질문의 유형 파악

질문의 유형

**▶내용 이해를 묻는 문제**

⊘ ~さんは　昨日(きのう)、何(なに)を　しましたか。

~씨는 어제 무엇을 했습니까?

⊘ ~さんは　はじめに　何(なに)を　しますか。

~씨는 처음에 무엇을 합니까?

⊘ ~たい　時(とき)　どうしますか。

~하고 싶을 때 어떻게 합니까?

문제를 먼저 읽고 실행 과제(키워드) 체크 ⇒ 글을 읽으며 키워드가 포함된 문단을 중심으로 내용 확인 ⇒ 소거법 이용하여 선택지 비교

**▶글쓴이의 주장을 묻는 문제**

⊘ 言(い)いたい　ことは　どれですか。

말하고자 하는 것은 무엇입니까?

⊘ なぜ「わたし」は　~が　したいですか。

왜 '나'는 ~이/가 하고 싶습니까?

⊘ 何(なに)が　言(い)いたいですか。

무엇을 말하고자 합니까?

글의 테마 파악 ⇒ 접속사에 주의하면서 글의 흐름 파악 ⇒ 글의 마지막 부분 신중하게 읽기 ⇒ 소거법 이용하여 선택지 비교 (부정문에 주의)

▶밑줄 부분이 지시하는 것을 찾는 문제

⊘ どうして　~ですか。

왜 ~입니까?

⊘ ~は　どんな　日(ひ)ですか。

~은/는 어떤 날입니까?

⊘ ~について　ただしいのは　どれですか。

~에 대해서 옳은 것은 무엇입니까?

글에서 밑줄 위치 체크 ⇒ 밑줄 앞뒤로 내용 파악 ⇒ 앞부분에서 제시된 구체적인 예에 주목 ⇒ 소거법 이용하여 선택지 비교 (유의어에 주의)

PART 3 독해

STEP2

글 속에서 키워드 찾기

글 속에서의 정답의 단서

**▶편지글의 경우, 중간 단락에 핵심 내용이 있다.**

⇒인사말 – 하고자 하는 말 – 끝인사

**▶밑줄의 내용을 묻는 경우, 앞뒤 문장에 주의한다.**

⇒밑줄이 있는 문장의 시작이 지시어(この・これ 등)인 경우, 정답은 앞 문장에 있다.

**▶이유(どうして)를 묻는 문제에서는 から・ので에 주의한다.**

⇒이유를 나타내는 표현으로 해당 문장에 집중한다.

STEP3

선택지 오답 소거

선택지 확인할 때 주의 사항

**▶본문과 다른 말로 표현하고 있는 선택지 주의**

⇒バナナ(바나나): くだもの(과일)

**▶시제 체크**

⇒あした – 行(い)きます

きのう – 行(い)きました

**▶부정문 조심**

⇒ません・ませんでした・なかった・なかったです

# 문제 5 내용이해 (중문)

もんだい 5 内容理解 (中文)

## 문제유형

**내용이해(중문) (2문항)** ➡ 450자 정도의 글을 읽고 쓰인 내용의 포인트를 이해할 수 있는지를 묻는다.

➡ 예상 소요 시간 5분

## 포인트

**STEP1** 글을 읽기 전 문제의 의도를 파악

질문의 유형 파악

**▶본문의 전반적인 내용을 묻는 문제**

⊘ ~について　ただしいのは　どれですか。

~에 대해서 옳은 것은 무엇입니까?

⊘ ~に　しない　ことは　何(なん)ですか。

~에 하지 않는 것은 무엇입니까?

⊘ ~つぎに　何(なに)を　する　よていですか。

~다음에 무엇을 할 예정입니까?

> 문제를 먼저 읽고 선택지의 핵심 단어 체크 ⇒ 글을 읽으며 문단 요약 ⇒ 선택지의 키워드가 포함된 문단에서 내용 찾기 ⇒ 소거법 이용하여 선택지 비교

**▶글쓴이의 생각을 묻는 문제**

⊘「わたし」は　何(なに)が　~と　思(おも)いましたか。

'나'는 무엇을 ~라고 생각했습니까?

⊘「わたし」は　~が　すきですか。

'나'는 ~을/를 좋아합니까?

⊘「わたし」は　~て　何(なに)が　したいですか。

'나'는 ~해서 무엇을 하고 싶습니까?

> 글의 테마 파악 ⇒ 접속사에 주의하면서 글의 흐름 파악 ⇒ 글의 마지막 부분 신중하게 읽기 ⇒ 소거법 이용하여 선택지 비교 (부정문에 주의)

▶밑줄 부분이 지시하는 것을 찾는 문제

⊘どうして　~ましたか。

왜 ~했습니까?

⊘~さんは　何(なに)を　~ましたか。

~씨는 무엇을 ~했습니까?

⊘~は　どのような　ところですか。

~은/는 어떠한 곳입니까?

글에서 밑줄 위치 체크 ⇒ 밑줄 앞뒤로 내용 파악 ⇒ 앞부분에서 제시된 구체적인 예에 주목 ⇒ 소거법 이용하여 선택지 비교 (유의어에 주의)

STEP2

글 속에서 키워드 찾기

정답의 단서

▶「これから(앞으로)」어떻게 할 것인지를 묻는 문제의 경우 마지막에 주의한다.

⇒주로 본문의 마지막에서 찾을 수 있으며, 「~ましょう(~합시다)」처럼 무언가를 권유하거나 제시하는 표현에 주의한다.

▶역접의 접속사 뒤에 중요한 의견이 서술되어 있다.

⇒~が ~지만 | しかし 그러나 | けれども 하지만 | ところが 하지만

▶글의 마지막 부분은 특히 주의한다.

⇒필자의 의견이 숨어 있다.

STEP3

선택지 오답 소거

선택지 확인할 때 주의 사항

▶일의 순서를 나타내는 표현 조심

⇒~てから(~하고 나서) • ~た後(あと)で(~한 후에)

▶질문에 등장한 단어와 비슷한 선택지는 함정일 확률이 높음

⇒休(やす)みたい→何(なに)もしたくない(아무것도 하고 싶지 않다)

~~休(やす)みました(쉬었습니다)~~

▶부정으로 질문하는 문제 주의

⇒あっているもの(맞는 것) • あっていないもの(맞지 않는 것) 정확히 확인할 것

PART 3 독해

# 문제 6 정보검색

もんだい6 情報検索

## 문제유형

**정보검색 (1문항)** ➡ 400자 정도의 안내문 속에서 필요한 정보를 찾아낼 수 있는지를 묻는다.

➡ 예상 소요 시간 4분

## 포인트

STEP1

질문의 유형 파악

글을 읽기 전 문제의 의도를 파악

**▶실행 과제를 묻는 문제**

⊘~さんは　どこから　どうやって　行(い)きますか。

~씨는 어디서부터 어떻게 갑니까?

⊘どれに　のりますか。

무엇을 탑니까?

문제를 먼저 읽고 내용 요약 ⇒ 문제의 조건이 있는 부분과 예외 조건을 꼼꼼하게 확인 ⇒ 소거법 이용하여 선택지 비교

**▶주어진 조건으로 계산하는 문제**

⊘チケットは　ぜんぶで　いくらですか。

티켓은 전부해서 얼마입니까?

⊘~たい　時(とき)は、いくら　はらいますか。

~할 때에는 얼마 지불합니까?

문제를 먼저 읽고 조건 요약 ⇒ 문제의 조건이 있는 부분 체크 ⇒ 예외 조건까지 꼼꼼하게 확인 후 계산 ⇒ 계산 후 재검토

STEP2

글 속에서 키워드 찾기

글 속에서의 정답의 단서

**▶글 속에서의 정답의 단서를 찾아야 한다.**

⇒주어진 정보만 봐서는 안 되고, 하단에 있는 조건도 반드시 확인해야 한다.
표 등이 제시된 경우에는 예외 조건이 있으니 하단에 '※'를 꼭 확인하자.

**▶시간이나 장소, 방법 등 자주 사용되는 표현에 주의한다.**

⇒朝(あさ)・昼(ひる)・夜(よる)・午前(ごぜん)・午後(ごご)・メール・電話(でんわ)

STEP3

선택지 오답 소거

선택지 확인할 때 주의 사항

**▶계산 문제 조심**

**▶조건이 여러 개인 경우 조심**

# 제1회 실전문제 -독해-

제한시간 18분

**もんだい4** 내용이해(단문)

つぎの　(1)から　(3)の　ぶんしょうを　読(よ)んで、しつもんに　こたえて　ください。こたえは、1・2・3・4から　いちばん　いい　ものを　一(ひと)つ　えらんで　ください。

(1)

明日(あした)は　父(ちち)の　たんじょうびです。わたしは　父(ちち)の　ために　おいしい　料理(りょうり)を作(つく)りたいですから、昨日(きのう)　母(はは)と　本屋(ほんや)に　行(い)って　料理(りょうり)の　本(ほん)を　買(か)いました。料理(りょうり)は　母(はは)と　いっしょに　します。ケーキは　明日(あした)　姉(あね)が　買(か)って　きます。

1 「わたし」は　昨日(きのう)、何(なに)を　しましたか。

1 父(ちち)と　パーティーを　しました。
2 母(はは)と　料理(りょうり)を　しました。
3 母(はは)と　本(ほん)を　買(か)いに　行(い)きました。
4 姉(あね)と　ケーキを　作(つく)りました。

**(2)**

テーブルの　上に　母の　メモが　あります。

> はなこ
>
> 学校は　楽しかったですか。お母さんは　夜　おそく　かえります。
> カレーを　作って　おいたから　食べて　ください。
> そして　午後　3時に　ゆうびんきょくの　人が　にもつを　持って
> きます。　お金は　要りません。
> にもつは　重いので　中に　持って　こなくても　いいです。
> ドアの　ところに　おいて　ください。
> よろしく！
>
> 母

2　母は　はなこさんに　何が　言いたいですか。

1　午後　3時に　カレーを　作って　食べて　ください。

2　ゆうびんきょくの　人に　お金を　わたして　ください。

3　にもつを　もらった　あと、中に　持って　きて　ください。

4　にもつを　もらった　あと、ドアの　ところに　おいて　ください。

(3)

わたしの　家の　となりには　公園、家の　むかいには　病院が　あります。病院の　となりには　本屋が　あるから　週末には　本屋へ　行って　本を　買います。でも　家の　近くに　図書館が　なくて　不便です。図書館が　ほしいです。

3　今の　町は　どれですか。

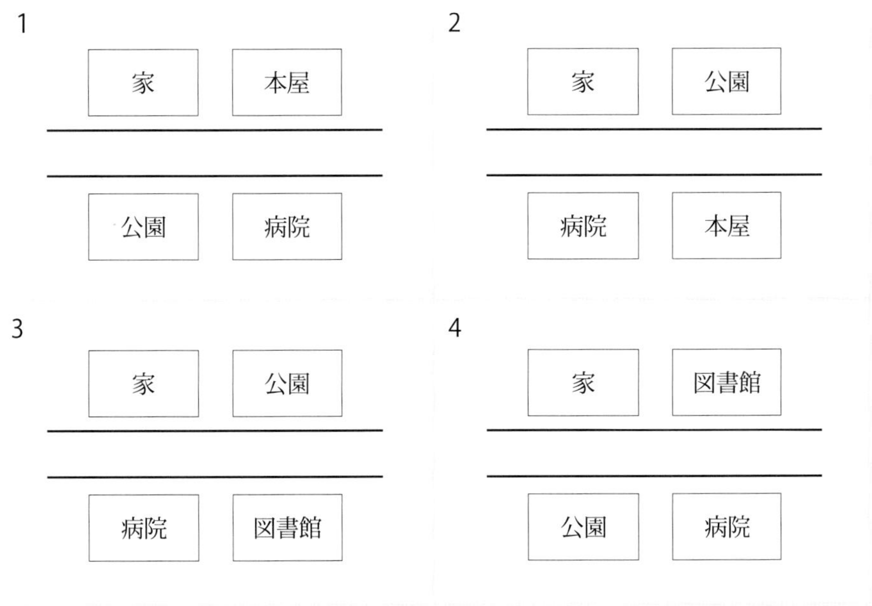


PART 3 독해

**もんだい5** 내용이해(중문)

**つぎの　ぶんしょうを　読んで、しつもんに　こたえて　ください。こたえは、1・2・3・4から、いちばん　いい　ものを　一つ　えらんで　ください。**

これは　えびなさんが　書いた　さくぶんです。

たいへんな　こと

えびな・けんいち

わたしの　家には　先月から　ねこが　います。なまえは　クロです。わたしは　クロと　あそぶことが　とても　すきです。

先週、わたしは　はじめて　クロを　せっけんで　あらいました。ねこは　水の　中に　入る　ことが　きらいです。だから　あらう　ことが　いやな　クロは　①はしりました。わたしは　はやく　あらいたかったですが　とても　むずかしくて　たいへんでした。

そのとき　母が、クロが　すきな　食べものを　もって　きました。クロは　それを　見て、しずかに　食べました。そして　わたしは　クロを　あらう　ことが　できました。母は「クロを　あらう　ことは　たのしい」と言いましたが、わたしは　勉強や　アルバイトよりも　もっと　②たいへんな　ことだと　思いました。

4 どうして　クロは　①はしりましたか。

1　せっけんが　きらいだから

2　水(みず)の　中(なか)に　入(はい)る　ことが　きらいだから

3　はやく　食(た)べものを　食(た)べたいから

4　あらう　ことが　むずかしいから

5 「わたし」は　何(なに)が　②たいへんな　ことだと　思(おも)いましたか。

1　クロと　家(いえ)の　中(なか)で　あそぶこと

2　クロを　せっけんで　あらうこと

3　クロに　食(た)べものを　あげること

4　勉強(べんきょう)や　アルバイトを　すること

**もんだい6** 정보검색

**右の ページを 見て、下の しつもんに こたえて ください。こたえは、1・2・3・4から、いちばん いい ものを 一つ えらんで ください。**

6 大島さんは、友だちの こどもと いっしょに 花の テーマパークに 行きたいです。おとな ひとりと こども 10人で いきます。チケットは ぜんぶで いくらですか。

1 5,900円
2 6,000円
3 9,000円
4 18,000円

# 花(はな)の　テーマパーク

朝(あさ)9：00 ～ 夜(よる)6：00

電話(でんわ)(03-6316-0520)

チケットのお金(かね)

| | |
|---|---|
| おとな | 1,000円(えん) |
| こども | 800円(えん) |
| おとな (5人(にん)から) | 900円(えん) |
| こども (5人(にん)から) | 500円(えん) |

＊　駅(えき)から　テーマパークまでの　バスの　お金(かね)は　むりょうです。

＊　チケットは　インターネットでも　買(か)う　ことが　できます。

맞힌 개수 확인 ＿＿＿ /6

# 제2회 실전문제 -독해-



**もんだい4** 내용이해(단문)

**つぎの　(1)から　(3)の　ぶんしょうを　読(よ)んで、しつもんに　こたえて　ください。こたえは、1・2・3・4から　いちばん　いい　ものを　一(ひと)つ　えらんで　ください。**

**(1)**

最近(さいきん)　わたしは　とても　かなしいです。かぜで　ずっと　家(いえ)に　いて、学校(がっこう)に　行(い)って　いなかったからです。でも　昨日(きのう)　友(とも)だちが　来(き)て　手紙(てがみ)を　くれて　とても　うれしかったです。早(はや)く　クラスの　友(とも)だちに　会(あ)って　話(はな)したり　遊(あそ)んだり　したいです。

1 「わたし」は　どうして　うれしかったですか。

1　かぜで　家(いえ)に　いたから
2　学校(がっこう)に　行(い)って　いなかったから
3　友(とも)だちが　手紙(てがみ)を　くれたから
4　友(とも)だちに　会(あ)いたいから

(2)

たなか先生の　机の　上に　メモが　あります。

たなか先生

来週　学生と　行く　工場から　電話が　来ました。
全部で　何人　来るか　知りたいと　言って　いました。
連絡は　電話じゃ　なくて　メールが　いいと　言って　いました。
わたしは　ちょっと　手紙を　だして　きます。
よろしく　おねがいします。

島田
5月25日　17:00



2 この　メモを　読んで、たなか先生が　する　ことは　どれですか。

1 島田先生に　何人　行くか　教えます。
2 工場に　電話を　します。
3 工場に　メールを　送ります。
4 手紙を　だして　きます。

**(3)**

トニーさんの　机の　上に　メモが　あります。

> トニーさん
>
> 11時からの　会議ですが、わたしの　机の　上に　ある　紙を　コピーして　ください。　その 前に　何人　くるか　山田さんに　聞いて　ください。　それから　カフェに　行って　会議の時　飲む　コーヒーも　買って　きて　ください。
>
> よろしく　おねがいします。
>
> 大原
>
> 9月13日　9:00

3 この　メモを　読んで、トニーさんは　はじめに　何を　しますか。

1 机の　上に　ある　紙を　コピーします。

2 何人　くるか　山田さんに　聞きます。

3 カフェで　コーヒーを　買います。

4 大原さんと　会議を　します。

**もんだい5** 내용이해(중문)

**つぎの　ぶんしょうを　読んで、しつもんに　こたえて　ください。こたえは、1・2・3・4から、いちばん　いい　ものを　一つえらんで　ください。**

これは　ソンさんが　書いた　さくぶんです。

わたしの　ゆめ

ソン・ナン

わたしは　昨日　大学から　帰る時、大きい　にもつを　持った　おばあさんに　会いました。

おばあさんは、みちを　わたらなければ　なりませんでしたが、車が多いですから、わたしが　おばあさんの　にもつを　持ちました。

わたしは、①おばあさんの　家まで　行きました。おばあさんには　かぞくが　いませんでした。ご飯を　作るのも、そうじや　せんたくを　するのも　ぜんぶ　一人で　して　いました。わたしが　帰る時　おばあさんは、「ありがとう！」と言いました。でも、さびしい　かおでした。

つぎの　日に　また　おばあさんの　家に　行って、家の　しごとを　しました。おばあさんは　うれしい　かおで　「ありがとう！」と　言いました。わたしは、②決めました。これからは　こまって いる　人と　いっしょに　何かを　する　しごとが　したいです。

4 どうして ①おばあさんの 家まで 行きましたか。

1 おばあさんの 家に すんで いるから

2 おばあさんの にもつを 持って いたから

3 おばあさんの 家の しごとが したかったから

4 おばあさんと わかれる ことが さびしいから

5 ソンさんは 何を ②決めましたか。

1 これから したい しごと

2 おばあさんに 会う 日

3 おばあさんの 家の 行き方

4 おばあさんの しごとを する こと

**もんだい6** 정보검색

**右の　ページを　見て、下の　しつもんに　こたえて　ください。こたえは、1・2・3・4から、いちばん　いい　ものを　一つ　えらんで　ください。**

6 ジョセフさんは、雨が　降らない時　外で　スポーツが　したいです。ジョセフさんは　いつ　スポーツセンターに　行って、どんな　スポーツを　しますか。

1 月曜日に　サッカーを　します。
2 火曜日に　テニスを　します。
3 水曜日に　ジムで　うんどうします。
4 木曜日に　プールで　およぎます。

# スマイルスポーツセンター

| サッカーグラウンド | スポーツジム |
| --- | --- |
| 使(つか)える日(ひ)：月曜日(げつようび)/金曜日(きんようび) | 使(つか)える日(ひ)：水曜日(すいようび)/金曜日(きんようび)<br>＊ジムは　たてものの　中(なか)に　あります。 |
| **テニスコート** | **プール** |
| 使(つか)える日(ひ)：火曜日(かようび)/土曜日(どようび) | 使(つか)える日(ひ)：木曜日(もくようび)/日曜日(にちようび)<br>＊プールは　たてものの　中(なか)に　あります。 |

<今週(こんしゅう)の　天気(てんき)>

| 月 | 火 | 水 | 木 | 金 | 土 | 日 |
| --- | --- | --- | --- | --- | --- | --- |
| | | | | | | |

맞힌 개수 확인 ____ /6

# 제3장 만점처방

## 실전문제 정답 및 해설

» 만점처방

# 언어지식(독해) 실전문제 정답 및 해설

## 제1회 실전문제 정답 및 해설

| 정답 |

| 1 3 | 2 4 | 3 2 | 4 2 | 5 2 | 6 2 |
|---|---|---|---|---|---|

| 해설 |

**문제 4 다음 (1)부터 (3)의 문장을 읽고 질문에 답하세요. 답은 1·2·3·4에서 가장 적당한 것을 하나 고르세요.**

(1)

내일은 아빠의 생일입니다. 나는 아빠를 위해 맛있는 요리를 만들고 싶어서 어제 엄마와 서점에 가서 요리 책을 샀습니다. 요리는 엄마와 함께 할 것입니다. 케이크는 내일 언니가 사 올 것 입니다.

1 '나'는 어제 무엇을 했습니까?

1 아빠와 파티를 했습니다.

2 엄마와 요리를 했습니다.

3 엄마와 책을 사러 갔습니다.

4 언니와 케이크를 만들었습니다.

해설 ✱ 昨日(きのう)(어제) 시제에 주의! 昨日(어제) 무엇을 했는지를 물어보는 문제로 본문에서 昨日(어제)가 들어간 문장을 찾으면 된다. 정답은 「昨日 母と 本屋に 行って 料理の 本を 買いました(어제 엄마와 서점에 가서 요리 책을 샀습니다)」라고 했기 때문에 3번이다. 선택지 1번과 2번은 내일 일어날 일이고, 케이크는 내일 언니가 사 오기로 했기 때문에 4번도 오답이다.

어휘 明日(あした) 내일 | 父(ちち) 아빠 | たんじょうび 생일 | ~のために ~을/를 위해서 | おいしい 맛있다 | 料理(りょうり) 요리 | 作(つく)る 만들다 | ます형+たい ~하고 싶다 | 昨日(きのう) 어제 | 母(はは) 엄마 | 本屋(ほんや) 서점 | 行(い)く 가다 | 本(ほん) 책 | 買(か)う 사다 | いっしょに 함께 | ケーキ 케이크 | 姉(あね) 언니

(2)

테이블 위에 엄마의 메모가 있습니다.

하나코

학교는 즐거웠나요? 엄마는 밤 늦게 올 거예요.

카레를 만들어 두었으니 먹어요.

그리고 오후 3시에 우체국 사람(직원)이 짐을 가지고 올 거예요. 돈은 필요 없어요.

짐은 무거우니까 안에 가져오지 않아도 됩니다. 문 쪽에 두세요.

잘 부탁해요!

엄마

2 엄마는 하나코에게 무엇을 말하고 싶습니까?

1 오후 3시에 카레를 만들어서 먹어요.

2 우체국 사람에게 돈을 건네 주세요.

3 짐을 받은 후, 안에 가져와 주세요.

4 짐을 받은 후, 문 쪽에 두세요.

해설 ✱ 접속사 そして(그리고)와 요청 표현 てください(해 주세요) 체크! 엄마가 하나코에게 무언가를 요청하는 메모이다. 우선 접속사 そして(그리고)가 등장하는데 추가적인 사항을 덧붙여 얘기할 때 쓰이며 뒷부분에 필자가 말하고자 하는 중요한 내용이 포함되어 있다. 이어서 요청 표현 ~てください(해 주세요)가 들어가 있는 문장을 찾아보자. 「にもつは…ドアの ところに おいてください(짐은… 문 쪽에 두세요)」에서 정답이 4번인 것을 알 수 있다. 헷갈리는 선택지 1번의 경우, 오후 3시라는 정보와 카레를 만들어서 먹으라는 정보가 틀렸으므로 오답이 된다.

어휘 学校(がっこう) 학교 | 楽(たの)しい 즐겁다 | 今日(きょう) 오늘 | 夜(よる)おそく 밤 늦게 | かえる 돌아오(가)다 | カレー 카레 | 作(つく)る 만들다 | ~てください ~해 주세요 | そして 그리고 | 午後(ごご) 오후 | ゆうびんきょく 우체국 | にもつ 짐 | 持(も)つ 가지다 | 要(い)る 필요하다 | 重(おも)い 무겁다 | ところ 곳, 장소 | おく 두다

(3)

우리 집 옆에는 공원, 집 건너편에는 병원이 있습니다. 병원 옆에는 서점이 있어서 주말에는 서점에 가서 책을 삽니다. 하지만 집 근처에 도서관이 없어서 불편합니다. 도서관이 필요합니다.

3 지금의 마을은 어느 것입니까?

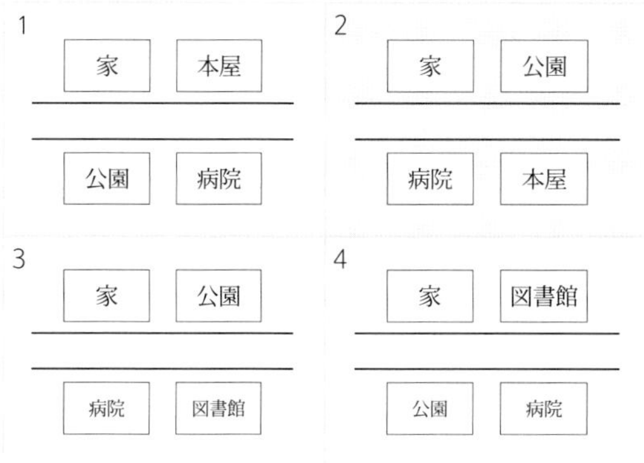


**해설** ★ 위치 정보 관련 키워드 체크! 키워드를 체크해 보면, 첫 번째 家の となり 公園(집 옆 공원), 두 번째 家の むかい 病院(집 건너편 병원), 세 번째 病院の となり 本屋(병원 옆 서점)이다. 첫 번째 조건에서 집 옆에 공원인 선택지는 2번과 3번이다. 마지막 네 번째 위치 정보 家の 近くに 図書館が ない(집 근처에 도서관이 없다)에서 3번을 소거하면 정답은 2번이 된다.

**어휘** 家(いえ) 집 | となり 옆 | 公園(こうえん) 공원 | むかい 건너편 | 病院(びょういん) 병원 | 本屋(ほんや) 서점 | 週末(しゅうまつ) 주말 | 近(ちか)く 근처 | 図書館(としょかん) 도서관 | 不便(ふべん)だ 불편하다 | ほしい 갖고 싶다, 필요하다

**문제5 다음 문장을 읽고 질문에 답하세요. 답은 1·2·3·4에서 가장 적당한 것을 하나 고르세요.**

이것은 에비나 씨가 쓴 작문입니다.

힘든 것

에비나 · 케이치

우리 집에는 지난달부터 고양이가 있습니다. 이름은 쿠로입니다. 나는 쿠로와 노는 것이 매우 좋습니다.

지난주 나는 처음으로 쿠로를 비누로 씻겼습니다. 고양이는 물 안에 들어가는 것을 싫어합니다. 그래서 씻는 것이 싫은 쿠로는 ①달렸습니다. 나는 빨리 씻기고 싶었지만 매우 어렵고 힘들었습니다.

그때 엄마가 쿠로가 좋아하는 음식을 가져왔습니다. 쿠로는 그것을 보고 조용히 먹었습니다. 그리고 나는 쿠로를 씻길 수 있었습니다. 엄마는 '쿠로를 씻기는 것은 즐거워'라고 말했지만 나는 공부나 아르바이트보다 더 ②힘든 것이라고 생각했습니다.

4 왜 쿠로는 ①달렸습니까?

1 비누가 싫기 때문에

2 물 안에 들어가는 것이 싫기 때문에

3 빨리 음식을 먹고 싶기 때문에

4 씻는 것이 어렵기 때문에

**해설** ★ 접속사 だから(그래서)를 찾아라! 접속사 だから(그래서)는 문장을 원인과 결과로 연결해 주는 역할을 한다. 쿠로가 달린 원인을 찾으려면 だから(그래서) 앞 문장을 체크하면 된다. 「ねこは 水の 中に 入る ことが きらいです。 だから ①はしりました(고양이는 물 안에 들어가는 것을 싫어합니다. 그래서 달렸습니다)」 따라서 정답은 2번이 된다. 헷갈리는 선택지 4번은 밑줄 뒤에 이어진 문장이라 정답 같지만 글쓴이 '나'와 관련된 내용이라 오답이다.

5 'ㄴ'는 무엇이 ②힘든 것이라고 생각했습니까?

1 쿠로와 집 안에서 노는 것

2 쿠로를 비누로 씻기는 것

3 쿠로에게 음식을 주는 것

4 공부나 아르바이트를 하는 것

해설 ✻문장 구조 파악하기 접속조사 が(지만)! 밑줄 문장의 구조를 살펴보자. 「母はクロをあらうことはたのしいと言いましたがわたしはたいへんなこと(엄마는 쿠로를 씻기는 일은 즐겁다고 말했지만, 나는 힘든 일)」에서 접속조사 が(지만)는 역접(반대되는 내용) 관계로 앞뒤를 연결한다. 여기에서 알 수 있듯이 내가 힘들다고 생각한 것은 쿠로를 씻기는 일이므로 정답은 2번이 된다.

어휘 先月(せんげつ) 지난달 | ねこ 고양이 | なまえ 이름 | あそぶ 놀다 | こと ~것 | とても 매우 | すきだ 좋아하다 | 先週(せんしゅう) 지난주 | はじめて 처음으로 | せっけん 비누 | あらう 씻다 | 水(みず) 물 | 中(なか) 안 | 入(はい)る 들어가(오)다 | きらいだ 싫어하다 | いやだ 싫다 | はしる 달리다 | はやく 빨리 | むずかしい 어렵다 | たいへんだ 힘들다 | 食(た)べもの 음식, 먹을 것 | しずかに 조용히 | たのしい 즐겁다 | 言(い)う 말하다 | 勉強(べんきょう) 공부 | アルバイト 아르바이트 | 思(おも)う 생각하다

**문제 6 오른쪽 페이지를 읽고 아래 질문에 답하세요. 답은 1·2·3·4에서 가장 적당한 것을 하나 고르세요.**

꽃의 테마파크

아침 9:00 ~ 저녁 6:00
전화 (03-6316-0520)

티켓 금액

| 성인 | 1,000엔 |
|---|---|
| 아이 | 800엔 |
| 성인 (5명부터) | 900엔 |
| 아이 (5명부터) | 500엔 |

* 역에서부터 테마파크까지의 버스 요금은 무료입니다.
* 티켓은 인터넷에서도 살 수 있습니다.

6 오시마 씨는 친구의 아이와 함께 꽃의 테마파크에 가고 싶습니다. 어른 1명과 아이 10명이서 갑니다. 티켓은 전부해서 얼마입니까?

1 5,900엔

2 6,000엔

3 9,000엔

4 18,000엔

해설 ✻할인 적용 체크! 정보검색 문제의 경우, 먼저 지문의 조건을 잘 체크해 두고, 본문을 읽어야 한다. 특히 계산 문제는 인원수나 시간대 별로 적용되는 할인이 있는지 혹은 추가 요금이 있는지를 체크하자. 이 문제의 조건은 ① 어른 1명과 ② 아이 10명일 경우의 티켓의 가격이다. 본문에서 チケットのお金(티켓 금액) 부분을 보면 아이 5명 이상인 경우에는 800엔에서 500엔으로 할인된다는 것이 포인트이다. 결국 총 금액은 성인 1명 1,000엔 + 아이 10명 5,000엔(500엔X10명)=6,000엔이 된다.

어휘 花(はな) 꽃 | テーマパーク 테마파크 | 朝(あさ) 아침 | 夜(よる) 저녁 | 電話(でんわ) 전화 | チケット 티켓 | お金(かね) 돈, 금액 | おとな 어른 | こども 아이 | ~から ~부터 | バス 버스 | むりょう 무료 | インターネット 인터넷 | 買(か)う 사다

## 제2회 실전문제 정답 및 해설

| 정답 |

| 1 3 | 2 3 | 3 2 | 4 2 | 5 1 | 6 1 |
|---|---|---|---|---|---|

| 해설 |

**문제 4 다음 (1)부터 (3)의 문장을 읽고 질문에 답하세요. 답은 1·2·3·4에서 가장 적당한 것을 하나 고르세요.**

(1)

최근에 나는 매우 슬픕니다. 감기로 계속 집에 있고 학교에 가고 있지 않기 때문입니다. 하지만 어제 친구가 와서 편지를 줘서 매우 기뻤습니다. 빨리 반 친구들을 만나서 이야기하거나 놀거나 하고 싶습니다.

1 '나'는 왜 기뻤습니까?

1 감기로 집에 있었기 때문에

2 학교에 가고 있지 않았기 때문에

3 친구가 편지를 주었기 때문에

4 친구를 만나고 싶기 때문에

**해설** ☆ 이유를 나타내는 표현 찾아내기 질문에서 どうして(왜)가 등장한 경우, 밑줄 앞에 원인과 이유를 나타내는 표현인 ~て(~해서)・~から(~때문에)・~ので(~때문에) 등이 있는지 확인해야 한다. 앞에서 「友達 手紙 くれて (친구가 편지를 줘서)」라고 했으므로 3번이 정답이다.

**어휘** 最近(さいきん) 최근 | かなしい 슬프다 | かぜ 감기 | ずっと 계속, 쭉, 훨씬 | 家(いえ) 집 | 学校(がっこう) 학교 | でも 하지만 | 昨日(きのう) 어제 | 友(とも)だち 친구 | 手紙(てがみ) 편지 | くれる (다른 사람이 나에게) 주다 | うれしい 기쁘다 | はやく 빨리 | ~に会(あ)う ~을/를 만나다 | 話(はな)す 이야기하다 | 遊(あそ)ぶ 놀다 | ます형+たい ~하고 싶다

(2)

다나카 선생님 책상 위에 메모가 있습니다.

다나카 선생님

다음 주 학생과 가는 공장으로부터 전화가 왔습니다.

전부해서 몇 명이 오는지 알고 싶다고 했습니다.

연락은 전화가 아닌 메일이 좋다고 했습니다.

저는 잠시 편지를 보내고 오겠습니다.

잘 부탁드립니다.

시마다

5월 25일 17:00

2 이 메모를 읽고 다나카 선생님이 할 일은 무엇입니까?

1 시마다 선생님에게 몇 명 가는지 알려줍니다.

2 공장에 전화를 합니다.

3 공장에 메일을 보냅니다.

4 편지를 보내고 옵니다.

**해설** 메모 쓴 사람과 받는 사람 헷갈리지 말 것! 시마다 선생님이 다나카 선생님에게 메모를 남긴 이유는 공장(工場)연락이 왔고, 몇 명이 오는지(何人 来(く)るか), 전화가 아니라 메일로(電話じゃ なくて メール) 연락해야 한다는 것이다. 다나카 선생님이 해야 할 일은 공장에 메일을 보내는 것, 즉 3번이 정답이다. 헷갈리는 선택지 4번은 시마다 선생님이 할 일이다.

**어휘** 先生(せんせい) 선생님 | 来週(らいしゅう) 다음 주 | 学生(がくせい) 학생 | 行(い)く 가다 | 工場(こうじょう) 공장 | 電話(でんわ) 전화 | 来(く)る 오다 | 全部(ぜんぶ) 전부 | 何人(なんにん) 몇 명 | 知(し)る 알다 | 連絡(れんらく) 연락 | ~じゃなくて ~이/가 아니라 | メール 메일 | いい 좋다 | ちょっと 잠시 | 手紙(てがみ)を だす 편지를 보내다 | よろしくおねがいします 잘 부탁합니다

PART 3 독해

(3)

토니 씨의 책상 위에 메모가 있습니다.

> 토니 씨
> 11시부터 (시작하는) 회의 말인데요, 제 책상 위에 있는 종이를 복사해 주세요. 그 전에 몇 명 오는지 야마다 씨에게 물어봐 주세요. 그리고 카페에 가서 회의 때 마실 커피를 사 와 주세요.
> 잘 부탁합니다.
>
> 오하라
>
> 9월 13일 9:00

3 이 메모를 읽고 토니 씨는 처음에 무엇을 합니까?

1 책상 위에 있는 종이를 복사합니다.

2 몇 명 오는지 야마다 씨에게 물어봅니다.

3 카페에서 커피를 삽니다.

4 오하라 씨와 회의를 합니다.

해설 * 순서를 뒤바꾸는 표현 その前に(그 전에) 주의! 오하라 씨가 토니 씨에게 부탁한 일은 ① 紙の コピー(종이 복사) ② その前に 何人くるか 山田に 聞く(그 전에 몇 명 오는지 야마다에게 묻는다) ③ コーヒーを 買う(커피를 산다)이다. 질문은 처음에 해야 할 일을 묻고 있다. 이 때 중요한 건 본문에 제시된 순서가 아니라 ② その前に처럼 순서를 뒤바꿔 주는 표현이 등장하므로 주의해야 한다. 순서대로 나열하면 ②-①-③이다.

어휘 会議(かいぎ) 회의 | 机(つくえ) 책상 | 上(うえ) 위 | 紙(かみ) 종이 | コピー 복사 | ~てください ~해 주세요 | その前(まえ)に 그 전에 | 何人(なんにん) 몇 명 | くる 오다 | ~か ~인지 | 聞(き)く 묻다, 듣다 | それから 그리고 | カフェ 카페 | 時(とき) ~때 | 飲(の)む 마시다 | コーヒー 커피 | 買(か)う 사다

**문제 5 다음 문장을 읽고 질문에 답하세요. 답은 1·2·3·4에서 가장 적당한 것을 하나 고르세요.**

> 나의 꿈
>
> 송 난
>
> 나는 어제 대학교에서 (집으로) 돌아올 때 큰 짐을 든 할머니를 만났습니다. 할머니는 길을 건너야 했는데, 차가 많기 때문에 내가 할머니의 짐을 들었습니다.
>
> 나는 ①할머니의 집까지 갔습니다. 할머니에게는 가족이 없었습니다. 밥을 만드는 것도 청소나 세탁을 하는 것도 전부 혼자서 하고 있었습니다. 내가 돌아갈 때 할머니는 '고마워!'라고 말했습니다. 그러나 쓸쓸한 얼굴이었습니다.
>
> 다음 날 다시 할머니 집에 가서 집안일을 했습니다. 할머니는 기쁜 얼굴로 '고마워!'라고 말했습니다. 나는 ②결정했습니다. 앞으로는 곤란함에 처해 있는 사람과 함께 무언가를 하는 일을 하고 싶습니다.

4 왜 ①할머니의 집까지 갔습니까?

1 할머니의 집에 살고 있기 때문에

2 할머니의 짐을 들고 있었기 때문에

3 할머니의 집안일을 하고 싶었기 때문에

4 할머니와 헤어지는 것이 쓸쓸하기 때문에

해설 * 이유를 말하는 표현 から(때문에) 찾아내기! 질문에서 どうして(왜)가 등장한 경우, 밑줄 앞에 원인과 이유를 나타내는 표현인 ~て(~해서)・~から(~때문에)・~ので(~때문에) 등이 있는지 확인해야 한다. 앞 문장 「車が 多いですから、わたしが おばあさんの にもつを 持ちました(차가 많기 때문에 내가 할머니의 짐을 들었습니다)」에서 알 수 있듯이 정답은 2번이다.

5 송 씨는 무엇을 ②결정했습니까?

1 앞으로 하고 싶은 일

2 할머니를 만날 날

3 할머니의 집에 가는 방법

4 할머니의 일을 하는 것

**해설** ※ 앞으로의 일을 말하는 표현 これからは(앞으로는) 체크! 밑줄 부분의 구체적인 내용은 바로 뒤 문장의 「これからは~しごとが したい(앞으로는~일을 하고 싶다)」에서 알 수 있듯이 정답은 1번 '앞으로 하고 싶은 일'이 된다.

**어휘** ゆめ 꿈 | 昨日 어제 | 大学 대학교 | 帰る 돌아오(가)다 | にもつ 짐 | 持つ 가지다, 들다 | おばあさん 할머니 | ~に 会う ~을/를 만나다 | みち 길 | わたる 건너다 | ~なければならない ~하지 않으면 안 된다, ~해야 한다 | 車 자동차 | 多い 많다 | 家 집 | かぞく 가족 | ご飯 밥 | 作る 만들다 | そうじ 청소 | せんたく 세탁 | 一人で 혼자서 | さびしい 외롭다, 쓸쓸하다 | つぎの日 다음 날 | また 또, 다시 | しごと 일 | うれしい 기쁘다 | 決める 결정하다 | こまる 곤란하다 | いっしょに 함께 | 何か 무언가

**문제 6 오른쪽 페이지를 읽고 아래 질문에 답하세요. 답은 1·2·3·4에서 가장 적당한 것을 하나 고르세요.**

스마일 스포츠 센터

| 축구장 | 체육관 |
|---|---|
| 사용할 수 있는 날:<br>월요일/금요일 | 사용할 수 있는 날:<br>수요일/금요일<br>* 체육관은 건물 안에 있습니다. |
| **테니스장** | **수영장** |
| 사용할 수 있는 날:<br>화요일/토요일 | 사용할 수 있는 날:<br>목요일/일요일<br>* 수영장은 건물 안에 있습니다. |

<이번 주 날씨>

| 월 | 화 | 수 | 목 | 금 | 토 | 일 |
|---|---|---|---|---|---|---|
| | | | | | | |

6 조셉 씨는 비가 내리지 않을 때 밖에서 스포츠를 하고 싶습니다. 조셉 씨는 언제 스포츠 센터에 가서 어떤 스포츠를 합니까?

1 월요일에 축구를 합니다.
2 화요일에 테니스를 칩니다.
3 수요일에 체육관에서 운동합니다.
4 목요일에 수영장에서 헤엄칩니다.

**해설** ※ 질문의 조건을 꼭 체크하기! 문제에서의 조건을 정리하면 ① 비가 내리지 않을 때 ② 밖에서 스포츠를 하고 싶다고 했다. 우선 월요일, 수요일, 목요일에 비가 오지 않기 때문에 해당 요일에 운영하는 스포츠 중 밖에서 즐길 수 있는 스포츠는 축구이다. 따라서 1번이 정답이다. ' * '의 내용도 꼭 확인하자. 체육관과 수영장은 「たてものの 中に あります(건물 안에 있습니다)」이기 때문에 3번과 4번은 오답이다.

**어휘** サッカーグラウンド 축구장 | スポーツジム 체육관 | テニスコート 테니스장 | プール 수영장 | 使う 사용하다 | 日 날 | たてもの 건물 | 中 안 | 月曜日 월요일 | 火曜日 화요일 | 水曜日 수요일 | 木曜日 목요일 | 金曜日 금요일 | 土曜日 토요일 | 日曜日 일요일 | 今週 이번 주 | 天気 날씨

# PART 4

## N5 청해

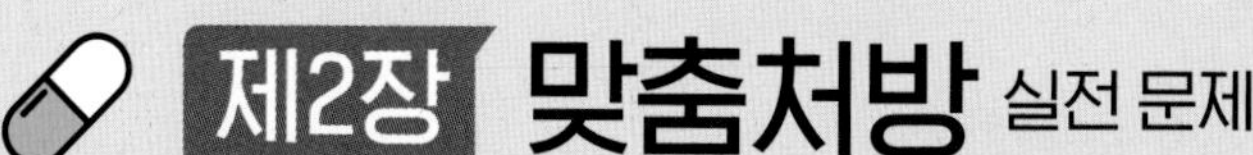


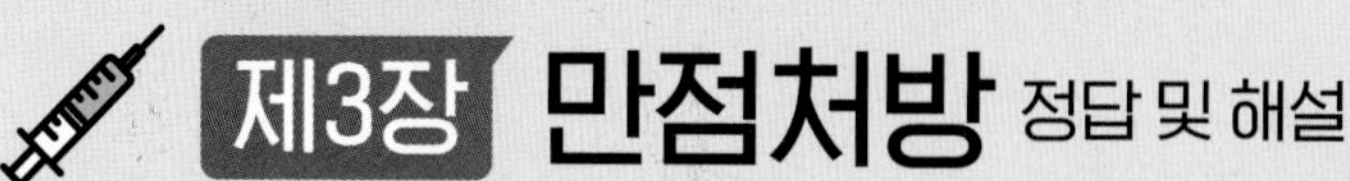

## 진짜 한 권으로 끝내는 JLPT **N5**

### ★ 시작하기 전 공략 TIP

청해 파트는 정답 찾는 스킬이 중요!

- 2020년 대비 최신 출제 경향 반영
- 스킬 전수 꼼꼼한 설명
- 고득점 합격

### ★ 미리 확인하는 시험 영역

N5 청해 파트는 총 4개입니다.

- **문제1** 과제이해
- **문제2** 포인트이해
- **문제3** 발화표현
- **문제4** 즉시응답

# 제1장 긴급처방

## 청해 포인트

# 긴급처방 1 청해 포인트

**긴급처방 공부법**

N5레벨에서 두 번 이상 출제되고 틀리기 쉬운 회화 표현을 살펴보자. 시제와 의문사 등을 주의하며 체크해 보자.

## 1 틀리기 쉬운 회화 표현

A : 山田さん、冬休みはいつからですか。 야마다 씨, 겨울방학은 언제부터예요?

B : 来週の火曜日からです。 다음 주 화요일부터예요.

오답 3週間ぐらいです。 3주일 정도예요.

해설 의문사에 주의! 시작 시점을 물어본 것이지 기간을 물어본 것이 아니다.

A : 一週間に何回プールに行きますか。 일주일에 몇 번 수영장에 갑니까?

B : 1回か2回です。 한 번인가 두 번입니다.

오답 来週の日曜日です。 다음 주 일요일입니다.

해설 의문사에 주의! 몇 번 가는지를 물어본 것이지 언제 가는지 물어본 것이 아니다.

A : ここで食べ物を食べないでください。 여기에서 음식을 먹지 마세요.

B : あ、すみません。 아, 죄송합니다.

오답 では、いただきます。 그럼 잘 먹겠습니다.

해설 단어 함정에 주의! 밥을 먹으면 안 된다고 한 것이지 먹자고 이야기한 것이 아니다.

A : ここから駅までバスで何分かかりますか。 여기서 역까지 버스로 몇 분 걸립니까?

B : 15分ぐらいです。 15분 정도입니다.

오답 ええ、バスで行きます。 네, 버스로 갑니다.

해설 의문사에 주의! 몇 분 걸리는지를 물어본 것이지 버스로 가는 걸 확인하는 것이 아니다.

A : 日本に来てどのくらいですか。 일본에 온지 어느 정도입니까(얼마나 되었습니까)?

B : ちょうど1年です。 딱 1년입니다.

오답 2回来ました。 두 번 왔습니다.

**해설** 의문사에 주의! 온 지 얼마나 된 것인지를 물어본 것이지 몇 번 오는지를 물어본 것이 아니다.

| | | |
|---|---|---|
| A: | 休みの日は何をしていますか。 | 쉬는 날에는 무엇을 합니까? |
| B: | よくプールに行きます。 | 자주 수영장에 갑니다. |
| 오답 | 土曜日と日曜日です。 | 토요일과 일요일입니다. |

**해설** ★의문사에 주의! 무엇을 하는지 물어본 것이지 언제 쉬는지를 물어본 것이 아니다.

| | | |
|---|---|---|
| A: | 佐藤さんは、兄弟がいますか。 | 사토 씨는 형제가 있습니까? |
| B: | 兄が2人います。 | 형이 2명 있습니다. |
| 오답 | 大学生です。 | 대학생입니다. |

**해설** 존재문에 주의! 형제가 있는지 물어본 것이지 직업이 무엇인지를 물어본 것이 아니다.

| | | |
|---|---|---|
| A: | この部屋はちょっと暑くありませんか。 | 이 방, 조금 덥지 않습니까? |
| B: | エアコンをつけましょうか。 | 에어컨을 켤까요? |
| 오답 | あ、寒いですか。 | 아, 춥습니까? |

**해설** 부정 의문문에 주의! 덥지 않냐고 물어본 것이지 덥지 않다고 이야기한 것이 아니다.

## 2 인사말

| | | | | | |
|---|---|---|---|---|---|
| ☐ | いかがですか | 어떻습니까? | ☐ | いらっしゃいませ | 어서 오십시오 |
| ☐ | いってきます | 다녀오겠습니다 | ☐ | おやすみなさい | 안녕히 주무세요 |
| ☐ | いってらっしゃい | 다녀오세요 | ☐ | ごめんください | 계세요?, 실례하겠습니다 |
| ☐ | ただいま | 다녀왔습니다 | ☐ | ごめんなさい | 미안해요, 죄송해요 |
| ☐ | おかえりなさい | 어서와요 | ☐ | すみません | 죄송합니다, 고맙습니다 |
| ☐ | お元気で | 건강하세요 | ☐ | 失礼します | 실례합니다 |
| ☐ | いただきます | 잘 먹겠습니다 | ☐ | どういたしまして | 천만에요 |
| ☐ | ごちそうさま(でした) | 잘 먹었습니다 | ☐ | はじめまして | 처음 뵙겠습니다 |

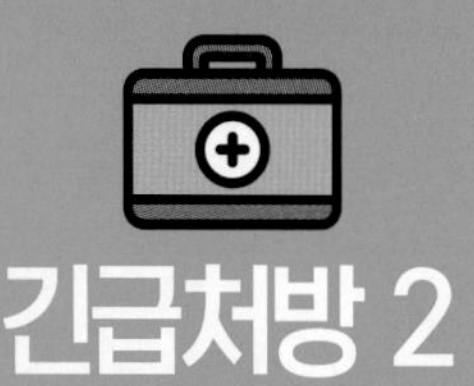

# 긴급처방 2 시험에 나오는 **중요 어휘**

### 긴급처방 공부법

청해 문제를 풀 때, 자주 나오는 지시어와 의문사, 시간 표현 등의 기초 어휘를 익혀 기초를 다지고 실전문제를 풀자.

## 1 지시어

| 구분 | こ(이) | そ(그) | あ(저) | ど(어느) |
|---|---|---|---|---|
| 사물 | これ(이것) | それ(그것) | あれ(저것) | どれ(어느 것) |
| 장소 | ここ(여기) | そこ(거기) | あそこ(저기) | どこ(어디) |
| 방향 | こちら(이쪽) | そちら(그쪽) | あちら(저쪽) | どちら(어느 쪽) |
| 명사 수식 | この(이) | その(그) | あの(저) | どの(어느) |
| | こんな<br>こういう (이런) | そんな<br>そういう (그런) | あんな<br>ああいう (저런) | どんな<br>どういう (어떤) |

## 2 의문사

### 육하원칙

| 의문사 | 의미 | 예문 |
|---|---|---|
| 誰(だれ)<br>どなた(공손) | 누구<br>어느 분 | あの人(ひと)は誰(だれ)ですか。저 사람은 누구입니까?<br>あの方(かた)はどなたですか。저 분은 누구십니까? |
| いつ | 언제 | 木村(きむら)さんの誕生日(たんじょうび)はいつですか。기무라 씨의 생일은 언제입니까? |
| どこ | 어디 | 郵便局(ゆうびんきょく)はどこですか。우체국은 어디입니까? |
| 何(なん)・何(なに) | 무엇 | これは何(なん)ですか。이것은 무엇입니까? |
| なぜ<br>どうして<br>なんで | 왜 | なぜ遅(おく)れましたか。왜 늦었습니까?<br>どうして遅(おく)れましたか。왜 늦었습니까?<br>なんで遅(おく)れましたか。왜 늦었습니까? |
| どう<br>いかが(공손) | 어떻게 | 新(あたら)しいかばんはどうですか。새로운 가방은 어떻습니까?<br>お飲(の)み物(もの)はいかがですか。음료는 어떠신가요? |

## 수와 양

| 의문사 | 의미 | 예문 |
| --- | --- | --- |
| いくら | 얼마(금액) | 黒(くろ)い 靴(くつ)は いくらですか。<br>검은 구두는 얼마입니까? |
| いくつ | 몇 개(수)/<br>몇 살(나이) | 全部(ぜんぶ)で いくつ ありますか。<br>전부 해서 몇 개 있습니까?<br>失礼(しつれい)ですが、おいくつですか。<br>실례지만 몇 살이십니까? (경어 표현) |
| どのくらい<br>どれくらい | 어느 정도,<br>얼마나 | 日本(にほん)に 住(す)んで どのくらいですか。<br>일본에서 산지 어느 정도 되었습니까? |

## 불확실

| 의문사+か | 의미 | 예문 |
| --- | --- | --- |
| 何(なに)か | 무언가 | 何(なに)か つめたい ものを 飲(の)みに 行(い)きませんか。<br>뭔가 차가운 거 마시러 가지 않을래요? |
| どこか | 어딘가 | 冬休(ふゆやす)みは どこか 行(い)きますか。<br>겨울 방학에는 어딘가 가요? |

## 3 요일(曜日)

| 월요일 | 화요일 | 수요일 | 목요일 | 금요일 | 토요일 | 일요일 |
|---|---|---|---|---|---|---|
| げつようび | かようび | すいようび | もくようび | きんようび | どようび | にちようび |
| 무슨 요일 | | | | | | |
| なんようび | | | | | | |

## 4 시간 표현

| 재작년 | 작년 | 올해 | 내년 | 내후년 |
|---|---|---|---|---|
| おととし | きょねん | ことし | らいねん | さらいねん |
| 지지난달 | 지난달 | 이번 달 | 다음 달 | 다음다음 달 |
| せんせんげつ | せんげつ | こんげつ | らいげつ | さらいげつ |
| 지지난 주 | 지난주 | 이번 주 | 다음 주 | 다음다음 주 |
| せんせんしゅう | せんしゅう | こんしゅう | らいしゅう | さらいしゅう |
| 그저께 | 어제 | 오늘 | 내일 | 내일모레 |
| おととい | きのう | きょう | あした | あさって |

## 5 자주 출제되는 구문

| | |
|---|---|
| □ うでを くんで いる。 | 팔짱을 끼고 있다. |
| □ かさを さす。 | 우산을 쓰다. |
| □ かぜが ふく。 | 바람이 불다. |
| □ がっこうを やすむ。 | 학교를 쉬다. |
| □ かばんが じょうぶだ。 | 가방이 튼튼하다. |
| □ からだが じょうぶだ。 | 몸이 튼튼하다. |
| □ かんじを おぼえる。 | 한자를 외우다. |
| □ ギターを ひく。 | 기타를 치다. |
| □ くつを はく。 | 구두를 신다. |
| □ シャワーを あびる。 | 샤워를 하다. |
| □ テレビを つける。 | 텔레비전을 켜다. |
| □ テレビを けす。 | 텔레비전을 끄다. |
| □ はを みがく。 | 이를 닦다. |
| □ はしを ならべる。 | 젓가락을 늘어놓다. |
| □ ふくを あらう。 | 옷을 빨다. |
| □ ペンを かす。 | 펜을 빌려주다. |
| □ まどを あける。 | 창문을 열다. |
| □ ゆきが ふる。 | 눈이 내리다. |
| □ 本(ほん)を かりる。 | 책을 빌리다. |
| □ 右(みぎ)に まがる。 | 우회전하다. |
| □ 左(ひだり)に まがる。 | 좌회전하다. |

# 제2장 맞춤처방

- 문제 유형 살펴보기
- 제1회 실전문제
- 제2회 실전문제

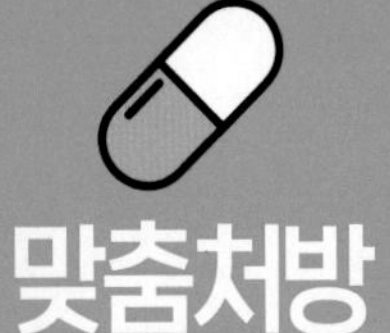

맞춤처방

# 문제 유형 살펴보기

## 문제1 과제이해

もんだい1 課題理解

### 문제유형

**과제이해(7문항)**: 과제 해결에 필요한 정보를 듣고, 앞으로 무엇을 해야 하는지 찾는 문제이다.
①상황과 질문을 듣는다 ➡ ②본문 회화를 듣는다 ➡ ③다시 한 번 질문을 듣고 정답을 고른다
➡ ④해답용지에 마킹한다

**もんだい 1**

**もんだい1では、はじめに　しつもんを　きいて　ください。　それから　はなしを　きいて、もんだいようしの　1から4の　なかから、　いちばん　いい　ものを　ひとつ　えらんで　ください。**

문제1에서는 처음에 질문을 들으세요. 그리고 이야기를 듣고, 문제용지의 1에서 4 중에서 가장 알맞은 것을 하나 고르세요.

**1ばん**

1　げつようび
2　かようび
3　すいようび
4　もくようび

| 1 | ① ● ③ ④ |
|---|---|

### 포인트

**STEP1** 선택지 체크

문제가 시작되기 전 선택지의 키워드에 밑줄 그어놓기

과제이해 파트는 다음에 무슨 행동을 할지를 묻는 질문이 대부분이다.

**STEP2** 선택지 체크

▶해야 하는 일의 순서 はじめに(처음에)・まず(우선)・これから(이제부터)에 주의
▶날짜와 시간 표현 조심
▶질문에서 묻는 대상이 남자인지 여자인지 정확히 확인
▶대화에 등장하는 지시어 조심

**STEP3** 정답 찾기

선택지 순서와 대화의 흐름은 대부분 동일하므로 들으면서 오답이라고 판단되는 것은 과감하게 소거하자. 정답을 찾고 바로 해답용지에 마킹한다.

## 문제2 포인트이해
もんだい2 ポイント理解

### 문제유형

**포인트이해(6문항)**: 두 사람의 대화를 바탕으로 질문에 해당하는 올바른 답을 찾는 문제이다.

①상황과 질문을 듣는다 ➡ ②선택지를 본다 ➡ ③본문 회화를 듣는다 ➡ ④다시 한번 질문을 듣고 정답을 고른다 ➡ ⑤해답용지에 마킹한다

### もんだい2

**もんだい2では、はじめに　しつもんを　きいて　ください。それから　はなしを　きいて、もんだいようしの　1から4の　なかから、　いちばん　いい　ものを　ひとつ　えらんで　ください。**

문제2에서는 처음에 질문을 들으세요. 그리고 이야기를 듣고, 문제용지의 1에서 4 중에서 가장 알맞은 것을 하나 고르세요.

**1ばん**

1　ひとり

2　ふたり

3　さんにん

4　よにん

| 1 | ① ● ③ ④ |
|---|---|

### 포인트

**STEP1 문제 체크**

질문의 형태는 육하원칙이 모두 나올 가능성이 있지만, 절반 정도가 이유나 원인을 묻는 문제이다.

**STEP2 선택지 체크**

▶질문의 지시가 「どうして(왜)」이면 「どうして(왜)」에만 집중해서 듣는다.

▶늘 반전은 숨어있다. 지시어 「それ(그것), その(그)」는 앞에 나오는 것이 정답일 확률이 높다.

**STEP3 정답 찾기**

틀렸다고 생각하는 선택지를 소거한다.

정답을 찾고 바로 해답용지에 마킹한다.

# 문제3 발화표현
もんだい3 発話表現

### 문제유형

**발화표현(5문항)**: 화살표로 표시되어 있는 사람이 할 수 있는 표현으로 적절한 것을 고르는 문제이다.

①그림을 확인한다 ➡ ②질문을 듣는다 ➡ ③선택지를 듣고 정답을 고른다 ➡ ④해답용지에 마킹한다

## もんだい 3

**もんだい3では、えを　みながら　しつもんを　きいて　ください。**
**➡(やじるし)の　ひとは　なんと　いいますか。　1から3の　なかから、いちばん　いい　ものを　ひとつ　えらんで　ください。**

문제3에서는 그림을 보면서 질문을 들으세요. ➡(화살표)가 가리킨 사람은 뭐라고 말합니까? 1에서 3 중에서 가장 알맞은 것을 하나 고르세요.

**1ばん**

| 1 | ① ● ③ |
|---|---|

### 포인트

**STEP1 문제 체크**

문제를 듣기 전, 그림 속 상황과 화살표가 가리키는 사람을 정확히 확인

보통 부탁하기, 권유하기, 허가 구하기, 주고받는 표현, 인사말 등이 있는데, 이 중에서 부탁할 때 쓰는 말과 인사말 등이 주로 등장한다.

**STEP2 선택지 체크**

▶인사 표현 주의
▶대화에서 등장한 단어가 선택지에 등장했다고 해서 다 정답은 아니다.
▶주고받는 표현 등 시험에 등장하는 표현 잘 숙지해 둘 것.

**STEP3 정답 찾기**

틀렸다고 생각하는 선택지를 바로 소거하면서 정답을 찾는다. 정답을 찾고 바로 해답용지에 마킹한다.

# 문제4 즉시응답

もんだい4 即時応答

## 문제유형

**즉시응답 (6문항)**: 상대방의 말에 대한 대답으로 적절한 것을 고르는 문제이다.

①질문을 듣는다 ➡ ②선택지를 듣는다 ➡ ③해답용지에 마킹한다

### もんだい4

**もんだい4では、えなどが　ありません。ぶんを　きいて、１から３の なかから、いちばん　いい　ものを　ひとつ　えらんで　ください。**

문제4에서는 그림 등이 없습니다. 문장을 듣고, 1에서 3중에서 가장 알맞은 것을 하나 고르세요.

—メモ—

## 포인트

**STEP1 문제 체크**

질문과 보기 모두 제시되지 않으므로 메모하며 듣기

경어 표현이나 반말 표현이나 인사말 등이 주로 출제된다.

**STEP2 선택지 체크**

▶ 의문사 いつ(언제)・なに(무엇)・どれ(어느 것) 등에 주의

▶질문과 같은 단어가 선택지에 등장

▶대화에서 등장한 단어가 선택지에 등장했다고 해서 다 정답은 아니다.

**STEP3 정답 찾기**

정답에 확신이 안 섰을 경우, 과감하게 잊고 다음 문제에 집중하자.

# 제1회 실전문제 -청해-

제한시간 30분

## もんだい1 과제이해 01

もんだい１では、はじめに　しつもんを　きいて　ください。それから　はなしを　きいて、もんだいようしの　１から４の　なかから、いちばん　いい　ものを　ひとつ　えらんで　ください。

### 1ばん

1

2

3

4

### 2ばん

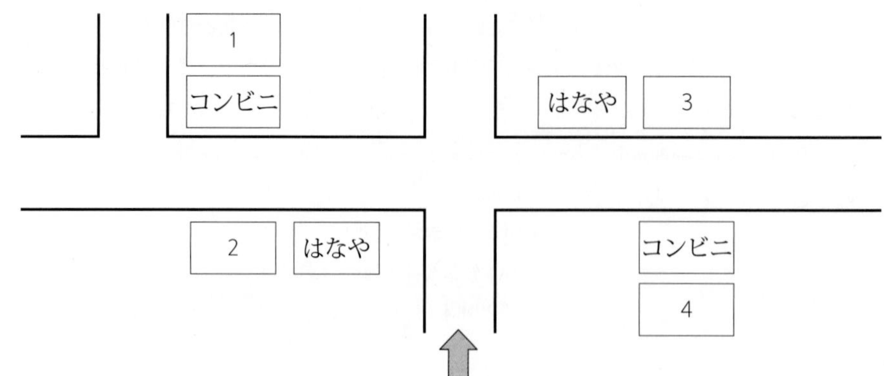

## 3ばん

1

2

3

4

## 4ばん

5月

| 日 | 月 | 火 | 水 | 木 | 金 | 土 |
|---|---|---|---|---|---|---|
| | | | | | | |
| | | | | | | |
| | | | | きょう<br>1 | 2 | |
| | | | | 3 | 4 | |
| | | | | | | |
| | | | | | | |

## 5ばん

1 げつようび

2 かようび

3 すいようび

4 もくようび

## 6ばん

1 30こ

2 50こ

3 70こ

4 90こ

## 7ばん

1

2

3

4

# もんだい2 포인트이해 02

もんだい２では、はじめに　しつもんを　きいて　ください。それから　はなしを　きいて、もんだいようしの　１から４の　なかから、いちばん　いい　ものを　ひとつ　えらんで　ください。

## 1ばん

1

2

3

4

## 2ばん

1　200えん

2　300えん

3　700えん

4　800えん

## 3ばん

1

2

3

4

## 4ばん

1

2

3

4

## 5ばん

1　１じかん

2　３じかん

3　４じかん

4　５じかん

## 6ばん

1　きょうかしょ

2　ノート

3　ペン

4　えんぴつ

# もんだい3 발화표현 03

もんだい3では、えを　みながら　しつもんを　きいて　ください。
➡(やじるし)の　ひとは　なんと　いいますか。1 から3 の　なかから、いちばん　いい　ものを　ひとつ　えらんで　ください。

## 1ばん

## 2ばん

## 3ばん

## 4ばん

## 5ばん

# もんだい4 즉시응답 04

もんだい４では、えなどが　ありません。ぶんを　きいて、１から３の　なかから、いちばん　いい　ものを　ひとつ　えらんで　ください。

—メモ—

1ばん　1　2　3

2ばん　1　2　3

3ばん　1　2　3

4ばん　1　2　3

5ばん　1　2　3

6ばん　1　2　3

맞힌 개수 확인 ＿＿＿ / 24

# 제2회 실전문제 -청해-

제한시간 30분

## もんだい1 과제이해 05

もんだい１では、はじめに　しつもんを　きいて　ください。それから　はなしを　きいて、もんだいようしの　１から４の　なかから、いちばん　いい　ものを　ひとつ　えらんで　ください。

### 1ばん

1

￥20,000

2
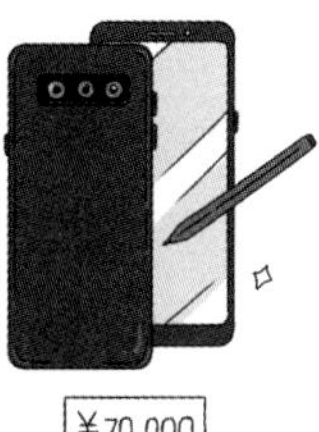
￥70,000

3

￥20,000

4

￥70,000

### 2ばん

1

2

3

4

## 3ばん

1

2

3

4

## 4ばん

1

2

3

4

## 5ばん

1　3じ30ぷん

2　4じ

3　4じ10ぷん

4　4じ30ぷん

## 6ばん

1　すいようびと　きんようび

2　すいようびと　もくようび

3　かようびと　もくようび

4　かようびと　きんようび

# 7ばん

1

2

3

4

# もんだい2 포인트이해 06

もんだい２では、はじめに　しつもんを　きいて　ください。それから　はなしを　きいて、もんだいようしの　１から４の　なかから、いちばん　いい　ものを　ひとつ　えらんで　ください。

## 1ばん

1

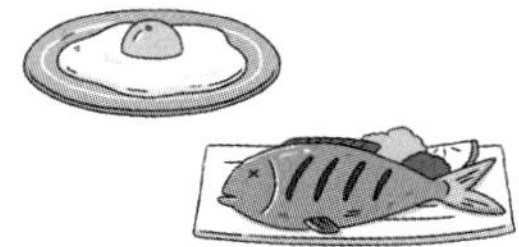

2

3

4

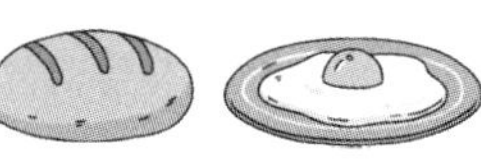

## 2ばん

1　1かい

2　2かい

3　3かい

4　4かい

## 3ばん

1

2

3

4

## 4ばん

1

2

3

4

정답과 해설 258쪽

## 5ばん

1　2じかん

2　4じかん

3　6じかん

4　8じかん

## 6ばん

1　びじゅつかん

2　レストラン

3　デパート

4　えき

# もんだい3 발화표현 07

もんだい3では、えを　みながら　しつもんを　きいて　ください。
➡(やじるし)の　ひとは　なんと　いいますか。1 から　3 の　なかから、いちばん　いい　ものを　ひとつ　えらんで　ください。

## 1ばん

## 2ばん

## 3ばん

## 4ばん

## 5ばん

# もんだい4 즉시응답 08

もんだい４では、えなどが　ありません。ぶんを　きいて、１から３の　なかから、いちばん　いい　ものを　ひとつ　えらんで　ください。

—メモ—

1ばん　1　2　3

2ばん　1　2　3

3ばん　1　2　3

4ばん　1　2　3

5ばん　1　2　3

6ばん　1　2　3

맞힌 개수 확인 ____ / 24

# 제3장 만점처방

## 실전문제 정답 및 해설

# 청해 실전문제 정답 및 해설

## 제1회 실전문제 정답 및 해설

|정답|

| | | | | | | | |
|---|---|---|---|---|---|---|---|
| 문제1 | 1 4 | 2 2 | 3 2 | 4 4 | 5 4 | 6 3 | 7 2 |
| 문제2 | 1 2 | 2 3 | 3 3 | 4 3 | 5 2 | 6 4 | |
| 문제3 | 1 1 | 2 3 | 3 2 | 4 3 | 5 1 | | |
| 문제4 | 1 2 | 2 1 | 3 1 | 4 3 | 5 3 | 6 3 | |

|해설|

もんだい1 과제이해 01

**もんだい１では、はじめに　しつもんを　きいて　ください。それから　はなしを　きいて、もんだいようしの　１から４の　なかから、いちばん　いい　ものを　ひとつ　えらんで　ください。**

１ばん

**ペットショップで男の人と女の人が話しています。男の人はどの犬を選びますか。**

女: かわいい犬がたくさんいますね。どれにしますか。

男: 大きい犬はちょっと怖いですから小さい方がいいですね。

女: この犬はどうですか。

男: いいですが、ちょっと毛が長いですね。毛が長い犬は、部屋を掃除するのが大変です。

女: そうですか。じゃあ、あの犬はどうですか。

男: かわいいですね。この犬はにします。

**男の人はどの犬を選びますか。**

1 

2 

3 

4 

문제1

**문제1에서는 처음에 질문을 들으세요. 그리고 이야기를 듣고, 문제용지의 1에서 4 중에서 가장 알맞은 것을 하나 고르세요.**

1번

**애완동물 가게에서 남자와 여자가 이야기하고 있습니다. 남자는 어느 강아지를 고릅니까?**

여: 귀여운 강아지가 많이 있네요. 어느 강아지로 하시겠어요?

남: 큰 강아지는 조금 무서우니까 작은 쪽이 좋겠네요.

여: 이 강아지는 어떠신가요?

남: 좋은데 조금 털이 기네요. 털이 긴 강아지는 방을 청소하는 것이 힘들어요.

여: 그런가요? 그럼, 저 강아지는 어떠신가요?

남: 귀엽네요. 이 강아지로 할게요.

**남자는 어느 강아지를 고릅니까?**

**해설** ★반대의 의미를 갖는 형용사 주의! 남자가 어느 강아지를 고르는지 묻는 문제이므로 강아지의 정확한 특징을 듣는 것이 중요하다. 남자가 「小さい方がいいですね(작은 쪽이 좋네요)」라고 했기 때문에 큰 강아지의 선택지 1번과 2번은 오답이며, 이어서 「毛が長い犬は、部屋を掃除するのが大変です(털이 긴 강아지는 방을 청소하는 것이 힘듭니다)」에서 남자가 털이 짧은 강아지를 선호한다는 것을 알아차려야 한다. 따라서 4번이 정답이다.

**어휘** ペット 애완동물 | ショップ 숍, 가게 | かわいい 귀엽다 | 犬 강아지 | たくさん 많이 | どれ 어느 것 | ~にする ~로 하다 | 大きい 크다 | ちょっと 조금, 잠시 | 怖い 무섭다 | ~から ~때문에 | 小さい 작다 | 方 쪽, 편 | いい 좋다 | 毛 털 | 長い 길다 | 部屋 방 | 掃除 청소 | 大変だ 힘들다

2ばん

**タクシーの中で男の人と女の人が話しています。女の人はどこで降りますか。**

女: すみません。ここをまっすぐ行って、あの交差点を左に曲がってください。

男: はい。左ですね。

女: それから、右にあるコンビニで右に曲がってください。

男: あの道は入ることができません。

女: じゃあ、左にある花屋の隣で降ります。

男: 分かりました。

**女の人はどこで降りますか。**

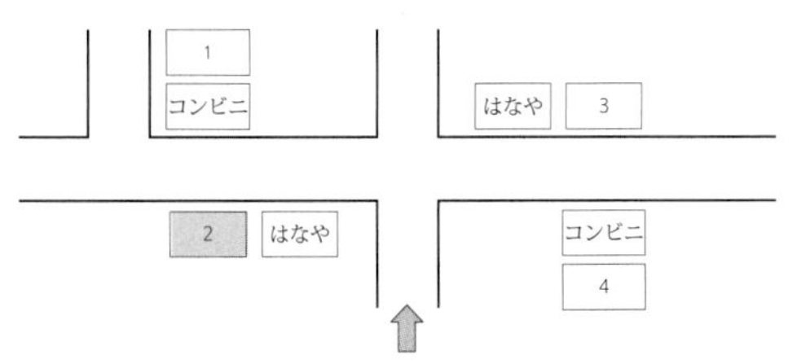


2번

**택시 안에서 남자와 여자가 이야기하고 있습니다. 여자는 어디에서 내립니까?**

여: 저기요. 여기서 직진해서 저 교차로를 왼쪽으로 돌아 주세요.

남: 네. 왼쪽말이지요.

여: 그리고 오른쪽에 있는 편의점에서 오른쪽으로 돌아 주세요.

남: 저 길은 들어갈 수 없습니다.

여: 그럼 왼쪽에 있는 꽃집 옆에서 내리겠습니다.

남: 알겠습니다.

**여자는 어디서 내립니까?**

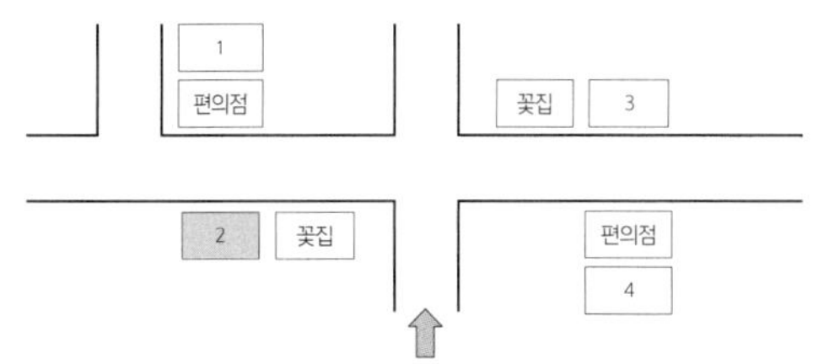


**해설** ※ 위치 표현 みぎ(오른쪽)와 ひだり(왼쪽) 혼동하지 말 것! 여자가 어디서 내리는지 묻는 문제이다. 보기에서 지도가 등장하는 경우 방향과 위치에 관련된 표현들이 등장하므로 이에 유의한다. 제일 먼저 나오는 위치 표현 「左に曲がってください(왼쪽으로 돌아 주세요)」에서 오른쪽에 있는 선택지 3번과 4번을 지운다. 그 다음 「左にある花屋の隣で降ります(왼쪽에 있는 꽃집 옆에서 내릴게요)」라고 했으므로 정답은 2번이다. 중간에 여자가 「右にある~曲がってください(오른쪽에 있는 ~돌아 주세요)」라고 부탁했을 때 「入ることができません(들어갈 수가 없습니다)」라고 했기 때문에 1번은 오답이다.

**어휘** タクシー 택시 | まっすぐ 곧장 | 行く 가다 | 交差点 교차로 | 左に曲がる 왼쪽으로 돌다, 좌회전하다 | ~てください ~해 주세요 | それから 그러고 나서 | 右 오른쪽 | コンビニ 편의점 | 道 길 | 入る 들어가다 | できる 할 수 있다 | 花屋 꽃집 | 隣 옆 | 降りる 내리다 | 分かる 알다, 이해하다

3ばん

**男の人と女の人が話しています。男の人は土曜日、何を持ってきますか。**

女: 土曜日に、みんなで海でバーベキューをします。ケビンさんもどうですか。

男: いいですね、私も行きたいです。何か持って行くものはありますか。

女: 肉は私が、買っていきます。飲み物をお願いしてもいいですか。

男: はい、いいですよ。

女: 吉田さんには野菜を、太田さんには果物を持ってきてくださいと言いました。

男: そうですか。楽しみですね。

女: そうですね。

**男の人は土曜日、何を持ってきますか。**

1

2

3

4

3번

**남자와 여자가 이야기하고 있습니다. 남자는 토요일에 무엇을 가져옵니까?**

여: 토요일에 다같이 바다에서 바비큐를 합니다. 케빈 씨도 어떻습니까?

남: 좋네요. 저도 가고 싶습니다. 무언가 가지고 갈 것은 없습니까?

여: 고기는 제가 사 갈 겁니다. 음료를 부탁해도 되겠습니까?

남: 네, 좋아요.

여: 요시다 씨에게는 채소를 오오타 씨에게는 과일을 가져와 달라고 했습니다.

남: 그렇습니까? 기대되네요.

여: 맞아요.

**남자는 토요일에 무엇을 가져옵니까?**

해설 ✱부탁 표현 체크! 남자가 토요일에 무엇을 가져오는지 묻는 문제이다. 분명 선택지에 나와 있는 것들을 누가 가져오는지 등장할 것이다. 먼저 여자가 「肉は私が、買っていきます。飲み物をお願いしてもいいですか」(고기는 제가 사 갈게요. 음료를 부탁해도 될까요?)」라고 말하고 남자는 좋다고 한다. 정답은 2번이다. 부탁 표현 「お願いしてもいいですか(부탁해도 될까요)」가 포인트이다.

어휘 土曜日 토요일 | みんなで 다 같이 | 海 바다 | バーベキュー 바비큐 | いい 좋다 | 行く 가다 | ~たい ~하고 싶다 | 何か 무언가 | 持つ 가지다, 들다 | 肉 고기 | 買う 사다 | 飲み物 음료 | お願いしてもいいですか 부탁해도 됩니까? | 野菜 채소 | 果物 과일 | ~てください ~해 주세요 | 言う 말하다 | 楽しみ 기대

4ばん

**学校で先生が話しています。学生は何日にテストを受けますか。**

男: みなさん、明日から9日まで3日間休みです。そして来週木曜日まで一週間勉強して次の日に、テストを受けます。休みの日も、ちょっと勉強をしてくださいね。

**学生は何日にテストを受けますか。**

5月

| 日 | 月 | 火 | 水 | 木 | 金 | 土 |
|---|---|---|---|---|---|---|
| | | | | | | |
| | | | | | | |
| | | | | きょう 1 | 2 | |
| | | | | 3 | 4 | |
| | | | | | | |
| | | | | | | |

4번

**학교에서 선생님이 이야기하고 있습니다. 학생은 며칠에 시험을 치릅니까?**

남: 여러분 내일부터 9일까지 3일간 휴일입니다. 그리고 다음 주 목요일까지 일주일간 공부하고 그 다음 날, 시험을 치릅니다. 쉬는 날에도 조금 공부해 주세요.

**학생은 며칠에 시험을 치릅니까?**

해설 ✻ 次の日(다음 날)이란 표현에 주의! 학생은 며칠에 시험을 보는지 묻는 문제이다. 달력이 나와 있으므로 문제를 따라서 날짜를 계산하는 것이 좋다. 선생님이 다음 주 목요일까지 공부 후, 次の日(다음 날)에 시험을 본다고 했기 때문에 금요일인 4번이 정답이다.

어휘 みなさん 여러분 | 明日 내일 | 3日間 3일간 | 休み 휴일 | そして 그리고 | 来週 다음 주 | 水曜日 수요일 | 一週間 일주일간 | 勉強 공부 | 次 다음 | テスト 시험 | 受ける 치르다 | ちょっと 조금, 잠시 | ~てください ~해 주세요



5ばん

**店の人と男の人が話しています。男の人は次、何曜日にバイトをしますか。**

女: 今日もお疲れさまでした。中原さん、来週月曜日時間ありますか。

男: すみません。月曜と火曜は遅くまで、授業があります。水曜日は大丈夫です。

女: 毎週水曜日は山田さんがやっているから…。次の日は時間ありますか。

男: その日は学校の授業もありませんので、朝から大丈夫です。

女: ありがとうございます。じゃ、その日、お願いします。

**男の人は次、何曜日にバイトをしますか。**

1 げつようび

2 かようび

3 すいようび

4 もくようび

5번

**점원과 남자가 이야기하고 있습니다. 남자는 다음 무슨 요일에 아르바이트를 합니까?**

여: 오늘도 수고하셨습니다. 나카하라 씨, 다음 주 월요일에 시간 있습니까?

남: 죄송합니다. 월요일과 화요일은 늦게까지 수업이 있습니다. 수요일은 괜찮습니다.

여: 매주 수요일은 야마다 씨가 하고 있으니까…, 다음 날은 시간 있습니까?

남: 그 날은 학교 수업이 없기 때문에 아침부터 괜찮습니다.

여: 감사합니다. 그럼, 그 날 부탁합니다.

**남자는 다음 무슨 요일에 아르바이트를 합니까?**

1 월요일

2 화요일

3 수요일

4 목요일

해설 ✱ 次の日(다음 날) 표현 주의! 남자가 이 다음 무슨 요일에 아르바이트를 하는지 묻는 문제이다. 대화에서 언급되는 요일은 월요일, 화요일, 수요일이다. 따라서 이 중 정답이 있을 것이라고 착각하는 경우가 있다. 그러나 대화에서 「水曜日は山田さんがやっているから 次の日 は時間ありますか(수요일은 야마다 씨가 하고 있으니까 다음 날은 시간 있습니까?)」에서 수요일이 아닌 목요일을 묻고 있음을 알 수 있다. 이어지는 대답에서 남자가 괜찮다고 했으므로 4번이 정답이다.

어휘 お疲れさまでした 수고하셨습니다 | 来週 다음 주 | 月曜日 월요일 | 時間 시간 | 月曜 월요(일) | 火曜 화요(일) | 遅い 늦다 | 授業 수업 | 水曜日 수요일 | 大丈夫だ 괜찮다 | 毎週 매주 | やる 하다 | ~ている ~하고 있다 | 次 다음 | 朝 아침

6ばん

**学校で先生と女の学生が話しています。女の学生はいすをいくつ持ってきますか。**

女: 先生、明日の音楽コンサートの準備ですか。私も何かしましょうか。

男: ああ、山本さん。ありがとうございます。ピアノとカメラはもうチェックしましたが…。

女: じゃあ、私はお客さんが座るいすを持ってきますね。いくつ持ってきますか。

男: そうですね。先生のいすが10個、学生が座るいすを30個、全部で40個お願いします。

女: 家族が座るいすも必要ですよね？

男: ああ、そうですね。家族のいすも、学生と同じでいいです。

女: 分かりました。

**女の学生はいすをいくつ持ってきますか。**

1 30こ

2 50こ

3 70こ

4 90こ

6번

**학교에서 선생님과 여학생이 이야기하고 있습니다. 여학생은 의자를 몇 개 가져옵니까?**

여: 선생님, 내일 음악 콘서트 준비하시나요? 저도 무언가 할까요?

남: 아, 야마모토 씨. 감사합니다. 피아노와 카메라는 이미 체크했습니다만…

여: 그럼 저는 손님이 앉을 의자를 가져올게요. 몇 개 가져올까요?

남: 글쎄요. 선생님 의자가 10개, 학생이 앉을 의자를 30개, 전부해서 40개 부탁합니다.

여: 가족이 앉을 의자도 필요하지요?

남: 아 그렇네요. 가족 의자도 학생과 동일하면 됩니다.

여: 알겠습니다.

**여학생은 의자를 몇 개 가져옵니까?**

1 30개

2 50개

3 70개

4 90개

해설 ✱ 숫자 꼼꼼하게 적어 놓기! 여학생이 의자를 몇 개 가져가는지 묻는 문제이다. 계산을 해야 하는 문제는 숫자는 당연히 중요하고, 「同じだ(같다, 동일하다)」처럼 앞에서 언급한 숫자와 동일하다는 표현이 나올 수도 있으므로 조심해야 한다. 선생님 의자 10개, 학생 의자 30개 그리고 가족 의자의 수는 학생 의자 수와 동일하다고 했으므로 30개이다. 전부 합하면 70개이므로 3번이 정답이다.

어휘 先生 선생님 | 明日 내일 | 音楽 음악 | コンサート 콘서트 | 準備 준비 | 何か 무언가 | ~ましょうか ~할까요 | ピアノ 피아노 | カメラ 카메라 | チェック 체크 | お客さん 손님 | 座る 앉다 | いす 의자 | 持つ 가지다, 들다 | 来る 오다 | いくつ 몇 개 | 個 ~개 | 家族 가족 | 必要だ 필요하다 | 同じだ 같다, 동일하다 | いい 좋다

7ばん

**男のと女の人が話しています。男の人は、明日何を持って来ますか。**

女: ケビンさんは土曜日にアメリカに帰りますから、明日が最後に会う日ですよ。

男: そうですね。残念です。私、手紙を書きました。

女: あ、私もです。明日はケーキを買ってみんなで食べませんか。

男: そうしましょう。私が買いましょうか。

女: いえ、ケーキは私が買いますから、カメラをお願いします。みんなで写真を撮りましょう。

男: 分かりました。飲み物はどうしましょうか。

女: それはチェさんに持ってきてくださいとお願いしましょう。

**男の人は、明日何を持って来ますか。**

1

2

3

4

7번

**남자와 여자가 이야기하고 있습니다. 남자는 내일 무엇을 가져옵니까?**

여: 케빈 씨는 토요일에 미국에 돌아가니까, 내일이 마지막으로 만나는 날이네요.

남: 그렇네요. 유감이네요. 저는 편지를 썼습니다.

여: 아, 저도예요. 내일은 케이크를 사서 다같이 먹지 않겠습니까?

남: 그렇게 합시다. 제가 살까요?

여: 아니요, 케이크는 제가 살 테니, 카메라를 부탁하겠습니다. 다 같이 사진을 찍읍시다.

남: 알겠습니다. 음료는 어떻게 할까요?

여: 그건 최 씨에게 가져오라고 부탁합시다.

**남자는 내일 무엇을 가져옵니까?**



**해설** ✻ 준비물(명사)와 부탁 표현 주의! 남자가 내일 무엇을 가져오는지 묻는 문제이다. 남자가 초반에 「手紙を書きました(편지를 썼습니다)」라고 하는 문장에서 편지를 가져온다는 것을 유추할 수 있으므로, 선택지 3번과 4번을 지운다. 그 다음 등장하는 준비물은 케이크인데, 여자가 「ケーキは私が買いますから、カメラをお願いします(케이크는 내가 준비할 테니, 카메라를 부탁합니다)」라고 말한다. 케이크는 여자, 카메라는 남자가 준비하면 된다. 여기에서 1번은 오답 정답은 2번이 된다. 마지막에 등장하는 음료는 최 씨에게 부탁한다고 했으므로 헷갈리지 말자.

**어휘** 土曜日 토요일 | アメリカ 미국 | 帰る 돌아가(오)다 | 明日 내일 | 最後 마지막 | 会う 만나다 | 残念だ 유감이다 | 手紙 편지 | 書く 쓰다 | ケーキ 케이크 | 買う 사다 | みんなで 다 같이 | 食べる 먹다 | カメラ 카메라 | お願いしましょう 부탁합시다 | 写真 사진 | 撮る 찍다 | ~ましょう ~합시다 | 分かる 알다 | 飲み物 음료 | ジュース 주스 | 持つ 가지다, 들다 | ~てください ~해 주세요

もんだい2 포인트이해 02

**もんだい 2では、はじめに　しつもんを　きいて　ください。それから　はなしを　きいて、もんだいようしの 1から4の　なかから、いちばん　いい　ものを　ひとつ　えらんで　ください。**

1ばん

**男の人と女の人が話しています。男の人はどんな部屋に住んでいますか。**

女: ジョージさんは日本のテレビをよく見ますか。

男: 見たいですが、最近日本に来ましたから、私の部屋にはまだテレビはありません。

女: そうですか。じゃあ、ひとりでいる時は、何をしていますか。

男: 部屋に本があるから、それをベッドの上で読んだり、つくえで日本語を勉強したりしています。

女: ジョージさんは真面目ですね。

**男の人はどんな部屋に住んでいますか。**

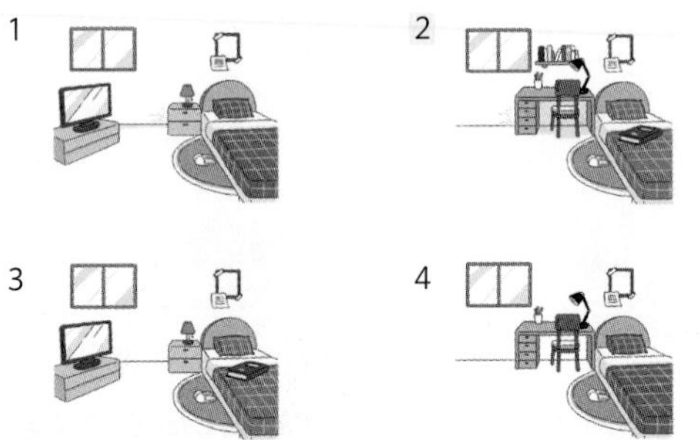

문제2

**문제2에서는 처음에 질문을 들으세요. 그리고 나서 이야기를 듣고, 문제 용지의 1 에서 4 중에서 가장 알맞은 것을 하나 고르세요.**

1번

**남자와 여자가 이야기하고 있습니다. 남자는 어떤 방에 살고 있습니까?**

여: 조지 씨는 일본 TV를 자주 봅니까?

남: 보고 싶지만, 최근에 일본에 왔기 때문에 제 방에는 아직 텔레비전이 없습니다.

여: 그렇습니까? 그럼 혼자 있을 때에는 무엇을 하고 있습니까?

남: 방에 책이 있기 때문에 그것을 침대 위에서 읽거나, 책상에서 일본어를 공부하거나 하고 있습니다.

여: 조지 씨는 성실하네요.

**남자는 어떤 방에 살고 있습니까?**

해설 ＊존재 표현 あります(있습니다)・ありません(없습니다) 주의! 남자는 어떤 방에서 살고 있는지 묻는 문제이다. 앞에서 「まだテレビはありません(아직 텔레비전은 없습니다)」이라고 했기 때문에 1번과 3번은 정답에서 지울 수 있다. 이어서 「本があるから、それをベッドの上で読んだり、 つくえで日本語の勉強したりしています(방에 책이 있기 때문에 그것을 침대 위에서 읽거나, 책상에서 일본어 공부를 하기도 합니다)」라는 문장을 통해 책상과 침대가 있음을 유추할 수 있다. 따라서 2번이 정답이다.

어휘 テレビ 텔레비전 | よく 자주, 잘 | 見る 보다 | ~たい ~하고 싶다 | 最近 최근 | 来る 오다 | から ~때문에 | 部屋 방 | まだ 아직 | ひとりで 혼자서 | 時 때 | 何 무엇 | 本 책 | たくさん 많이 | ベッド 침대 | 上 위 | 読む 읽다 | ~たり ~하거나 | つくえ 책상 | 勉強 공부 | 真面目だ 성실하다

2ばん

**店の人と女の人が話しています。女のは、全部でいくら買いましたか。**

男: いらっしゃいませ。今日はバナナが安いですよ。

女: いくらですか。

男: いつもは300円ですが、今日は200円です。

女: じゃあ、二つください。それから、いちごはいくらですか。

男: 800円です。

女: ちょっと高いですね。こんなに多くは要らないし…
　りんごはどうですか。

男: 300円です。

女: じゃあ、それもひとつください。

**女の人は、全部でいくら買いましたか。**

1　200えん

2　300えん

3　700えん

4　800えん

2번

**점원과 여자가 이야기하고 있습니다. 여자는 전부해서 얼마를 샀습니까?**

남: 어서 오세요. 오늘은 바나나가 저렴합니다.

여: 얼마입니까?

남: 평소에는 300엔인데, 오늘은 200엔입니다.

여: 그럼, 두 개 주세요. 그리고 딸기는 얼마입니까?

남: 800엔입니다.

여: 조금 비싸네요. 이렇게 많이는 필요 없고… 사과는 어떻습니까?

남: 300엔입니다.

여: 그럼 그것도 한 개 주세요.

**여자는 전부해서 얼마를 샀습니까?**

1　200엔

2　300엔

3　700엔

4　800엔

PART 4 청해

**해설** ✻ 금액•개수•할인 체크! 여자가 전부해서 얼마를 지불해야 하는지 묻는 문제이다. 금액과 개수를 잘 체크해야 한다. 본래 바나나의 가격은 300엔이지만 200엔으로 할인하고 있다. 이 때 여자가 「二つください(두 개 주세요)」라고 했으므로 200엔*2=400엔이다. 이어서 300엔 하는 사과를 「一つ(한 개)」 구매한다고 했으니 400엔+300엔=700엔이 된다. 800엔인 딸기는 많이 필요없다고 했으므로 계산에 포함해서는 안 된다.

**어휘** いらっしゃいませ 어서 오세요 | 今日 오늘 | バナナ 바나나 | 安い 싸다, 저렴하다 | いくら 얼마 | 二つ 두 개 | ください 주세요 | いちご 딸기 | ちょっと 조금, 잠시 | 高い 비싸다 | こんなに 이렇게 | 多く 많이 | 要る 필요하다 | りんご 사과 | どう 어떻게 | 一つ 한 개

3ばん

**会社で男の人と女の人が話しています。今、女の人は何で会社に来ますか。**

男: 中野さんの家は会社まで遠いですか。

女: いいえ、バスで15分くらいです。

男: 近くていいですね。ぼくは電車で１時間かかります。

女: それはたいへんですね。私は人が多いのはいやだから今は歩いて来ます。

男: 自転車の方がいいんじゃないですか。

女: 車が多いから自転車もあぶないです。運動にもなりますし。

**今、女の人は何で会社に来ますか。**

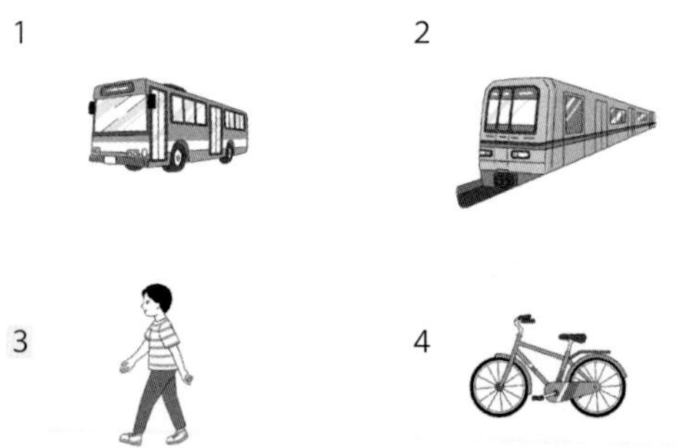

3번

**회사에서 남자와 여자가 이야기하고 있습니다. 지금 여자는 무엇으로 회사에 옵니까?**

남: 나카노 씨의 집은 회사까지 멉니까?

여: 아니요, 버스로 15분 정도입니다.

남: 가까워서 좋네요. 저는 전철로 1시간 걸립니다.

여: 그것 참 힘들겠네요. 저는 사람이 많은 것은 싫어해서 지금은 걸어서 옵니다.

남: 자전거 쪽이 좋지 않습니까?

여: 자동차가 많아서 자전거도 위험합니다. 운동도 되고요.

**지금 여자는 무엇으로 회사에 옵니까?**

해설 ★ 반전을 조심, 今は(지금은)가 힌트! 지금은 여자가 회사에 어떻게 오는지 묻는 문제로 여자의 말에 집중하며 문제를 풀자. 대화에서 집이 회사에서 머냐는 질문에 여자는 「バスで15分くらい(버스로 15분 정도)」라고 답한다. 하지만 「今は歩いて来ます(지금은 걸어서 옵니다)」라고 했기 때문에 3번이 정답이다. 자전거는 위험하다고 했고, 전철은 남자가 회사까지 오는 수단이므로 오답이다.

어휘 家 집 | 会社 회사 | 遠い 멀다 | バス 버스 | くらい 정도 | 近い 가깝다 | 電車 전철 | 時間 시간 | かかる (시간이) 걸리다 | 大変だ 힘들다 | 多い 많다 | いやだ 싫다 | 歩く 걷다 | 来る 오다 | 自転車 자전거 | 方 쪽, 편 | いい 좋다 | 車 자동차 | あぶない 위험하다 | 運動 운동

4ばん

**男の学生と女の学生が話しています。女の学生は今晩何をしますか。**

男: 今日は金曜日ですね。明日は何をするんですか。

女: 明日は何もしません。家でゆっくり休みます。

男: 今晩みんなでカラオケに行く約束をしました。カリナさんも行きませんか。

女: 行きたいですが、今日の夜はアルバイトがありますから、今から家に帰ってご飯を食べます。

男: そうですか。じゃ明日の夜はどうですか。

女: 明日は大丈夫です。

男: じゃあ、みんなに聞いてみます。

**女の学生は今晩何をしますか。**

4번

**남학생과 여학생이 이야기하고 있습니다. 여학생은 오늘 밤 무엇을 합니까?**

남: 오늘은 금요일이네요. 내일은 무엇을 합니까?

여: 내일은 아무것도 하지 않습니다. 집에서 푹 쉴 겁니다.

남: 오늘 밤에 다같이 노래방에 갈 약속을 했습니다. 카리나 씨도 가지 않겠습니까?

여: 가고 싶지만, 오늘 밤에는 아르바이트가 있기 때문에 이제부터 집에 가서 밥을 먹을 거예요.

남: 그렇습니까? 그럼 내일 밤은 어떻습니까?

여: 내일은 괜찮습니다.

남: 그럼 모두에게 물어보겠습니다.

**여학생은 오늘 밤 무엇을 합니까?**

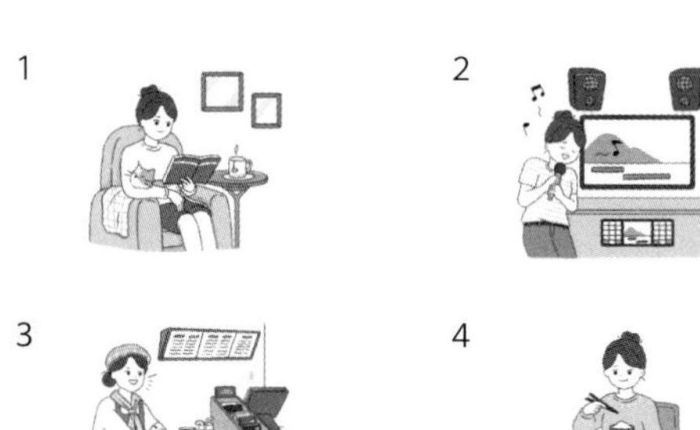

**해설** ★ 시간 표현 明日(내일)・今晩(오늘 밤)・今日の夜(오늘 밤)・明日の夜(내일 밤)주의! 여학생은 오늘 밤 무엇을 하는지 묻는 문제이다. 일정을 묻는 문제라면 시간 표현과 누구의 일정을 묻는 것인지 확실하게 체크해 놓아야 한다. 또한 대화에서 今晩(오늘 밤)과 今日の夜(오늘 밤)는 똑같은 표현이므로 함정에 빠지지 말고 여자의 대사에 집중해 보자. 여학생이 「今日の夜はアルバイトがありますから(오늘 밤에는 아르바이트가 있어서)」라고 했기 때문에 3번이 정답이다.

**어휘** 今日 오늘 | 金曜日 금요일 | 明日 내일 | 何 무엇 | ゆっくり 푹 | 休む 쉬다 | 今晩 오늘 밤 | みんなで 다같이 | カラオケ 노래방 | 行く 가다 | 約束 약속 | ～ませんか ~하지 않겠습니까? | ～たい ~하고 싶다 | 夜 저녁 | アルバイト 아르바이트 | 帰る 돌아가(오)다 | ご飯 밥 | 食べる 먹다 | 大丈夫だ 괜찮다 | 聞く 묻다, 듣다 | ～てみる ~해 보다

5ばん

**男の人と女の人が話しています。女の人は昨日の夜、何時間寝ましたか。**

男: おはようございます。どうしましたか。

女: 昨日テストの勉強をしましたから、夜遅く寝ました。

男: 4時間か5時間くらいですか。

女: いえいえ。3時間しか寝ていません。

男: ええ、家からここまで電車で1時間くらいですよね。電車の中で寝ましたか。

女: 寝たかったですが、みんなが話してうるさかったですから寝られませんでした。

**女の人は昨日の夜、何時間寝ましたか。**

1　1じかん

2　3じかん

3　4じかん

4　5じかん

5번

**남자와 여자가 이야기하고 있습니다. 여자는 어젯밤에 몇 시간 잤습니까?**

남: 안녕하세요. 무슨 일인가요?

여: 어제 시험 공부를 했기 때문에, 밤 늦게 잤습니다.

남: 4시간이나 5시간 정도입니까?

여: 아뇨, 3시간밖에 안 잤습니다.

남: 음, 집에서 여기까지 전철로 1시간 정도지요? 전철 안에서 잤습니까?

여: 자고 싶었지만 모두 이야기하고 시끄러워서 잘 수 없었습니다.

**여자는 어젯밤에 몇 시간 잤습니까?**

1　1시간

2　3시간

3　4시간

4　5시간

해설　※ 여자 대사에 집중, 강조 표현~しか~ない(~밖에~없다) 체크! 여자가 어제 몇 시간 잤는지 묻고 있다. 여자의 수면 시간을 물었기 때문에 여자의 말에 집중해야 한다. 남자가 「4時間か5時間くらいですか。(4시간이나 5시간 정도입니까?)」라고 묻는 함정에 빠지면 안 된다. 「いえいえ(아니요)」는 부정의 대답이기 때문에 3번과 4번은 오답이고, 이어서 「3時間しか寝ていません(3시간 밖에 못 잤습니다)」이라고 했기 때문에 2번이 정답이다.

어휘　昨日 어제 | テスト 시험 | 勉強 공부 | 夜 저녁 | 遅い 늦다 | 寝る 자다 | 時間 시간 | ~か ~이나, ~인가, ~인지 | くらい 정도 | しか ~밖에 | 家 집 | 電車 전철 | 中 안 | ~たい ~하고 싶다 | みんな 모두 | 話す 이야기하다 | うるさい 시끄럽다 | から ~때문에

6ばん

**学校で男の学生と女の学生が話しています。男の学生は、何を貸しますか。**

男: 斎藤さん、さっき借りた教科書とノートです。
　ありがとうございました。

女: 早いですね。もう、使いませんか。

男: はい、大丈夫です。

女: あ、本田さん。今ペンを持っていますか。

男: ペンじゃなくて鉛筆は持っています。

女: それでいいです。ちょっと借りたいです。

男: いいですよ。どうぞ。

**男の学生は、何を貸しますか。**

1 きょうかしょ
2 ノート
3 ペン
4 えんぴつ

6번

**학교에서 남학생과 여학생이 이야기하고 있습니다. 남학생은 무엇을 빌려줍니까?**

남: 사이토 씨, 아까 빌린 교과서와 노트입니다. 고맙습니다.

여: 빠르네요. 이제 안 씁니까?

남: 네, 괜찮습니다.

여: 아, 혼다 씨. 지금 펜 갖고 있습니까?

남: 펜이 아니라 연필은 갖고 있습니다.

여: 그걸로 괜찮습니다. 잠깐 빌리고 싶습니다.

남: 좋습니다. 여기 있어요.

**남학생은 무엇을 빌려줍니까?**

1 교과서
2 노트
3 펜
4 연필



**해설** ★ 주고받는 표현 헷갈리지 말기! 남자가 무엇을 빌려주었는지 묻는 문제이다. 貸す(빌려주다), 借りる(빌리다), 返す(돌려주다)는 의미가 혼동되는 단어로 함께 자주 출제된다. 교과서와 노트는 남자가 여자에게 빌렸던 것으로 정답이 아니다. 여자가 펜이 있는지 물었을 때, 남자가 「ペンじゃなくて鉛筆は持っています(펜이 아니라 연필은 갖고 있습니다)」라고 했을 때, 「それでいいです(그걸로 괜찮습니다)」라고 여자가 말하므로 4번이 정답이다.

**어휘** さっき 아까, 조금 전 | 借りる 빌리다 | 教科書 교과서 | ノート 노트 | 早い 빠르다 | もう 이제, 벌써 | 使う 사용하다 | 大丈夫だ 괜찮다 | ペン 펜 | 持つ 가지다, 들다 | ~じゃなくて ~이 아니라 | 鉛筆 연필 | ~ている ~하고 있다 | いい 좋다, 괜찮다 | ちょっと 잠시, 조금 | どうぞ 여기 있어요

もんだい3 발화표현 03

**もんだい 3 では、えを　みながら　しつもんを　きいて　ください。➡(やじるし)の　ひとは　なんと　いいますか。1 から　3 の　なかから、いちばん　いい　ものを　ひとつ　えらんで　ください。**

1ばん

私が作ったケーキを友達にあげます。何といいますか。

女: 1　このケーキどうですか。

2　このケーキあげませんか。

3　このケーキ食べてもいいですか。

문제 3

**문제 3 에서는 그림을 보면서 질문을 들으세요. ➡(화살표)가 가르킨 사람은 뭐라고 말합니까? 1에서 3 중에서 가장 알맞은 것을 하나 고르세요.**

1번

내가 만든 케이크를 친구에게 줍니다. 뭐라고 말합니까?

여: 1　이 케이크 어떻습니까?

2　이 케이크 주지 않겠습니까?

3　이 케이크 먹어도 됩니까?

해설 ★ 정중한 표현에 주의! 내가 만든 케이크를 친구에게 줄 때 하는 말을 물어보는 문제이다. 상대방의 의향을 묻는 표현인 선택지 1번 「どうですか(어떻습니까?)」가 정답이다. 선택지 2번 あげませんか(주지 않겠습니까?)는 질문에서 사용한 동사를 그대로 사용해서 함정을 만들어 놓은 것이라 주의해야 한다. 선택지 3번 食べてもいいですか(먹어도 됩니까?)는 허가의 표현으로 오답이 된다.

어휘 作る 만들다 | 友達 친구 | あげる (내가 다른 사람에게) 주다 | どうですか 어떻습니까? | 食べる 먹다

2ばん

友達と一緒にご飯を食べます。水がほしいです。何といいますか。

男: 1　水を買ってください。

2　水を飲んでください。

3　水を取ってください。

2번

친구와 함께 밥을 먹습니다. 물을 마시고 싶습니다. 뭐라고 말합니까?

남: 1　물을 사 주세요.

2　물을 마셔 주세요.

3　물 좀 집어 주세요.

해설 ★ 다양한 의미를 가지고 있는 동사 取る 체크! 친구와 밥을 함께 먹는 상황에서 물을 마시고 싶을 때의 적절한 표현을 고르는 문제이다. とる는 청해에서 자주 등장하는 동음이의어로 撮る(찍다), 取る(집다) 등으로 해석된다. 이때, 「~を取ってください」는 '~을 좀 집어 주세요'라는 의미로 정답은 3번이다.

어휘 友達 친구 | 一緒に 함께, 같이 | ご飯 밥 | 食べる 먹다 | 水 물 | ~がほしい ~을 갖고 싶다 | 買う 사다 | ~てください ~해 주세요 | 飲む 마시다 | 取る 집다

3ばん

タクシーに乗っています。ここで降りたいです。何といいますか。

男: 1　ここで降りましたか。

2　ここで大丈夫です。

3　ここで乗りますね。

3번

택시를 타고 있습니다. 여기서 내리고 싶습니다. 뭐라고 말합니까?

남: 1　여기서 내렸습니까?

2　여기서 괜찮습니다.

3　여기서 탈게요.

**해설** ★ 여러 상황에서 사용되는 大丈夫だ(괜찮다)에 주의! 택시에서 내리고 싶을 때 하는 말로 적절한 것을 고르는 문제이다. 「大丈夫だ(괜찮다)」는 상황에 따라 긍정으로 해석될 수도 있고, 부정으로 해석될 수도 있다. 1번은 어디서 내렸는지를 묻는 표현이고, 3번은 여기서 탄다는 의미로 오답이다. 2번의 「大丈夫だ(괜찮다)」는 여기서 내려도 괜찮다는 긍정의 의미로 사용되었으므로 2번이 정답이다.

**어휘** タクシー 택시 | ~に乗る ~을 타다 | ここ 여기, 이곳 | 降りる 내리다 | ~たい ~하고 싶다 | 大丈夫だ 괜찮다

4ばん

ここは学校です。友達と一緒に帰りたいです。何といいますか。

女: 1　もう、帰りましたか。

2　まだ帰りません。

3　一緒に帰りましょう。

4번

여기는 학교입니다. 친구와 함께 집에 돌아가고 싶습니다. 뭐라고 말합니까?

여: 1　벌써 돌아갔습니까?

2　아직 돌아가지 않습니다.

3　함께 돌아갑시다.

**해설** ★ 권유 표현 ましょう(합시다)에 주의! 친구와 함께 귀가하고 싶을 때의 표현으로 적절한 것을 고르는 문제이다. ~ましょう(~합시다)는 권유 표현이다. 1번은 친구가 이미 돌아간 상태이고, 2번은 아직 돌아가지 않을 것이라는 의미로 오답이다. 따라서 함께 돌아가자고 권유하는 3번이 정답이다.

**어휘** ここ 여기, 이곳 | 学校 학교 | 友達 친구 | 一緒に 함께 | 帰る 돌아가(오)다 | ~たい ~하고 싶다 | もう 이미, 벌써 | まだ 아직 | ~ましょうか ~할까요?

5ばん

デパートで靴を履いてみましたが、小さいです。何といいますか。

女: 1　もっと大きいものはありますか。

2　サイズが違いますよ。

3　小さいサイズを買いました。

5번

백화점에서 신발을 신어봤는데, 작습니다. 뭐라고 말합니까?

여: 1　더 큰 것은 있습니까?

2　사이즈가 달라요.

3　작은 사이즈를 샀습니다.

해설　* 물건의 유무를 물을 때 사용하는 표현!　신어 본 신발이 작을 때, 점원에게 할 수 있는 말로 적절한 것을 고르는 문제이다. 2번은 사이즈가 다르다는 것을 의미하고, 3번은 질문의 小さい(작다)와 동일한 단어가 나오기 때문에 고르게 되는 함정이다. 따라서 더 큰 사이즈가 없는지 묻는 1번이 정답이다.

어휘　デパート 백화점 | 靴 구두 | 履く 신다 | ~てみる ~해 보다 | 小さい 작다 | もっと 더, 더욱 | 大きい 크다 | もの 물건 | サイズ 사이즈 | 違う 다르다, 틀리다 | 買う 사다

もんだい4　즉시응답　04

**もんだい４では、えなどが　ありません。ぶんを　きいて、１から３のなかから、いちばん　いい　ものを　ひとつ　えらんで　ください。**

문제4

**문제4에서는 그림 등이 없습니다. 문장을 듣고, 1에서 3 중에서 가장 알맞은 것을 하나 고르세요.**

1ばん

女: マイケルさん、夏休みはいつまでですか。

男: 1　海で泳ぎます。

2　来週までです。

3　1か月くらいです。

1번

여: 마이클 씨, 여름방학은 언제까지입니까?

남: 1　바다에서 헤엄칩니다.

2　다음 주까지입니다.

3　1개월 정도입니다.

해설　* 기한을 물을 때 사용하는 いつまで(언제까지)!　여름방학이 언제까지인지 묻는 문제이다. いつまで(언제까지)는 기한을 묻는 표현이므로 방학이 끝나는 날짜 혹은 わかりません(모릅니다)등이 정답으로 올 수 있다. 1번은 何をしますか(무엇을 합니까)라고 물었을 때 적합한 대답이고, 3번은 どのくらいですか(어느 정도입니까?)라고 물었을 때 적합한 대답이다. 따라서 정확한 시점을 말하는 2번이 정답이다.

어휘　夏休み 여름 방학 | いつ 언제 | 海 바다 | 泳ぐ 헤엄치다 | 来週 다음주 | まで ~까지 | 1か月 1개월 | くらい 정도

2ばん

男: 映画(えいが)は、どうでしたか。

女: 1　怖(こわ)かったですが、面白(おもしろ)かったです。

　2　映画館(えいがかん)は広(ひろ)くてきれいでした。

　3　映画(えいが)よりドラマの方(ほう)が好(す)きです。

2번

남: 영화는 어땠습니까?

여: 1　무서웠지만 재미있었습니다.

　2　영화관은 넓고 깨끗했습니다.

　3　영화보다 드라마를 좋아합니다.

**해설** ✲ 어땠는지 감상을 물어볼 때 사용하는 표현! 영화가 어땠는지 묻는 문제이다. 대답으로 おもしろかったです(재미있었습니다), つまらなかったです(지루했습니다) 등의 감상 표현이 정답으로 올 수 있다. 2번은 영화관에 대한 설명이고, 3번은 영화보다 드라마가 좋다는 비교문으로 오답이다. 따라서 1번이 정답이다.

**어휘** 映画(えいが) 영화 | 怖(こわ)い 무섭다 | 面白(おもしろ)い 재미있다 | 映画館(えいがかん) 영화관 | 広(ひろ)い 넓다 | きれいだ 깨끗하다 | ~より 보다 | ドラマ 드라마 | 方(ほう) 쪽, 편 | 好(す)きだ 좋아하다

3ばん

男: 木村(きむら)さん、あれは林(はやし)さんの車(くるま)ですか。

女: 1　中山(なかやま)さんの車(くるま)ですよ。

　2　車(くるま)に乗(の)った方(ほう)が速(はや)いですよ。

　3　そうです、私(わたし)の車(くるま)です。

3번

남: 기무라 씨, 저것은 하야시 씨의 자동차입니까?

여: 1　나카야마 씨의 자동차예요.

　2　자동차를 타는 편이 빨라요.

　3　그렇습니다, 제 차입니다.

**해설** ✲ 조사 の에 주의! 보이는 차가 하야시 씨의 차인지 묻는 표현이다. の(~의 것)는 소유격의 역할을 하기도 한다. 2번은 車만 듣고 고를 수 있는 오답이고, 3번은 질문에서 木村さん(기무라 씨)라고 부르는 표현을 못 들었을 때 고를 수 있는 오답이다. 따라서 나카야마 씨의 차라고 말하는 1번이 정답이다.

**어휘** 車(くるま) 자동차 | ~に乗(の)る ~을 타다 | 方(ほう) 쪽, 편 | 速(はや)い 빠르다

4ばん

女: すみません、坂本(さかもと)さんはいますか。

男: 1　はい、とてもいい人(ひと)です。

　2　いえいえ、大丈夫(だいじょうぶ)ですよ。

　3　ご飯(はん)を食(た)べに行(い)きました。

4번

여: 실례합니다. 사카모토 씨는 있습니까?

남: 1　네, 매우 좋은 사람입니다.

　2　아뇨, 괜찮습니다.

　3　밥을 먹으러 갔습니다.

**해설** ✲ 존재문에 어울리는 대답 찾기! 사카모토 씨가 있는지를 묻는 문제이다. 1번은 사람에 대한 설명이고, 2번은 문제와 관련 없는 거절 표현으로 오답이다. 따라서 「~に行く(~하러 가다)」 문형을 사용하여 부재 중이라는 것을 나타내는 3번이 정답이다.

**어휘** とても 매우 | いい 좋다 | 大丈夫(だいじょうぶ)だ 괜찮다 | ご飯(はん) 밥 | 食(た)べる 먹다 | 行(い)く 가다

5ばん

女: このラーメンは辛いですね。水をあげましょうか。

男: 1　じゃあ、飲んでください。

　2　そんなことないですよ。

　3　すみません、お願いします。

5번

여: 이 라면은 맵네요. 물을 줄까요?

남: 1　그럼 마셔 주세요.

　2　그렇지 않아요.

　3　죄송합니다, 부탁합니다.

**해설** * 권유 표현 ましょうか(할까요)에 주의! 상대방에게 물이 필요한지 묻는 표현이다. ～ましょうか(~할까요?)는 권유 표현으로 お願いします(부탁합니다), 大丈夫です(괜찮습니다) 등의 대답이 올 수 있다. 1번은 질문의 水(물)만 듣고 고를 수 있는 오답이고, 2번은 상황에 어울리지 않는 표현으로 오답이다. 따라서 3번이 정답이다.

**어휘** ラーメン 라면 | 辛い 맵다 | 水 물 | あげる (내가 다른 사람에게) 주다 | ～ましょうか ~할까요? | 飲む 마시다 | ～てください ~해 주세요

6ばん

男: エマさん、一年にどのくらい国に帰りますか。

女: 1　いつも一人で行きますよ。

　2　来月の15日です。

　3　2、3回ですね。

6번

남: 에마 씨, 일년에 얼마나 고국에 돌아갑니까?

여: 1　항상 혼자서 가요.

　2　다음 달 15일입니다.

　3　2, 3회네요.

**해설** * どのくらい에 주의! 일년에 어느 정도 고국에 돌아가는지 묻는 문제이다. どのくらい(어느 정도)로 질문했을 때 주로 소요되는 시간이 정답을 오지만, 귀국하는 횟수로 대답할 수도 있으니 주의하자. 1번은 기간과 관련 없고, 2번은 소요되는 시간 혹은 횟수가 아닌 돌아가는 시점을 말하고 있으므로 오답이다. 따라서 횟수를 말하고 있는 3번이 정답이다.

**어휘** 一年 일년 | どのくらい 어느 정도 | 国 나라, 고국 | 帰る 돌아가(오)다 | いつも 항상 | 一人で 혼자서 | 行く 가다 | 来月 다음 달 | ～回 ~회

## 제2회 실전문제 정답 및 해설

|정답|

| | | | | | | | |
|---|---|---|---|---|---|---|---|
| 문제1 | 1 2 | 2 3 | 3 2 | 4 4 | 5 4 | 6 2 | 7 1 |
| 문제2 | 1 2 | 2 3 | 3 3 | 4 2 | 5 2 | 6 2 | |
| 문제3 | 1 2 | 2 3 | 3 2 | 4 1 | 5 1 | | |
| 문제4 | 1 2 | 2 2 | 3 3 | 4 3 | 5 1 | 6 1 | |

|해설|

もんだい1 과제이해 05

**もんだい１では、はじめに　しつもんを　きいて　ください。それから　はなしを　きいて、もんだいようしの　１から４の　なかから、いちばん　いい　ものを　ひとつ　えらんで　ください。**

1ばん

店の人と男の人が話しています。男の人は、どんな携帯電話を買いますか。

女:いらっしゃいませ。どんな携帯電話にしますか。

男:そうですね。私は映画をよく見ますから、大きい方がいいです。

女:カメラはよく使いますか。いいカメラのものは、ちょっと高いですが…。

男:写真を撮るのが好きですから、いいカメラがあるものを買いたいですね。

女:では、これはどうですか。

男:いいですね。これにします。

**男の人は、どんな携帯電話を買いますか。**

1 ¥20,000

2 ¥70,000

3 ¥20,000

4 ¥70,000

문제1

**문제1에서는 처음에 질문을 들으세요. 그리고 이야기를 듣고, 문제용지의 1에서 4 중에서 가장 알맞은 것을 하나 고르세요.**

1번

**점원과 남자가 이야기하고 있습니다. 남자는 어떤 휴대전화를 삽니까?**

여: 어서 오세요. 어떤 휴대전화로 하시겠습니까?

남: 글쎄요. 저는 영화를 자주 보기 때문에 큰 쪽이 좋아요.

여: 카메라는 자주 사용합니까? 좋은 카메라가 달린 것은 조금 비쌉니다만….

남: 사진을 찍는 것을 좋아하기 때문에 카메라가 좋은 것을 사고 싶네요.

여: 그럼 이것은 어떻습니까?

남: 좋네요. 이걸로 하겠습니다.

**남자는 어떤 휴대전화를 삽니까?**

**해설** ※ 물건의 특징과 형용사 체크하기! 남자가 어떤 휴대전화를 사는지 선택하는 문제이다. 남자가 원하는 것을 찾는 것이므로 남자의 말에 집중해야 하며 휴대전화를 꾸며주는 형용사를 체크하며 풀어야 한다. 남자가 「大きい方がいいです(큰 쪽이 좋습니다)」라고 했기 때문에 1번과 2번 중에 정답이 있다. 다음 조건은 「いいカメラのものは、ちょっと高いですが…(좋은 카메라가 달린 휴대전화는 좀 비싼데…)」라는 문장을 듣고 남자가 「いいカメラがあるものを買いたいですね (좋은 카메라가 있는 것을 사고 싶어요)」라고 말한 것을 통해 카메라가 달린 비싼 휴대전화 2번이 정답이다.

**어휘** いらっしゃいませ 어서 오세요 | どんな 어떤 | 携帯電話 휴대 전화 | 映画 영화 | よく 자주, 잘 | 見る 보다 | 大きい 크다 | 方 쪽, 편 | いい 좋다 | カメラ 카메라 | 使う 사용하다 | ちょっと 조금, 잠시 | 写真 사진 | 撮る 찍다 | 好きだ 좋아하다 | 買う 사다 | ~たい ~하고 싶다 | ~にする ~로 하다

2ばん

**会社で男の人と女の人が話しています。女の人は、この後何をしますか。**

男: 鈴木さん、今忙しいですか。

女: メールを書いていましたが、今終わりました。

男: ちょっとこの手紙を出して来てください。

女: 分かりました。

男: もう12時ですから、お昼ご飯を食べた後で行ってください。

女: じゃあ、そうします。

男: 3時に会議がありますから、その前に会社に帰って来てくださいね。

女: はい。

**女の人は、この後と何をしますか。**

1

2

3

4

2번

**회사에서 남자와 여자가 이야기하고 있습니다. 남자는 이 후에 무엇을 합니까?**

남: 스즈키 씨, 지금 바쁜가요?

여: 메일을 쓰고 있었는데, 지금 끝났습니다.

남: 잠시 이 편지를 보내고 와 주세요.

여: 알겠습니다.

남: 벌써 12시니까 점심을 먹은 후에 가 주세요.

여: 그럼 그렇게 하겠습니다.

남: 3시에 회의가 있으니 그 전에 회사로 돌아와 주세요.

여: 네.

**남자는 이 후에 무엇을 합니까?**

**해설** ※ 시간의 전후 표현 た後で(한 후에)를 놓치지 말 것! 여자가 이 후에 무엇을 하는지 묻는 문제이다. 회사에서 주고받는 대화이며, 남자 상사가 업무를 지시하는 상황이므로 주로 남자의 말에서 정답을 찾을 수 있다. 남자가 「手紙を出してきてください(편지를 보내고 와 주세요)」라고 한 문장만을 듣고 2번을 정답으로 고르면 함정에 빠진다. 뒤에 오는 문장에서 「お昼ご飯を食べた後で行ってください(점심을 먹은 후에 가 주세요)」고 했기 때문에 3번이 정답이다.

**어휘** 忙しい 바쁘다 | メール 메일 | 書く 쓰다 | ~ている ~하고 있다 | 終わる 끝나다 | ちょっと 잠시, 조금 | 手紙 편지 | 出す (편지를) 보내다 | 来る 오다 | ~てください ~해 주세요 | 分かる 알다 | もう 이미, 벌써 | 昼ご飯 점심 | 食べる 먹다 | ~た後で ~한 후에 | 会議 회의 | 会社 회사 | 帰る 돌아오(가)다

3ばん

**男の人と女の人が話しています。男の人は、何を買いますか。**

女: あ、ご飯を作りたいですが、冷蔵庫の中に何もないですね。

男: スーパーで買ってきましょうか。

女: すみません。じゃあ、トマトを3つと卵をお願いします。

男: 分かりました。

女: ソーセージも買ってきてください。あ、やっぱりトマトは2つでいいです。

男: はい。じゃあ、行ってきます。

**男の人は、何を買いますか。**

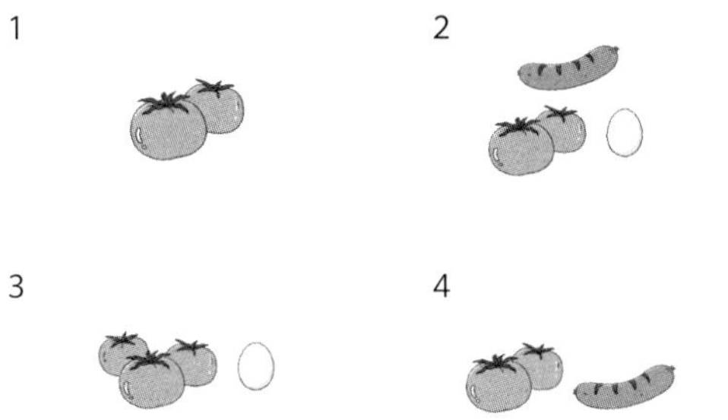

3번

**남자와 여자가 이야기하고 있습니다. 남자는 무엇을 삽니까?**

여: 아, 밥을 만들고 싶은데, 냉장고 안에 아무것도 없네요.

남: 슈퍼에서 사 올까요?

여: 미안합니다. 그럼 토마토 3개와 계란을 부탁합니다.

남: 알겠습니다.

여: 소시지도 사 와 주세요. 아 역시 토마토는 2개면 됩니다.

남: 네. 그럼 다녀오겠습니다.

**남자는 무엇을 삽니까?**

**해설** * 말 바꾸기 표현 やっぱり(역시)조심! 남자가 무엇을 사는지 묻는 문제이다. 이때 여자가 부탁하는 표현이므로 여자의 말에 집중한다. 청해에서 자주 등장하는 패턴 중 하나가 말을 바꾸는 것이다. 대화에서 여자가 처음에는 「トマト3つ、たまご、ソーセージ(토마토 3개, 계란, 소시지)」라고 했지만, 후에 「やっぱりトマトは2つでいいです(역시 토마토는 2개면 됩니다)」라고 번복하는 부분을 잘 들어야 문제를 풀 수 있다. 정답은 2번이다.

**어휘** ご飯 밥 | 作る 만들다 | ~たい ~하고 싶다 | 冷蔵庫 냉장고 | 中 안 | 何も 아무것도 | スーパー 슈퍼 | 買う 사다 | 来る 오다 | ~ましょうか ~할까요 | トマト 토마토 | 3つ 세 개 | 卵 계란 | ソーセージ 소시지 | やっぱり 역시 | 2つ 두개

4ばん

**男の人と女の人が話しています。男の人は、明日どんなDVDを持ってきますか。**

男: 明日のパーティーの時、みんなで映画を見ませんか。

女: いいですね。

男: 私の家には色々なDVDがあるんですが、どんな映画が好きですか。怖い映画はどうですか。

女: あ、でも田中さんは怖い映画が嫌いですよ。私はアニメ映画や家族映画が好きです。

男: 私は家族映画はちょっと…。アニメ映画もいいですが、動物の映画はどうですか。ほら、去年人気があった…。

女: それならみんな好きですよね。それにしましょう。

男: 分かりました。明日はそれを持ってきます。

**男の人は、明日どんなDVDを持ってきますか。**

1

2

3

4

4번

**남자와 여자가 이야기하고 있습니다. 남자는 내일 어떤 DVD를 가져옵니까?**

남: 내일 파티 때, 다같이 영화를 보지 않겠습니까?

여: 좋네요.

남: 우리 집에는 다양한 DVD가 있습니다만, 어떤 영화를 좋아합니까? 무서운 영화는 어떻습니까?

여: 아, 그런데 다나카 씨는 무서운 영화를 싫어해요. 저는 애니메이션 영화나 가족 영화를 좋아합니다.

남: 저는 가족 영화는 좀…. 애니메이션 영화도 좋습니다만, 동물 영화는 어떻습니까? 그, 왜 있잖아요. 작년 인기가 있었던….

여: 그거라면 모두 좋아하지요. 그걸로 합시다.

남: 알겠습니다. 내일은 그것을 가져오겠습니다.

**남자는 내일 어떤 DVD를 가져옵니까?**

해설 ✻ 결정의 의미인 それにしましょう(그것으로 합시다)의 앞 문장이 포인트! 남자가 내일 어떤 DVD를 가져오는지 묻는 문제이다. 다양한 장르의 DVD를 언급하기 때문에 보기에서 소거하면서 푸는 것이 좋다. 「~にする(~로 하다)」는 결정의 의미가 담긴 표현으로 바로 앞 대화에서 남자가 「動物の映画はどうですか。(동물 영화는 어떻습니까?)」고 했을 때, 여자가 「それにしましょう(그걸로 합시다)」라고 했기 때문에 4번이 정답이다.

어휘 パーティー 파티 | 時 때 | みんなで 다같이 | 映画 영화 | 見る 보다 | ~ませんか ~하지 않겠습니까? | 家 집 | 色々だ 여러가지이다, 다양하다 | どんな 어떤 | 好きだ 좋아하다 | 怖い 무섭다 | でも 그런데 | アニメ 애니메이션 | 動物 동물 | 去年 작년 | 人気 인기 | ~にする ~로 하다 | 分かる 알다, 이해하다 | 持つ 갖다, 들다

5ばん

**男の人と女の人が話しています。男の人は何時に来ますか。**

男:もしもし。ＡＢＣ会社の白田です。今から行きたいですが、いいですか？

女:すみません、今から会議があります。会議の後はどうですか。会議は４時までです。

男:分かりました。じゃあ４時10分頃に行きます。

女:あ、でもその後青山さんと話をしなければなりません。すみませんが、会議が終わってから30分後に来てください。

男:はい、分かりました。

**男の人は何時に来ますか。**

1　3じ30ぷん
2　4じ
3　4じ10ぷん
4　4じ30ぷん

5번

**남자와 여자가 이야기하고 있습니다. 남자는 몇 시에 옵니까?**

남: 여보세요? ABC회사의 시라타입니다. 지금부터 가려고 하는데, 괜찮습니까?

여: 죄송합니다, 지금부터 회의가 있습니다. 회의 후에는 어떻습니까? 회의는 4시까지입니다.

남: 알겠습니다. 그럼 4시 10분경에 가겠습니다.

여: 아, 그런데 그 후에 아오야마 씨와 이야기를 하지 않으면 안 됩니다. 죄송하지만, 회의가 끝나고 30분 후에 와 주세요.

남: 네, 알겠습니다.

**남자는 몇 시에 옵니까?**

1　3시 30분
2　4시
3　4시 10분
4　4시 30분

PART 4 청해

**해설** * 시간 전후 표현 後で(후에) 주의! 남자가 몇 시에 오는지 묻는 문제이다. 회화에서 등장하는 後に(후에) 표현을 캐치하는 것이 핵심이다. 회의는 4시까지라고 했지만 「会議が終わってから30分後に来てください(회의가 끝나고 나서 30분 후에 와 주세요)」라고 했으므로 4시 30분이 정답이 된다.

**어휘** もしもし 여보세요 | 会社 회사 | 行く 가다 | ~たい ~하고 싶다 | 会議 회의 | 後 후 | 分かる 알다 | 頃 경, 쯤 | 話 이야기 | ~なければならない ~하지 않으면 안 되다 | ~てから ~하고 나서 | 来る 오다 | ~てください ~해 주세요

6ばん

**男の人と女の人が話しています。男の人はいつアルバイトをしますか。**

男: すみません、アルバイトを水曜日と金曜日の昼にしていますが、昼じゃなくて夜にできますか？

女: じゃあ、午後６時からはどうですか。

男: あ、すみません、水曜日は大丈夫ですが、金曜日は午後７時に授業が終わります。

女: そうですか。でも７時はちょっと遅いですね。金曜日じゃなくて火曜日や木曜日は午後６時からできますか。

男: 木曜日は大丈夫です。

女: 分かりました。じゃあ、それでお願いします。

**男の人はいつアルバイトをしますか。**

1　すいようびと　きんようび

2　すいようびと　もくようび

3　かようびと　もくようび

4　かようびと　きんようび

6번

**남자와 여자가 이야기하고 있습니다. 남자는 언제 아르바이트를 합니까?**

남: 저기, 아르바이트를 수요일과 금요일 낮에 하고 있는데, 낮이 아니라 밤에 가능할까요?

여: 그럼, 오후 6시부터는 어떻습니까?

남: 아, 죄송합니다, 수요일은 괜찮은데, 금요일은 오후 7시에 수업이 끝납니다.

여: 그렇군요. 그런데 7시는 조금 늦네요. 금요일이 아니라 화요일이나 목요일은 오후 6시부터 가능한가요?

남: 목요일은 괜찮습니다.

여: 알겠습니다. 그럼 그렇게 부탁합니다.

**남자는 언제 아르바이트를 합니까?**

1　수요일과 금요일

2　수요일과 목요일

3　화요일과 목요일

4　화요일과 금요일

**해설** *요일 꼼꼼하게 체크, ～じゃなくて(~말고) 부정 표현 주의!* 남자가 언제 아르바이트를 하는지 묻는 문제이다. 남자는 현재 수요일과 금요일 낮에 아르바이트를 하고 있지만, 밤으로 바꾸기를 희망하고 있다. 다만 수요일은 괜찮은데, 금요일 저녁은 수업이 7시에 끝나서 불가능하다고 한다. 여기에서 수요일은 확정이고, 「金曜日じゃなくて火曜日や木曜日は午後６時からできますか (금요일이 아니라 화요일이나 목요일은 오후 6시부터 가능한가요?)」라는 물음에 목요일이 괜찮다고 하므로, 정답은 2번 수요일과 목요일이다.

**어휘** アルバイト 아르바이트 | 水曜日 수요일 | 金曜日 금요일 | 昼 낮 | ～にする ~로 하다 | ～じゃなくて ~이 아니라 | 夜 저녁 | できる 가능하다 | 午後 오후 | 授業 수업 | 終わる 끝나다 | ちょっと 조금, 잠시 | 遅い 늦다 | 火曜日 화요일 | 木曜日 목요일 | 大丈夫だ 가능하다 | 分かる 알다

7ばん

**男の人と女の人がカフェで話しています。女のは、何を注文しますか。**

男: 川村さん、何を食べますか。ここは、ハンバーグやカレーライスがおいしいですよ。

女: いいですね。島田さんは何にしますか。

男: 昨日はカレーライスを食べましたから、今日はハンバーグにします。

女: じゃあ、私も同じものにします。

男: あ、ここのアイスクリームもおいしいですよ。デザートに食べませんか。

女: 私は今ダイエットをしていますから、コーヒーにします。

**女の人は、何を注文しますか。**

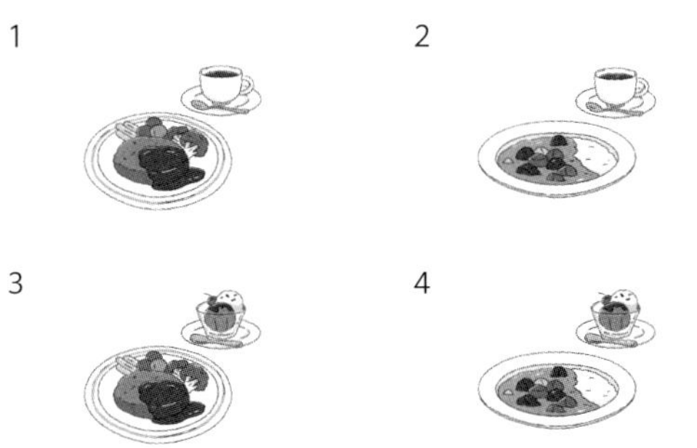


7번

**남자와 여자가 카페에서 이야기하고 있습니다. 여자는 무엇을 주문합니까?**

남: 가와무라 씨, 무엇을 먹을 건가요? 여기는 햄버그 스테이크나 카레라이스가 맛있어요.

여: 좋네요. 시마다 씨는 무엇으로 하시나요?

남: 어제는 카레라이스를 먹었기 때문에 오늘은 햄버그 스테이크로 하겠습니다.

여: 그럼, 저도 같은 걸로 할게요.

남: 아, 여기는 아이스크림도 맛있어요. 디저트로 먹지 않을래요?

여: 저는 지금 다이어트 하고 있어서 커피로 할게요.

**여자는 무엇을 주문합니까?**

**해설** ✱ 선택 표현 ~にする(~로 하다) 체크・同じもの(같은 것)를 주의! 여자가 무엇을 주문하는지 묻는 문제이다. 직접 주문할 메뉴를 언급하는 경우도 있지만, 私も同じものに(나도 같은 걸로) 등과 같이 대답할 수도 있으니 주의해야 한다. 메뉴 선택할 때 자주 나오는 표현 ~にする(~로 하다)만 잘 캐치해도 간단하게 풀 수 있다. 남자가 「ハンバーグにします(햄버그 스테이크로 하겠습니다)」고 했을 때, 여자가 「私も同じものに(저도 같은 걸로)」라고 했기 때문에 햄버그 스테이크를 주문하는 것을 알 수 있으며, 마지막에 「コーヒーにします(커피로 하겠습니다)」 문장을 통해 커피를 주문하는 것을 알 수 있다. 따라서 1번이 정답이다.

**어휘** 何 무엇 | 食べる 먹다 | ハンバーグ 햄버그 스테이크 | カレーライス 카레라이스 | 好きだ 좋아하다 | おいしい 맛있다 | いい 좋다 | 今日 오늘 | 同じもの 같은 것 | アイスクリーム 아이스크림 | デザート 디저트 | ダイエット 다이어트 | コーヒー 커피

もんだい2 포인트이해 06

**もんだい２では、はじめに　しつもんを　きいて　ください。それから　はなしを　きいて、もんだいようしの　１から４の　なかから、いちばん　いい　ものを　ひとつ　えらんで　ください。**

1ばん

**家で男の人と女の人が話しています。女の人は何を作りましたか。**

女: 朝ですよ。ご飯を作りましたから、リビングに来てください。

男: おはようございます。ええっ、ありがとうございます。

女: 簡単な朝ご飯で、すみません。卵と魚、それからご飯だけです。

男: 私はパンよりご飯が好きですから、嬉しいです。いただきます。

女: はい、どうぞ。

**女の人は何を作りましたか。**

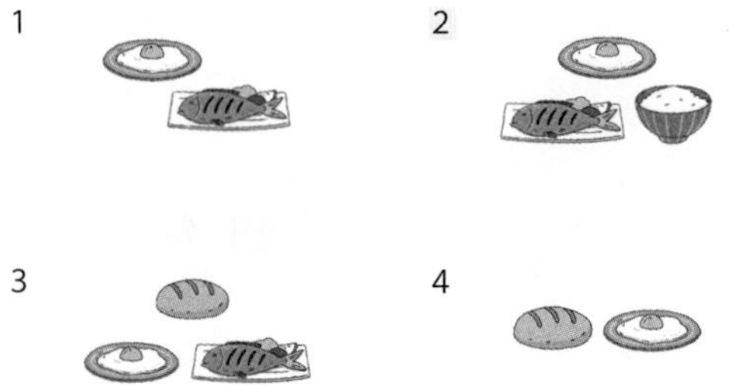

문제2

**문제2에서는 처음에 질문을 들으세요. 그리고 이야기를 듣고, 문제용지의 1에서 4 중에서 가장 알맞은 것을 하나 고르세요.**

1번

집에서 남자와 여자가 이야기하고 있습니다. 여자는 무엇을 만들었습니까?

여: 아침이에요. 밥을 만들었으니, 거실로 오세요.

남: 좋은 아침이에요. 앗, 고마워요.

여: 간단한 아침이라 미안해요. 계란과 생선, 그리고 밥 뿐이에요.

남: 나는 빵보다 밥을 좋아하니까 좋아요. 잘 먹겠습니다.

여: 네, 드세요.

**여자는 무엇을 만들었습니까?**

**해설** * 첨가 표현 それから(그리고, 그리고 나서) 체크! 여자가 무엇을 만들었는지 묻는 문제이다. それから(그리고, 그러고 나서)는 앞의 내용에 연결하여 추가적으로 언급할 때 쓰는 표현이다. 여자가 「卵と魚、それからご飯だけ(달걀과 생선, 그리고 밥뿐)」라고 했기 때문에 2번이 정답이다.

**어휘** 朝 아침 | ご飯 밥 | 作る 만들다 | ~から ~때문에 | リビング 거실 | 来る 오다 | ~てください ~해 주세요 | 簡単だ 간단하다 | 朝ご飯 아침 밥 | 卵 달걀 | 魚 생선 | 焼く 굽다 | それから 그리고 | だけ ~만, 뿐 | パン 빵 | 好きだ 좋아하다 | 嬉しい 기쁘다 | いただきます 잘 먹겠습니다(인사 표현) | どうぞ 자 (드세요)

2ばん

**大学で男の学生と女の学生が話しています。女の学生は、一週間に何回ヨガを習いますか。**

男: ミランダさん、どこに行きますか。

女: 私、今からヨガ教室でヨガをします。

男: すごいですね。よく行きますか。

女: はい、前は一週間に一回、土曜日にだけ習っていましたが、今は火曜日と木曜日も習っています。

男: すごいですね。頑張ってください。

女: ありがとうございます。

**女の学生は、一週間に何回ヨガを習いますか。**

1　1かい

2　2かい

3　3かい

4　4かい

2번

**대학교에서 남학생과 여학생이 이야기하고 있습니다. 여학생은 일주일에 몇 번 요가를 배웁니까?**

남: 미란다 씨, 어디에 갑니까?

여: 저 이제부터 요가교실에서 요가를 합니다.

남: 대단하네요. 자주 갑니까?

여: 네, 전에는 일주일에 한 번, 토요일에만 배웠는데, 지금은 화요일과 목요일도 배우고 있습니다.

남: 대단하네요. 힘내세요.

여: 감사합니다.

**여학생은 일주일에 몇 번 요가를 배웁니까?**

1　1회

2　2회

3　3회

4　4회



**해설** ★ 횟수 체크, 강조 표현 체크! 여자가 일주일에 요가를 몇 번 가는지 묻는 문제이다. 직접 횟수를 언급해주는 경우도 있지만, 해당 문제처럼 요일 만을 언급하는 경우도 있으니 주의한다. 여자가 「土曜日にだけ習っていましたが、今は火曜日と木曜日も習っています(토요일에만 배웠는데, 지금은 화요일과 목요일도 배우고 있습니다)」고 했기 때문에 총 3번을 가는 것을 알 수 있다. 따라서 3번이 정답이다.

**어휘** どこ 어디 | 行く 가다 | ヨガ 요가 | 教室 교실 | すごい 대단하다 | よく 자주, 잘 | 前 전 | 一週間 일주일(간) | 一回 한 번, 1회 | 土曜日 토요일 | だけ ~만, 뿐 | 習う 배우다 | 火曜日 화요일 | 木曜日 목요일 | ~ている ~하고 있다 | 頑張る 분발하다, 힘내다 | ~てください ~해주세요

3ばん

**男の学生がクラスのみんなの前で話しています。男の学生がホームステイしている家には今誰が住んでいますか。**

男: 僕は今、ホームステイをしています。その家には、お父さんとお母さん、そして犬が一匹います。みんな優しいです。ホームステイをしているのは、僕だけじゃありません。アメリカから来たマイク君も一緒に住んでいます。時々隣の町に住んでいる息子さんの家族が来る時はみんなでパーティーをします。とても楽しいです。

**男の学生がホームステイしている家には今誰が住んでいますか。**

1

2

3

4

3번

**남학생이 반 친구들 앞에서 이야기하고 있습니다. 남학생이 홈스테이하고 있는 집에는 지금 누가 살고 있습니까?**

남: 저는 지금 홈스테이를 하고 있습니다. 그 집에는 아버지와 어머니 그리고 강아지가 한 마리 있습니다. 모두 친절합니다. 홈스테이를 하고 있는 것은 저뿐만이 아닙니다. 미국에서 온 마이크 군도 함께 살고 있습니다. 가끔 옆 마을에 살고 있는 아들의 가족이 올 때엔 다 같이 파티를 합니다. 매우 즐겁습니다.

**남학생이 홈스테이하고 있는 집에는 지금 누가 살고 있습니까?**

해설 ✻ 추가 표현 も(도) 체크! 남자가 홈스테이하고 있는 집에는 누가 살고 있는지 묻는 문제이다. 등장하는 인물을 메모하면서 들어야 한다. 앞에서 「お父さんとお母さん、そして犬が一匹います。(아버지와 어머니 그리고 강아지가 한 마리 있습니다)」만 듣고 2번이라고 체크해서는 안 된다. 이어서 오는 문장 「誰だけじゃありません(저뿐만이 아닙니다)」에서 추가 인물이 있음을 유추할 수 있고, 「マイク君も一緒に住んでいます。(마이크 군도 함께 살고 있습니다)」라고 했기 때문에 3번이 정답이다. 아들은 옆 마을에 살고 있으므로 혼동하지 말자.

어휘 ホームステイ 홈스테이 | 誰 누구 | 僕 나, 저(남성어) | お父さん 아버지 | お母さん 어머니 | そして 그리고 | 犬 강아지 | 一匹 한 마리 | みんな 모두 | 優しい 상냥하다, 친절하다 | ~ている 하고 있다 | ~だけじゃない ~뿐만 아니다 | アメリカ 미국 | 来る 오다 | 一緒に 함께, 같이 | 住む 살다 | 時々 가끔, 때때로 | 隣 옆, 이웃 | 町 마을 | 息子さん 아드님 | 家族 가족 | パーティー 파티 | とても 매우 | 楽しい 즐겁다

4ばん

**学校で男の学生と女の学生が話しています。男の学生は夏休みに何をしますか。**

女: 明日から夏休みですね。

男: はい、私は友達と旅行に行きます。

女: いいですね。海で泳ぎますか。

男: いいえ、海じゃなくて、ホテルにあるプールで遊びます。

女: すごいですね。

男: 林さんは何をしますか。

女: 私は友達とキャンプをします。海で泳いで、そのあとみんなでバーベキューをします。

**男の学生は夏休みに何をしますか。**

1

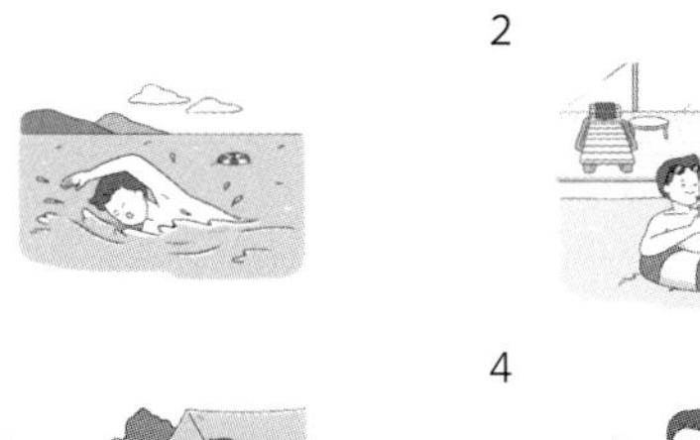

2

3

4

4번

**학교에서 남학생과 여학생이 이야기하고 있습니다. 남학생은 여름방학에 무엇을 합니까?**

여: 내일부터 여름방학이네요.

남: 네, 저는 친구와 여행을 갑니다.

여: 좋네요. 바다에서 수영합니까?

남: 아니요, 바다가 아니라 호텔에 있는 수영장에서 놉니다.

여: 대단하네요.

남: 하야시 씨는 무엇을 합니까?

여: 저는 친구와 캠핑을 합니다. 바다에서 수영하고, 그 후에 다같이 바비큐를 합니다.

**남학생은 여름방학에 무엇을 합니까?**



**해설** ☆ 남자의 회화에 집중할 것! 남자는 여름 방학에 무엇을 하는지 묻는 문제이다. 남자의 일정을 묻고 있으므로 남자의 대답에 집중한다. 선택지 중에서 1번「海で泳ぎます(바다에서 수영합니다)」, 3번「キャンプをします(캠프를 합니다)」, 4번「バーベキューをします(바비큐를 합니다)」는 여자가 말한 내용이며, 남자는「ホテルにあるプールで遊びます(바다가 아니라 호텔에 있는 수영장에서 놉니다)」라고 했으므로 2번이 정답이다.

**어휘** 明日 내일 | 夏休み 여름방학 | 友達 친구 | 旅行 여행 | 海 바다 | 泳ぐ 헤엄치다 | ～じゃなくて ~이 아니라 | ホテル 호텔 | プール 수영장 | 遊ぶ 놀다 | すごい 대단하다 | 何 무엇 | キャップ 캠핑 | バーベキュー 바비큐

5ばん

**大学の図書館で先生と男の学生が話しています。男の学生は何時間図書館にいますか。**

女:ソンさん、一生懸命勉強していますね。何時から勉強していますか。

男:2時に図書館に来て、勉強を始めました。え、今何時ですか。

女:もう、6時ですよ。

男:ええ、もうそんな時間ですか。この図書館は、何時までですか。

女:8時までです。

**男の学生は何時間図書館にいますか。**

1　2じかん

2　4じかん

3　6じかん

4　8じかん

5번

**대학교 도서관에서 선생님과 남학생이 이야기하고 있습니다. 남학생은 몇시간 도서관에 있습니까?**

여: 송 씨, 열심히 공부하고 있네요. 몇 시부터 공부하고 있습니까?

남: 2시에 도서관에 와서 공부를 시작했습니다. 지금 몇 시입니까?

여: 벌써 6시예요.

남: 아, 벌써 시간이 그렇게 되었네요. 이 도서관은 몇 시까지입니까?

여: 8시까지입니다.

**남학생은 몇 시간 도서관에 있습니까?**

1　2시간

2　4시간

3　6시간

4　8시간

해설　✻ 몇 시에 도서관에 왔고 현재 몇 시인지 체크! 남학생은 몇 시간 도서관에 있는지 묻는 문제이다. 문제에서 남자가 「2時に図書館に来て…(2시에 도서관에 와서…)」라고 했고 여자가 「もう、6時ですよ(벌써 6시예요)」라고 했기 때문에 4시간 경과했다는 것을 알 수 있다. 따라서 2번이 정답이다.

어휘　一生懸命 열심히 ‖ 勉強 공부 ‖ ~ている ~하고 있다 ‖ 何時 몇 시 ‖ 図書館 도서관 ‖ 来る 오다 ‖ 始める 시작하다

6ばん

**男の人と女の人が話しています。女の人は昨日どこへ行きましたか。**

男: 高木さん、昨日の昼、美術館に行きましたか。

女: いいえ。行っていません。

男: あれ、そうですか。

女: 昨日は父と母とレストランでご飯を食べて、家に帰りました。

男: そうですか。昨日デパートを出て、駅に行く時に美術館の前にいた人が高木さんだと思いましたが、違う人ですね。

女: そうですね。

**女の人は昨日どこへ行きましたか。**

1 びじゅつかん
2 レストラン
3 デパート
4 えき

6번

**남자와 여자가 이야기하고 있습니다. 여자는 어제 어디에 갔었습니까?**

남: 다카기 씨, 어제 낮에 미술관에 갔었나요?

여: 아니요, 안 갔어요.

남: 어라, 그렇군요.

여: 어제는 아빠, 엄마와 레스토랑에서 밥을 먹고 집에 돌아왔어요.

남: 그렇군요. 어제 백화점을 나와서 역으로 갈 때에 미술관 앞에 있던 사람이 다카기 씨라고 생각했는데, 다른 사람이었네요.

여: 그렇네요.

**여자는 어제 어디에 갔습니까?**

1 미술관
2 레스토랑
3 백화점
4 역

PART 4 청해

**해설** ✻ 여자의 말에 집중! 여자는 어제 어디에 갔는지 묻는 문제이다. 여자가 간 곳이므로 여자의 말에 집중해야 한다. 보기에 있는 장소들이 대화에서 등장하는데, 레스토랑을 제외하고는 남자가 언급한 장소이다. 또한 여자는 「昨日は父と母とレストランでご飯を食べて家に帰りました(어제는 아빠, 엄마와 레스토랑에서 밥을 먹고 집에 돌아왔습니다)」라고 직접적으로 언급했기 때문에 2번이 정답이다.

**어휘** 昨日 어제 | 昼 낮 | 行く 가다 | 父 아빠 | 母 엄마 | レストラン 레스토랑 | ご飯 밥 | 食べる 먹다 | 家 집 | 帰る 돌아가(오)다 | デパート 백화점 | 出る 나가다 | 駅 역 | 時 ~때 | 美術館 미술관 | 前 앞 | 思う 생각하다 | 違う 다르다, 틀리다

もんだい3 발화표현 07

**もんだい3では、えを　みながら　しつもんを　きいて　ください。➡(やじるし)の　ひとは　なんと　いいますか。1から3の　なかから、いちばん　いい　ものを　ひとつ　えらんで　ください。**

문제 3

**문제 3에서는 그림을 보면서 질문을 들으세요. ➡(화살표)가 가리킨 사람은 뭐라고 말합니까? 1에서 3 중에서 가장 알맞은 것을 하나 고르세요.**

1ばん

女: デパートで靴売り場に行きたいです。何といいますか。

男: 1　あのう、靴売り場に行きましたか。

2　あのう、靴売り場はどこですか。

3　あのう、靴売り場はどうですか。

1번

여: 백화점에서 신발 매장에 가고 싶습니다. 뭐라고 말합니까?

남: 1　저, 신발 매장에 갔었습니까?

2　저, 신발 매장은 어디입니까?

3　저, 신발 매장은 어떻습니까?

해설　★ 위치를 물을 때 사용하는 どこ(어디)!　신발 매장의 위치를 물을 때의 표현을 묻는 문제이다. 위치를 묻는 의문사는 どこ(어디), どちら(어느 쪽)이 있다. 1번은 과거 시제가 사용되었으므로 오답이고, 3번의 どうですか(어떻습니까?)는 의향을 묻는 표현으로 오답이다. 따라서 위치를 묻는 2번이 정답이다.

어휘　デパート 백화점 | 靴 신발 | 売り場 매장 | 行く 가다 | ～たい ~하고 싶다 | どこ 어디 | どう 어떻다

2ばん

男: 今日の会議が始まる時間を知りたいです。何といいますか。

女: 1　会議をする時間がありますか。

2　会議は何時までですか。

3　会議は何時からですか。

2번

남: 오늘 회의가 시작하는 시간을 알고 싶습니다. 뭐라고 말합니까?

여: 1　회의를 할 시간이 있습니까?

2　회의는 몇 시까지 입니까?

3　회의는 몇 시부터 입니까?

해설　★ 시작을 묻는 から(부터)!　회의가 언제 시작하는지 묻는 표현을 찾는 문제이다. から(부터)와 まで(까지)는 같이 자주 등장하는 표현이므로 주의한다. 1번은 회의를 진행할 시간이 있는지를 묻는 표현이고, 2번은 회의가 언제 끝나는지 묻는 표현이다. 따라서 범위의 시작을 나타내는 から(~부터)가 있는 3번이 정답이다.

어휘　今日 오늘 | 会議 회의 | 始まる 시작되다 | 時間 시간 | 知る 알다 | ～たい ~하고 싶다 | 何時 몇 시 | まで ~까지 | から ~부터

3ばん

女: 宿題を家に置いてきました。何といいますか。

男: 1　すみません、宿題を置きますか？

2　すみません、宿題を忘れました。

3　すみません、宿題を家でしました。

3번

여: 숙제를 집에 두고 왔습니다. 뭐라고 말합니까?

남: 1　죄송합니다. 숙제를 둡니까?

2　죄송합니다. 숙제를 깜빡 잊었습니다.

3　죄송합니다. 숙제를 집에서 했습니다.

**해설** ★ 忘れる(깜빡 잊고 오다)에 주의! 숙제를 집에 두고 왔을 때 선생님에게 말할 수 있는 표현으로 적절한 것을 고르는 문제이다. 1번은 질문의 置いて(두고)만 들었을 때 고르기 쉬운 오답이고, 3번도 마찬가지로 家(집)만 들었을 때 고르기 쉬운 오답이다. 문제와 동일한 단어가 나왔다고 해서 바로 정답으로 연결하는 것은 위험하다. 忘れる(잊다)는 '분실하다'는 의미가 아닌 '깜빡 잊고 오다'의 의미로 사용되기 때문에 2번이 정답이다.

**어휘** 宿題 숙제 | 家 집 | 置く 두다 | ～てくる ~해 오다 | すみません 죄송합니다 | 忘れる 깜빡 잊다



4ばん

男: 田中君がいません。何といいますか。

女: 1　田中君、いましたか。

2　田中君、探しましたか。

3　田中君、行きましょうか。

4번

남: 다나카 군이 없습니다. 뭐라고 말합니까?

여: 1　다나카 군, 있었습니까?

2　다나카 군, 찾았습니까?

3　다나카 군, 갈까요?

**해설** ★ 간접 표현에 주의! 다나카 군이 없을 때 어디 있는지 묻는 표현으로 적절한 것을 찾는 문제이다. 직접적으로 どこ(어디)라는 의문사를 사용할 수도 있지만, いましたか(있었습니까?)라고 물어볼 수 있다. 2번은 다나카 군을 찾았는지 묻는 문제이고, 3번은 다나카 군에게 가자고 권유할 때 사용하는 문장이다. 따라서 1번이 정답이다.

**어휘** 知る 알다 | 探す 찾다 | 行く 가다 | ～ましょうか ~할까요?

5ばん

男: 先生の部屋の中に入ります。何といいますか。

女: 1 しつれいします。

2 いただきます。

3 おかえりなさい。

5번

남: 선생님 방 안에 들어갑니다. 뭐라고 말합니까?

여: 1 실례하겠습니다.

2 잘 먹겠습니다.

3 어서 오세요.

해설 ★방문할 때 사용하는 인사말 체크! 선생님 방 안에 들어갈 때의 인사 표현을 묻는 문제이다. 2번은 음식을 먹기 전에 하는 인사말이며 3번은 외출해서 돌아오는 사람에게 하는 인사 표현이다. 따라서 방문할 때의 인사 표현은 1번 しつれいします(실례합니다)가 정답이다.

어휘 先生 선생님 | 部屋 방 | 中 안 | 入る 들어가(오)다 | しつれいします 실례합니다 | 帰る 돌아오(가)다 | ~なさい ~하세요

もんだい4 즉시응답 08

**もんだい 4 では、えなどが ありません。ぶんを きいて、1 から 3のなかから、いちばん いい ものを ひとつ えらんで ください。**

1ばん

女: 今日は何で学校に来ましたか。

男: 1 友だちとふたりで来ました。

2 地下鉄に乗って来ました。

3 勉強をしに来ました。

문제4

**문제4에서는 그림 등이 없습니다. 문장을 듣고, 1에서 3 중에서 가장 알맞은 것을 하나 고르세요.**

1번

여: 오늘은 무엇으로 학교에 왔습니까?

남: 1 친구와 둘이서 왔습니다.

2 지하철을 타고 왔습니다.

3 공부를 하러 왔습니다.

해설 ★탈 것의 수단 なにで(무엇으로)에 주의! 학교에 어떻게 오는지 묻고 있다. 조사 で(으로)는 수단을 나타내기 때문에 バス(버스), 地下鉄(지하철) 혹은 歩いて(걸어서) 등이 정답으로 올 수 있다. 1번은 누구와 함께 왔는지 물었을 때 적합한 대답이고, 3번은 학교를 오는 목적이므로 오답이다. 따라서 2번이 정답이다.

어휘 今日 오늘 | 何 무엇 | 学校 학교 | 来る 오다 | 友だち 친구 | ふたり 두 명 | 地下鉄 지하철 | ~に乗る ~을 타다 | 勉強 공부

2ばん

男: すみません、トイレはどこですか。

女: 1　いえ、大丈夫(だいじょうぶ)です。

2　あちらです。

3　さっき行(い)きました。

2번

남: 실례합니다. 화장실은 어디입니까?

여: 1　아뇨, 괜찮습니다.

2　저쪽입니다.

3　아까 갔습니다.

**해설** ✲ どこ(어디)에 주의! 화장실이 어디에 있는지 묻는 표현이다. 정확한 장소 혹은 「わかりません(모르겠습니다)」 등으로 대답할 수 있다. 1번은 화장실을 갈 것인지 물었을 때의 대답이고, 3번은 화장실을 다녀왔는지 물어봤을 때 적합한 대답이다. 따라서 あちら(저쪽)를 사용하여 방향을 나타낸 2번이 정답이다.

**어휘** トイレ 화장실 | どこ 어디 | 大丈夫(だいじょうぶ)だ 괜찮다 | あちら 저쪽, 저기 | さっき 아까, 조금 전 | 行(い)く 가다

3ばん

女: 週末(しゅうまつ)は何(なに)かしましたか。

男: 1　じゃあ、カラオケに行(い)きませんか。

2　ショッピングがしたいです。

3　ずっと家(いえ)にいました。

3번

여: 주말에는 무언가 했습니까?

남: 1　그럼 노래방에 가지 않겠습니까?

2　쇼핑이 하고 싶습니다.

3　계속 집에 있었습니다.

**해설** ✲ 何か(무언가)에 주의! 주말에 무언가 했는지 묻는 문제이다. 何か(무언가)로 물었기 때문에, 무엇을 했거나 혹은 안 했다고 답할 수 있다. 1번은 쇼핑을 같이 가자는 권유 표현이고, 2번은 쇼핑이 하고 싶다는 희망 표현으로 오답이다. 따라서 계속 집에 있었다고 하는 3번이 정답이다.

**어휘** 週末(しゅうまつ) 주말 | 何(なに) 무엇 | カラオケ 노래방 | 行(い)く 가다 | ~ませんか ~하지 않겠습니까? | ショッピング 쇼핑 | ~たい ~하고 싶다 | ずっと 계속 | 家(いえ) 집

4ばん

女: この部屋(へや)に入(はい)らないでください。

男: 1　失礼(しつれい)します。

2　ありがとうございます。

3　分(わ)かりました。

4번

여: 이 방에 들어가지 마세요.

남: 1　실례합니다.

2　감사합니다.

3　알겠습니다.

**해설** ✲ ないでください(하지 마세요)에 주의! 이 방에 들어가지 말라는 문장이다. ~ないでください(~하지 마세요)는 금지 표현으로 「わかりました(알겠습니다)」 혹은 「すみません。知りませんでした(죄송합니다. 몰랐습니다)」 등으로 대답할 수 있다. 1번은 방에 들어갈 때의 인사 표현이고, 2번은 감사 표현으로 오답이다. 따라서 3번이 정답이다.

**어휘** 部屋(へや) 방 | 入(はい)る 들어가(오)다 | ~ないでください ~하지 마세요 | 失礼(しつれい) 실례

5ばん

女: ジャンさんはもう起(お)きましたか。

男: 1 はい、今(いま)シャワーをあびています。

2 もう来(く)ると思(おも)います。

3 いえ、まだ寝(ね)ていません。

5번

여: 장 씨는 벌써 일어났습니까?

남: 1 네, 지금 샤워를 하고 있습니다.

2 이제 올 거라고 생각합니다.

3 아뇨, 아직 안 잡니다.

해설 * 부사 もう(이미, 벌써)에 주의! 벌써 일어났는지 말하고 있는 문장이다. もう는 상황에 따라 다양하게 해석될 수 있으나, 과거 시제의 문장에서는 '이미, 벌써'로 해석된다. 2번은 질문의 もう만 듣고 고를 수 있는 오답이고, 3번은 寝る(자다)만 들었을 때 고르기 쉬운 오답이다. 따라서 일어나서 샤워를 하고 있다는 1번이 정답이다.

어휘 もう 벌써, 이제 | 起(お)きる 일어나다 | 今(いま) 지금 | シャワーをあびる 샤워를 하다 | 来(く)る 오다 | 思(おも)う 생각하다 | まだ 아직 | 寝(ね)る 자다

6ばん

男: 中田(なかた)さん、今暇(いまひま)ですか。

女: 1 はい、どうしましたか。

2 ゲームをしたりテレビを見(み)たりします。

3 いいえ、そうじゃありません。

6번

남: 나카타 씨 지금 한가합니까?

여: 1 네, 무슨 일이세요?

2 게임을 하거나 TV를 보거나 합니다.

3 아니요, 그렇지 않습니다.

해설 * そうじゃありません(그렇지 않습니다) 함정에 주의! 지금 한가한지 묻고 있는 문장이다. 2번은 한가할 때 무엇을 하는지 묻는 경우의 대답이라 오답이며, 3번 いいえ、そうじゃありません(아니요, 그렇지 않습니다)의 경우는 진실인지 아닌지 진위여부를 묻는 질문에 대한 대답이므로 오답이다. 정답은 1번「はい、どうしましたか(네, 무슨 일이세요?)」이다.

어휘 今(いま) 지금 | 暇(ひま)だ 한가하다 | ゲーム 게임 | ~たり ~하거나 | 見(み)る 보다

MEMO

MEMO

MEMO

딱! 2주!

# 진짜 한 권으로 끝내는 JLPT N5

## 실전 모의테스트

딱! 2주!

# 진짜 한 권으로 끝내는 JLPT N5

황선아
히야마쇼타 지음

## 실전 모의테스트

## 목차

### 실전 모의테스트 1회



### 실전 모의테스트 2회

진짜 한 권으로 끝내는 JLPT N5

# 실전 모의 테스트 1회

- 1교시 언어지식(문자·어휘)
  언어지식(문법)·독해
- 2교시 청해

# 제1회 실전 모의테스트 배점표

## ■ 언어지식 (문자 • 어휘 • 문법)·독해

| 과목 | 문제유형 | 문항 X 배점 | 점수 |
|---|---|---|---|
| 문자 • 어휘 | 문제 1 한자읽기 | 12문 x 1점 | 12 |
| | 문제 2 표기 | 8문 x 1점 | 8 |
| | 문제 3 문맥규정 | 10문 x 1점 | 10 |
| | 문제 4 유의표현 | 5문 x 1점 | 5 |
| 문법 | 문제 1 문법형식 판단 | 16문 x 1점 | 16 |
| | 문제 2 문장만들기 | 5문 x 2점 | 10 |
| | 문제 3 글의 문법 | 5문 x 2점 | 10 |
| 독해 | 문제 4 내용이해(단문) | 3문 x 5점 | 15 |
| | 문제 5 내용이해(중문) | 2문 x 5점 | 10 |
| | 문제 6 정보검색 | 1문 x 6점 | 6 |
| 합계 | | | 102점 |

★득점환산법(120점 만점): [득점 ] ÷ 102 x 120 = [ ]점

## ■ 청해

| 과목 | 문제유형 | 문항 X 배점 | 점수 |
|---|---|---|---|
| 문자 • 어휘 | 문제 1 과제이해 | 7문 x 3점 | 21 |
| | 문제 2 포인트이해 | 6문 x 3점 | 18 |
| | 문제 3 발화표현 | 5문 x 2점 | 10 |
| | 문제 4 즉시응답 | 6문 x 2점 | 12 |
| 합계 | | | 61점 |

★득점환산법(60점 만점): [득점 ] ÷ 61 x 60 = [ ]점

※위의 배점표는 시원스쿨에서 작성한 것이며, 실제 시험과는 약간의 오차가 생길 수 있습니다.

# N5

# げんごちしき (もじ・ごい)

# (20ぷん)

## ちゅうい
Notes

1. しけんが　はじまるまで、この　もんだいようしを　あけないで　ください。
   Do not open this question booklet until the test begins.
2. この　もんだいようしを　もって　かえる　ことは　できません。
   Do not take this question booklet with you after the test.
3. じゅけんばんごうと　なまえを　したの　らんに、じゅけんひょうと　おなじように　かいて　ください。
   Write your examinee registration number and name clearly in each box below as written on your test voucher.
4. この　もんだいようしは、　ぜんぶで　8ページ　あります。
   This question booklet has 8 pages.
5. もんだいには　かいとうばんごうの　[1]、[2]、[3]…が　ついて　います。かいとうは、かいとうようしに　ある　おなじ　ばんごうの　ところに　マークして　ください。
   One of the row numbers [1], [2], [3] … is given for each question. Mark your answer in the same row of the answer sheet.

| じゅけんばんごう　Examinee Registration Number | |
|---|---|

| なまえ　Name | |
|---|---|

**もんだい１　＿＿＿の　ことばは　ひらがなで　どう　かきますか。**
**１・２・３・４から　いちばん　いい　ものを　ひとつ　えらんで　ください。**

（れい）　かばんは　つくえの　下に　あります。
1　ちた　　2　した　　3　ちだ　　4　しだ

(かいとうようし)　

1　ちちは　青い　ネクタイを　しめて　います。
1　あかい　　2　あおい　　3　しろい　　4　くろい

2　おとうとは　自転車で　がっこうに　いきます。
1　くるま　　2　じどうしゃ　　3　じてんしゃ　　4　ひこうき

3　はこの　中には　ふるい　ほんや　ノートなどが　あります。
1　なか　　2　うえ　　3　そと　　4　よこ

4　らいしゅうの　土よう日には　えいごの　テストが　あります。
1　かようび　　2　すいようび　　3　どようび　　4　にちようび

5　れいぞうこに　ぎゅうにゅうを　入れて　ください。
1　わすれて　　2　はれて　　3　うまれて　　4　いれて

6　とりが　空を　とんで　います。
1　そら　　2　つき　　3　くも　　4　かわ

7 この　もんだいは　ぜんぜん　易しく　ありません。

1　すずしく　　2　ほしく　　3　やさしく　　4　かなしく

8 せんせいに　おくる　てがみを　にほんごで　書きました。

1　いきました　　2　ききました　　3　つきました　　4　かきました

9 きのうは　くすりを　飲んで　はやく　ねました。

1　のんで　　2　やすんで　　3　よんで　　4　たのんで

10 こうえんの　入り口は　どこですか。

1　かりぐち　　2　のりぐち　　3　はいりぐち　　4　いりぐち

11 この　きれいな　かびんは　六百円です。

1　ろくびゃくえん　2　ろくぴゃくえん　3　ろっびゃくえん　4　ろっぴゃくえん

12 天気が　いいから　さんぽしましょう。

1　けんき　　2　げんき　　3　でんき　　4　てんき

もんだい２　＿＿＿の　ことばは　どう　かきますか。
１・２・３・４から　いちばん　いいものを　ひとつ　えらんで　ください。

（れい）　わたしの　へやには　ほんが　おおいです。
1　山　　2　川　　3　花　　4　本

（かいとうようし）　| (例) | ①　②　③　● |

**13**　わたしは　まいあさ　しんぶんを　よんで　います。
1　新問　　2　新聞　　3　新門　　4　新間

**14**　こんげつは　しごとが　いそがしく　ありませんでした。
1　昨日　　2　今日　　3　先月　　4　今月

**15**　きのうから　あたまが　いたくて　かいしゃを　やすみました。
1　口　　2　足　　3　頭　　4　耳

**16**　あめが　ふって　いたので　ともだちに　かさを　かりました。
1　桜　　2　傘　　3　木　　4　秋

**17**　やまださんと　わたしの　コートは　おなじです。
1　同じ　　2　回じ　　3　円じ　　4　筒じ

**18**　いもうとは　うたうのが　すきです。
1　習う　　2　払う　　3　歌う　　4　使う

**19** トイレは　みせの　そとに　あります。

1　左　　2　右　　3　外　　4　隣

**20** パーティーは　1月（いちがつ）　ここのかです。

1　四日　　2　六日　　3　八日　　4　九日

もんだい３（　　　　　）に　なにが　はいりますか。

１・２・３・４から　いちばん　いい　ものを　ひとつ　えらんで　ください。

（れい）　あそこで　バスに　（　　　）。

1　あがりました　　　　2　のりました

3　つきました　　　　4　はいりました

（かいとうようし）

| (例)[れい] | ①　●　③　④ |
|---|---|

**21**　わたしの　へやは　いもうとの　へやより　（　　　　　）です。

1　うすい　　2　ふとい　　3　おもい　　4　ひろい

**22**　くつを　（　　　　　）　はいって　ください。

1　きて　　2　ぬいで　　3　つけて　　4　かけて

**23**　あの　みせの　ひとは　とても　（　　　　　）です。

1　しんせつ　　2　いろいろ　　3　けっこう　　4　だいじょうぶ

**24**　わたしの　へやの　（　　　　　）から　ふじさんが　みえます。

1　ばしょ　　2　ろうか　　3　かべ　　4　まど

**25**　（　　　　　）が　たくさん　はいった　りょうりは　すきでは　ありません。

1　さら　　2　しお　　3　はし　　4　おなか

26　きのう　みた　えいがは　とても　（　　　　　）。

1　つまらなかった　2　しろかった　3　かるかった　4　ひろかった

27　わたしの　むすめは　3（　　　　　）です。

1　とし　2　ねん　3　さい　4　さつ

28　まいばん　（　　　　　）を　みがいてから　ねましょう。

1　せ　2　かみ　3　のど　4　は

29　まだ　クラスの　ともだちの　なまえを　（　　　　　）　いないです。

1　おぼえて　2　ならって　3　うけて　4　ふいて

30　この　はしを　（　　　　　）　いきましょう。

1　のって　2　まがって　3　わたって　4　おりて

もんだい4 ＿＿＿＿のぶんと だいたい おなじ いみの ぶんが あります。
1・2・3・4から いちばん いい ものを ひとつ えらんで ください。

(れい) けさ しゅくだいを しました。
1 おとといの あさ しゅくだいを しました。
2 おとといの よる しゅくだいを しました。
3 きょうの あさ しゅくだいを しました。
4 きょうの よる しゅくだいを しました。

(かいとうようし) 

| (例) | ① ② ● ④ |
|---|---|

31 ぼうしを かぶって いる ひとが わたしの そふです。
1 ぼうしを かぶって いる ひとが ちちの ちちです。
2 ぼうしを かぶって いる ひとが ちちの ははです。
3 ぼうしを かぶって いる ひとが ちちの あにです。
4 ぼうしを かぶって いる ひとが ちちの あねです。

32 この のみものは ぬるいです。
1 この のみものは つめたいです。
2 この のみものは おいしいです。
3 この のみものは つめたく ありません。
4 この のみものは おいしく ありません。

33 あねは うわぎを きて います。
1 あねは コートを きて います。
2 あねは とけいを きて います。
3 あねは ネックレスを きて います。
4 あねは ズボンを きて います。

**34** わたしの　おとうとは　ちゅうがっこうで　はたらいて　います。

1　わたしの　おとうとは　てんちょうです。

2　わたしの　おとうとは　せいとです。

3　わたしの　おとうとは　けいさつです。

4　わたしの　おとうとは　きょうしです。

**35** うんどうを　する　ひとが　おおいです。

1　うたを　うたう　ひとが　おおいです。

2　べんきょうを　する　ひとが　おおいです。

3　ジョギングを　する　ひとが　おおいです。

4　アルバイトを　する　ひとが　おおいです。

# N5

# 言語知識（文法）・読解

# （40ぷん）

## 注　意

Notes

1. 試験が始まるまで、この問題用紙をあけないでください。
   Do not open this question booklet until the test begins.
2. この問題用紙を持って帰ることはできません。
   Do not take this question booklet with you after the test.
3. 受験番号となまえをしたの欄に、受験票と同じようにかいてください。
   Write your examinee registration number and name clearly in each box below as written on your test voucher.
4. この問題用紙は、全部で15ページあります。
   This question booklet has 15 pages.
5. 問題には解答番号の[1]、[2]、[3]…があります。
   回答は、解答用紙にあるおなじ番号のところにマークしてください。
   One of the row numbers [1], [2], [3] … is given for each question. Mark your answer in the same row of the answer sheet.

| 受験番号　Examinee Registration Number | |
|---|---|

| なまえ　Name | |
|---|---|

1
회

もんだい１（　　　　　）に　何(なに)を　入(い)れますか。
１・２・３・４から　いちばん　いい　ものを　一(ひと)つ　えらんで　ください。

（れい）　これ（　　　　　）ざっしです。
１　に　　２　を　　３　は　　４　や

（かいとうようし）

| (例(れい)) | ①　②　●　④ |
|---|---|

**1**　私(わたし)の　ゆめ　（　　　　　）　学校(がっこう)の　先生(せんせい)に　なる　ことです。
１　に　　２　は　　３　を　　４　で

**2**　アメリカに　いる　友(とも)だち　（　　　　　）　手紙(てがみ)を　おくります。
１　と　　２　を　　３　や　　４　に

**3**　つくえの　上(うえ)には　本(ほん)や　ざっし　（　　　　　）が　あります。
１　と　　２　など　　３　を　　４　や

**4**　あの　みせは　水曜日(すいようび)から　日曜日(にちようび)　（　　　　　）　やすみます。
１　に　　２　と　　３　まで　　４　を

**5**　りんごと　ぶどう　（　　　　　）　どちらが　安(やす)いですか。
１　も　　２　や　　３　を　　４　と

**6**　私(わたし)の　弟(おとうと)は　２年前(ねんまえ)　（　　　　　）　高校(こうこう)を　そつぎょうしました。
１　に　　２　へ　　３　の　　４　が

**7** かぜ（　　　　）ひかないように　気を　つけましょう。

1　に　　2　が　　3　も　　4　を

**8** これは　海（　　　　）　とった　しゃしんです。

1　も　　2　が　　3　で　　4　に

**9** まだ　時間が　ありますから、（　　　　）話して　ください。

1　だんだん　　2　ちょうど　　3　まえに　　4　ゆっくり

**10** A「よく　山に　のぼりますか。」

B「はい、ときどき（　　　　）。」

1　妹と　のぼります　　2　妹だけ　のぼります

3　妹が　のぼります　　4　妹しか　のぼりません

**11** 駅から　会社まで（　　　　）　かかりますか。

1　いつ　　2　どうやって　　3　どのくらい　　4　いくつ

**12** (店で)

中村　「このズボン、(　　　　)　みても　いいですか。」

店の人「はい、どうぞ。」

1　はき　　2　はく　　3　はいた　　4　はいて

**13** 彼は　毎朝　図書館で　勉強する（　　　　）人です。

1　まじめ　　2　まじめに　　3　まじめな　　4　まじめだ

**14** 南(みなみ)「土曜日(どようび)の　コンサート、いっしょに　(　　　　　)。」
林(はやし)「あ、行(い)きたいです。」

1　行(い)きませんか　　2　行(い)きませんでしたか
3　行(い)って　いますか　　4　行(い)って　いましたか

**15** (デパートで)
店(みせ)の人(ひと)「この　あかい　ネクタイは　(　　　　　)ですか。」
山下(やました)　「いいですね。」

1　いかが　　2　お元気(げんき)　　3　ごちそう　　4　おねがい

**16** きれいな　シャツが　たくさん　ありましたが、　とても　高(たか)くて　一枚(いちまい)も　(　　　　　)。

1　かいました　　2　かいませんでした
3　かいましょう　　4　かいたいです

**もんだい2　＿★＿に　入る　ものは　どれですか。**
**1・2・3・4から　いちばん　いい　ものを　一つ　えらんで　ください。**

(もんだいれい)

あの ＿＿＿ ＿＿＿ ＿★＿ ＿＿＿ ですか。

1　くるま　　2　の　　3　だれ　　4　は

(こたえかた)

1. ただしい　文を　つくります。

あの ＿＿＿ ＿＿＿ ＿★＿ ＿＿＿ ですか。
1 くるま　4 は　3 だれ　2 の

2. ＿★＿に　入る　ばんごうを　くろく　ぬります。

(かいとうようし)

| れい | ①　②　●　④ |
|---|---|

17　私は　じぶん　＿＿＿ ＿★＿ ＿＿＿ ＿＿＿　います。

1　で　　2　を　　3　お弁当　　4　つくって

18　この　ケーキは　＿＿＿ ＿＿＿ ＿★＿ ＿＿＿　食べて　ください。

1　に　　2　と　　3　いっしょ　　4　こうちゃ

19 のど ＿＿＿ ＿＿＿ ＿★＿ ＿＿＿ を 買(か)いました。

1 かわいて　2 コンビニで　3 飲(の)み物(もの)　4 が

20 魚(さかな)の 料理(りょうり)は ＿＿＿ ＿★＿ ＿＿＿ ＿＿＿、あの みせの さしみは おいしいです。

1 あまり　2 好(す)きでは　3 が　4 ありません

21 映画館(えいがかん)に ＿＿＿ ＿＿＿ ＿★＿ ＿＿＿ チケットを 出(だ)して ください。

1 いりぐちで　2 入(はい)る　3 に　4 前(まえ)

**もんだい３ 22 から 26 に 何を 入れますか。ぶんしょうの いみを かんがえて １・２・３・４から いちばん いいものを 一つ えらんで ください。**

森さんと 前田さんは 「アルバイト」の さくぶんを 書いて、 クラスの みんなの 前で 読みました。

(1) 森さんの さくぶん

> 私は 本やで アルバイトを 22 。始めてから 3週間に なりました。はじめは お客さんが ほしい 本が どこに あるのか わからなくて 困りました。また ねだんも ぜんぜん 違うので 大変でした。 23 、今では 休み時間に 本も 読めるし、一緒に 働く 人と 本の 話が できる 24 たのしいです。 だから、 私は 今の 仕事が 好きです。

(2) 前田さんの さくぶん

> 私は 昔から 花が 好きだったので 花やで 25 。それで、高校を 卒業してから すぐに 花やで 働きました。花は ふつう 花を あげる 人が それを もらう 人のことを 考えて 買うので、買う時の 気持ちが 私にも 伝わります。 私は 友だちの 誕生日には 必ず 花を 26 。 そのぐらい 花が 好きです。

22

1　しました　　2　しませんでした

3　して　います　　4　して　いませんでした

23

1　それで　　2　でも　　3　だから　　4　また

24

1　のに　　2　ので　　3　しか　　4　だけ

25

1　働(はたら)きたいです　　2　働(はたら)きたく　ありません

3　働(はたら)きたかったです　　4　働(はたら)きたく　ありませんでした

26

1　おきます　　2　しまいます　　3　あげます　　4　なります

**もんだい4　つぎの　(1)から　(3)の　ぶんしょうを　読(よ)んで、しつもんに　こたえて　ください。こたえは、　1・2・3・4から　いちばん　いい　ものを　一(ひと)つ　えらんで　ください。**

(1)

きのうは　ざんねんな　日(ひ)でした。わたしは　誕生日(たんじょうび)に　彼女(かのじょ)が　くれた　時計(とけい)を　いつも　して　います。でも、昨日(きのう)　その　時計(とけい)を　なくしました。わたしは　彼女(かのじょ)に　「ごめんなさい」と　言(い)いました。彼女(かのじょ)は「大丈夫(だいじょうぶ)」と言(い)いましたが、かなしい顔(かお)を　して　いました。

27　どうして　ざんねんな　日(ひ)でしたか。

1　きのうは　誕生日(たんじょうび)を　忘(わす)れたから
2　彼女(かのじょ)が　時計(とけい)を　くれたから
3　彼女(かのじょ)が　くれた　時計(とけい)を　なくしたから
4　彼女(かのじょ)に　「ごめんなさい」と　言(い)ったから

(2)

これは　まきさんが　友(とも)だちの　キャシーさんに　送(おく)った　メールです。

> キャシーさんへ
>
> お元気(げんき)ですか？　日本(にほん)は　もう　春(はる)です。さくらが　とても　きれいです。今日(きょう)学校(がっこう)で　かおりさんが　「秋(あき)に　アメリカに　行(い)きましょう。」と　言(い)いました。いっしょに　行(い)きますから、その時(とき)　会(あ)いましょう。
> このメールを　読(よ)んでから　連絡(れんらく)して　ください。
> 待(ま)って　います。
>
> まき

**28**　まきさんは　どうして　キャシーさんに　メールを　送(おく)りましたか。

1　春(はる)に　日本(にほん)で　キャシーさんと　学校(がっこう)に　行(い)きたいから
2　春(はる)に　アメリカで　キャシーさんに　会(あ)いたいから
3　秋(あき)に　日本(にほん)で　キャシーさんと　学校(がっこう)に　行(い)きたいから
4　秋(あき)に　アメリカで　キャシーさんに　会(あ)いたいから

(3)

わたしには　いちばん　好きな　女の子の　友だちが　います。その　子は　かみが　短いです。スポーツが　好きで、　せが　とても　たかいです。いつも　ズボンを　はいて　います。学校では　いつも　いっしょに　います。

29　「わたし」の　友だちは　どれですか。

1

2

3

4

**もんだい５　つぎの　ぶんしょうを　読んで、しつもんに　こたえて　ください。こたえは、１・２・３・４から、いちばん　いい　ものを　一つ　えらんで　ください。**

これは　アリさんが　書いた　さくぶんです。

わたしが　好きな　日本

アリ

　わたしは　アニメを　見て　日本を　しりました。5年前に　はじめて　日本の　いろいろな　まちに　旅行を　しましたが、　料理が　おいしくて　びっくりしました。それで　日本で　日本語や　日本の　料理を　勉強したいと　思いました。

　わたしは　留学が　したいですから　いっしょうけんめい　アルバイトを　しました。レストランで　ちゅうもんを　きいたり　料理を　持って　行ったり　しました。とても　たいへんでしたが、お金を　ためて　日本に　去年　来ました。

　今　2年　住んで　いますが、日本は　やっぱり　とても　たのしい　国です。わたしは　もっと　日本語を　勉強して、　はやく　日本の　レストランで　料理が　勉強したいです。そして　いつか　国に　帰って　日本料理の　レストランが　作りたいです。

30　「わたし」は　日本の　何が　好きですか。

1　アニメ

2　まち

3　料理

4　日本語

31　「わたし」は　国に　帰って　何が　したいですか。

1　日本料理を　日本語で　勉強したい。

2　日本料理を　国の　人に　おしえたい。

3　日本料理の　レストランが　作りたい。

4　日本料理の　レストランで　はたらきたい。

**もんだい6　右の　ページを　見て、下の　しつもんに　こたえて　ください。こたえは、1・2・3・4から、いちばん　いい　ものを　一つ　えらんで　ください。**

32　リンダさんは　ランチを　ちゅうもん　します。1,500円より　やすい　メニューが　いいです。リンダさんは　魚が　好きで　トマトが　きらいです。何を　ちゅうもん　しますか。

1　Aランチ

2　Bランチ

3　Cランチ

4　Dランチ

# ランチメニュー

| Aランチ 900円（えん） | Bランチ 1,200円（えん） |
| --- | --- |
| ・トマトサラダ<br>・スープ<br>・さかなの　グリル<br>・ライス<br>・デザート | ・トマトサラダ　または　ポテトサラダ<br>・スープ<br>・ぎゅうにくの　ハンバーグ<br>・ライス　または　パン<br>・デザート |
| **Cランチ 1,400円（えん）** | **Dランチ 1,600円（えん）** |
| ・トマトサラダ　または　ポテトサラダ<br>・スープ<br>・さかなの　さしみ<br>・ライス<br>・デザート<br>・ドリンク | ・ポテトサラダ<br>・スープ<br>・ぎゅうにくの　ステーキ<br>・パスタ<br>・デザート<br>・ドリンク |

Listening

問題用紙

# 聴解

# (30分)

## 注　意

Notes

1. 試験が始まるまで、この問題用紙を開けないでください。
   Do not open this question booklet until the test begins.
2. この問題用紙を持って帰ることはできません。
   Do not take this question booklet with you after the test.
3. 受験番号と名前を下の欄に、受験票と同じように書いてください。
   Write your examinee registration number and name clearly in each box below as written on your test voucher.
4. この問題用紙は、全部で14ページあります。
   This question booklet has 14 pages.
5. この問題用紙にメモをとってもいいです。
   You may make notes in this question booklet.

| 受験番号　Examinee Registration Number | |
|---|---|

| 名　前　Name | |
|---|---|

# もんだい1

もんだい１では、はじめに　しつもんを　きいて　ください。それから　はなしをきいて、もんだいようしの　１から４の　なかから、いちばん　いい　ものを　ひとつ　えらんで　ください。

## れい

1　びょういんへ　いく。
2　くすりを　のむ。
3　うちへ　かえる。
4　はやく　ねる。

## 1ばん

1

2

3

4

## 2ばん

1

2

3

4

## 3ばん

1

2

3

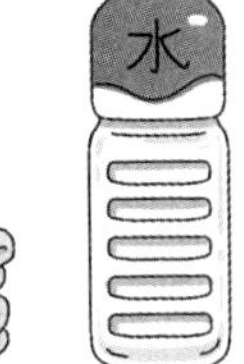


4

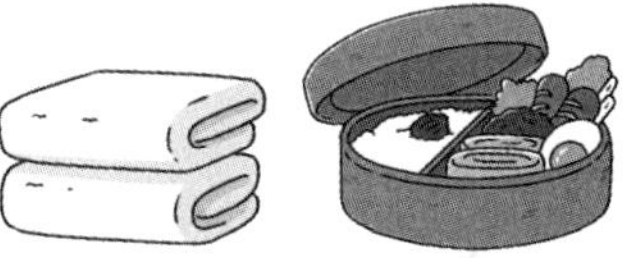

## 4ばん

1 つめたい　コーヒー

2 つめたい　おちゃ

3 あたたかい　コーヒー

4 あたたかい　おちゃ

## 5ばん

1　8じ　30ぷん

2　9じ

3　10じ　30ぷん

4　2じ

## 6ばん

1　ぎんこう

2　ゆうびんきょく

3　スーパー

4　カフェ

## 7ばん

1

2

3

4

# もんだい2

もんだい２では、はじめに　しつもんを　きいて　ください。それから　はなしを　きいて、もんだいようしの　１から４の　なかから、いちばん　いい　ものを　ひとつ　えらんで　ください。

## れい

1　げつようび

2　きんようび

3　どようび

4　にちようび

## 1ばん

1

2

3

4

## 2ばん

1 げつようび

2 すいようび

3 きんようび

4 どようび

## 3ばん

1

2

3

4

## 4ばん

1 2

3 4

## 5ばん

1　かれし

2　ともだち

3　おねえさん

4　いとうさん

## 6ばん

1

2

3

4

# もんだい3

もんだい３では、えを　みながら　しつもんを　きいて　ください。
➡(やじるし)の　ひとは　なんと　いいますか。１から　３の　なかから、いちばん　いい　ものを　ひとつ　えらんで　ください。

## れい

1
회

## 1ばん

## 2ばん

## 3ばん

## 4ばん

## 5ばん

# もんだい4

もんだい4では、えなどが　ありません。ぶんを　きいて、1 から 3の　なかから、いちばん　いい　ものを　ひとつ　えらんで　ください。

—メモ—

진짜 한 권으로 끝내는 JLPT N5

# 실전 모의 테스트 2회

- 1교시 언어지식(문자·어휘)
  언어지식(문법)·독해
- 2교시 청해

# 제2회 실전 모의테스트 배점표

■ 언어지식 (문자 • 어휘 • 문법)·독해

| 과목 | 문제유형 | 문항 X 배점 | 점수 |
|---|---|---|---|
| 문자 • 어휘 | 문제 1　한자읽기 | 12문 x 1점 | 12 |
| | 문제 2　표기 | 8문 x 1점 | 8 |
| | 문제 3　문맥규정 | 10문 x 1점 | 10 |
| | 문제 4　유의표현 | 5문 x 1점 | 5 |
| 문법 | 문제 1　문법형식 판단 | 16문 x 1점 | 16 |
| | 문제 2　문장만들기 | 5문 x 2점 | 10 |
| | 문제 3　글의 문법 | 5문 x 2점 | 10 |
| 독해 | 문제 4　내용이해(단문) | 3문 x 5점 | 15 |
| | 문제 5　내용이해(중문) | 2문 x 5점 | 10 |
| | 문제 6　정보검색 | 1문 x 6점 | 6 |
| 합계 | | | 102점 |

★득점환산법(120점 만점): [득점 ] ÷ 102 x 120 = [　　]점

■ 청해

| 과목 | 문제유형 | 문항 X 배점 | 점수 |
|---|---|---|---|
| 문자 • 어휘 | 문제 1　과제이해 | 7문 x 3점 | 21 |
| | 문제 2　포인트이해 | 6문 x 3점 | 18 |
| | 문제 3　발화표현 | 5문 x 2점 | 10 |
| | 문제 4　즉시응답 | 6문 x 2점 | 12 |
| 합계 | | | 61점 |

★득점환산법(60점 만점): [득점 ] ÷ 61 x 60 = [　　]점

※위의 배점표는 시원스쿨에서 작성한 것이며, 실제 시험과는 약간의 오차가 생길 수 있습니다.

# N5

# げんごちしき (もじ・ごい)

# (20ぷん)

## ちゅうい

Notes

1. しけんが　はじまるまで、この　もんだいようしを　あけないで　ください。
   Do not open this question booklet until the test begins.
2. この　もんだいようしを　もって　かえる　ことは　できません。
   Do not take this question booklet with you after the test.
3. じゅけんばんごうと　なまえを　したの　らんに、じゅけんひょうと　おなじように　かいて　ください。
   Write your examinee registration number and name clearly in each box below as written on your test voucher.
4. この　もんだいようしは、　ぜんぶで　8ページ　あります。
   This question booklet has 8 pages.
5. もんだいには　かいとうばんごうの　1、2、3…が　ついて　います。かいとうは、かいとうようしに　ある　おなじ　ばんごうの　ところに　マークして　ください。
   One of the row numbers 1, 2, 3 … is given for each question. Mark your answer in the same row of the answer sheet.

| じゅけんばんごう　Examinee Registration Number | |
|---|---|

| なまえ　Name | |
|---|---|

**もんだい1　＿＿＿の　ことばは　ひらがなで　どう　かきますか。**
**1・2・3・4から　いちばん　いい　ものを　ひとつ　えらんで　ください。**

2
회

(れい)　かばんは　つくえの　下に　あります。
1　ちた　　2　した　　3　ちだ　　4　しだ

(かいとうようし)

| (れい) | ①　●　③　④ |
|---|---|

1　ははは　本を　よんで　います。
1　はなし　　2　ほん　　3　き　　4　てがみ

2　木村(きむら)さんは　休みに　何(なに)を　する　つもりですか。
1　やすみ　　2　のみ　　3　すすみ　　4　こみ

3　わたしは　魚りょうりが　すきです。
1　にく　　2　とり　　3　さかな　　4　はな

4　あの　みせで　かった　あたらしい　かばんは　三万円です。
1　さんばんえん　　2　さんまんえん　　3　ざんばんえん　　4　ざんまんえん

5　山田(やまだ)さんは　白い　ふくを　かいました。
1　あかい　　2　あおい　　3　くろい　　4　しろい

6　ほんを　たなに　上げて　ください。
1　あげて　　2　さげて　　3　にげて　　4　みあげて

7　クラスに　おんなの　学生(がくせい)は　四人です。

1　よんにん　2　よにん　3　よんじん　4　よじん

8　いすの　下で　かわいい　ねこが　ねて　います。

1　みぎ　2　ひだり　3　うえ　4　した

9　えいごの　じゅぎょうは　午後　5じからです。

1　こぜん　2　ここ　3　ごぜん　4　ごご

10　わたしは　にほんの　いちばん　南に　ある　おきなわに　すんで　います。

1　ひがし　2　にし　3　みなみ　4　きた

11　この　スカートより　もっと　長い　スカートが　ほしいです。

1　たかい　2　やすい　3　ながい　4　みじかい

12　しゅうまつは　かぞくと　花見に　いきました。

1　はなび　2　はなみ　3　かび　4　かみ

**もんだい２　＿＿＿の　ことばは　どう　かきますか。**

**１・２・３・４から　いちばん　いい　ものを　ひとつ　えらんで　ください。**



（れい）　わたしの　へやには　はなが　おおいです。

1　山　　2　川　　3　本　　4　花

（かいとうようし）

| （れい） | ①　②　③　● |
|---|---|

13　前田（まえだ）さんの　かいしゃは　えきから　ちかいです。

1　会社　　2　会士　　3　合社　　4　合士

14　まいあさ　しゃわーを　あびます。

1　シャワー　　2　シャクー　　3　ツャワー　　4　ツャクー

15　わたしと　おとうとの　くつは　おなじです。

1　同じ　　2　回じ　　3　口じ　　4　古じ

16　ねる　まえ、おんがくを　ききます。

1　行きます　　2　書きます　　3　聞きます　　4　置きます

17　あしたは　サッカーしあいが　あります。

1　言合　　2　語合　　3　試合　　4　話合

18　バスより　でんしゃの　ほうが　はやいです。

1　雨車　　2　雲車　　3　電車　　4　雷車

19　こうえんは　えきの　ひがしがわに　あります。

1　東がわ　　2　西がわ　　3　南がわ　　4　北がわ

20　こんげつの　カレンダーを　かいました。

1　今週　　2　来週　　3　今月　　4　来月

**もんだい３（　　　　）に　なにが　はいりますか。**

**１・２・３・４から　いちばん　いい　ものを　ひとつ　えらんで　ください。**



（れい）　あそこで　バスに　（　　）。

1　あがりました　　2　のりました

3　つきました　　4　はいりました

（かいとうようし）

| （れい） | ①　●　③　④ |
|---|---|

21　これは　ははが　くれた　（　　　　）　ゆびわです。

1　しずかな　　2　たいせつな　　3　けっこうな　　4　じょうぶな

22　きのう　みた　えいがは　あまり　（　　　　）ありませんでした。

1　おいしく　　2　まずく　　3　おもしろく　　4　いそがしく

23　ぼうしを　（　　　　）いる　ひとが　わたしの　おとうとです。

1　きて　　2　しめて　　3　はいて　　4　かぶって

24　あたたかい（　　　　）が　のみたいです。

1　コーヒー　　2　コピー　　3　ねつ　　4　かぜ

25　山田（やまだ）さんは　きょねんまで　あそこの　ほんやに　（　　　　）。

1　とりました　　2　ならいました　　3　つとめました　　4　つくりました

26 あの　（　　　　）を　みぎに　まがって　ください。

1　かど　　2　まど　　3　みち　　4　まち

27 きょうかしょの　33　（　　　　）を　みて　ください。

1　キロ　　2　メートル　　3　ページ　　4　メール

28 （　　　　）ともだちと　としょかんで　べんきょうしました。

1　ゆうべ　　2　あした　　3　らいしゅう　　4　らいげつ

29 わたしは　（　　　　）ここに　きました。

1　だんだん　　2　たぶん　　3　はじめて　　4　ちょうど

30 この　まちは　じてんしゃを　かりる　ところが　あって　（　　　　）です。

1　べんり　　2　つまらない　　3　いろいろ　　4　じょうず

**もんだい4 ＿＿＿の ぶんと だいたい おなじ いみの ぶんが あります。**
**1・2・3・4から いちばん いい ものを ひとつ えらんで ください。**



(れい) けさ しゅくだいを しました。
1 おとといの あさ しゅくだいを しました。
2 おとといの よる しゅくだいを しました。
3 きょうの あさ しゅくだいを しました。
4 きょうの よる しゅくだいを しました。

(かいとうようし)

| (れい) | ① ② ● ④ |
|---|---|

31 わたしは しずかな まちに ひっこしました。
1 わたしは きれいではない まちに ひっこしました。
2 わたしは やすくない まちに ひっこしました。
3 わたしは ゆうめいではない まちに ひっこしました。
4 わたしは うるさくない まちに ひっこしました。

32 ゆうしょくは つくって たべます。
1 ゆうしょくは りょうりを して たべます。
2 ゆうしょくは かって たべます。
3 ゆうしょくは おかあさんが つくります。
4 ゆうしょくは ともだちと たべます。

33 あそこは　ゆうびんきょくです。

1　あそこで　スイカと　イチゴを　かいます。

2　あそこで　パンと　ぎゅうにゅうを　かいます。

3　あそこで　きってと　はがきを　かいます。

4　あそこで　ほんと　ざっしを　かいます。

34 わたしは　いぬと　あるく　ことが　すきです。

1　わたしは　いぬと　ねる　ことが　すきです。

2　わたしは　いぬと　さんぽする　ことが　すきです。

3　わたしは　いぬと　まがる　ことが　すきです。

4　わたしは　いぬと　はしる　ことが　すきです。

35 この　みせは　何時(なんじ)までですか。

1　この　みせは　何時(なんじ)に　やすみますか。

2　この　みせは　何時(なんじ)に　はじまりますか。

3　この　みせは　何時(なんじ)に　あけますか。

4　この　みせは　何時(なんじ)に　しまりますか。

# N5

# 言語知識（文法）・読解

# (40ぷん)

## 注　意

Notes

1. 試験が始まるまで、この問題用紙をあけないでください。
   Do not open this question booklet until the test begins.
2. この問題用紙を持って帰ることはできません。
   Do not take this question booklet with you after the test.
3. 受験番号となまえをしたの欄に、受験票と同じようにかいてください。
   Write your examinee registration number and name clearly in each box below as written on your test voucher.
4. この問題用紙は、全部で15ページあります。
   This question booklet has 15 pages.
5. 問題には解答番号の 1 、 2 、 3 … があります。
   回答は、解答用紙にあるおなじ番号のところにマークしてください。
   One of the row numbers 1 , 2 , 3 … is given for each question. Mark your answer in the same row of the answer sheet.

| 受験番号　Examinee Registration Number | |
|---|---|

| なまえ　Name | |
|---|---|

2
회

**もんだい１（　　　　）に　何(なに)を　入(い)れますか。**

**１・２・３・４から　いちばん　いい　ものを　一(ひと)つ　えらんで　ください。**

（れい）　これ(　　　)ざっしです。

１　に　　　２　を　　　３　は　　　４　や

（かいとうようし）

| （れい） | ①　②　●　④ |
|---|---|

**1**　彼(かれ)　（　　　　）　この　クラスの　学生(がくせい)です。

１　に　　　２　と　　　３　を　　　４　が

**2**　つくえの　下(した)　（　　　　）　かばんが　あります。

１　と　　　２　を　　　３　や　　　４　に

**3**　全部(ぜんぶ)　（　　　　）　いくらですか。

１　と　　　２　で　　　３　を　　　４　や

**4**　あおい　くつが　私(わたし)　（　　　　）です。

１　に　　　２　と　　　３　の　　　４　を

**5**　山田(やまだ)さんが　来(く)る　（　　　　）どうか　わかりません。

１　も　　　２　か　　　３　を　　　４　と

**6**　これは　「スイカ」（　　　　）いう　くだものです。

１　に　　　２　へ　　　３　の　　　４　と

7 妹は　二日前　（　　　　）　花やで　働いて　います。

1　から　　2　など　　3　まで　　4　には

8 かばんの　中には　本　（　　　　）　ありません。

1　だけ　　2　しか　　3　より　　4　ごろ

9 マイケルさんは　アメリカ人　（　　　　）　学生です。

1　で　　2　じゃ　　3　くて　　4　だった

10 (デパート)

山田　「あおい　ネクタイが　買いたいですが。」

店の人「こちらの　ネクタイは　（　　　　）　ですか。」

1　いくつ　　2　だれ　　3　いかが　　4　いつ

11 「いただきます」は　（　　　　）　いみですか。

1　どういう　　2　どうやって　　3　どのくらい　　4　いくつ

12 授業　（　　　　）　に　スマホを　使わないで　ください。

1　とき　　2　なか　　3　ちゅう　　4　あと

13 ご飯を　（　　　　）　前に　シャワーを　あびましょう。

1　たべ　　2　たべる　　3　たべて　　4　たべた

14 山田(やまだ)「前田(まえだ)さんは　何(なに)を　して　いますか。」
前田(まえだ)「宿題(しゅくだい)を　（　　　　　）」

1　しました　　　　2　して　います
3　しません　　　　4　しませんでした

15 A「ホラー映画(えいが)は　好(す)きですか。」
B「いいえ、ホラー映画(えいが)は　（　　　　　）」

1　もう、みました　　　　2　まだ、みませんでした
3　あまり　すきでは　ありません　　　　4　とても　すきです

16 すみません、ここで　すこし　（　　　　　）。

1　待(ま)ちましたか　　　　2　待(ま)つでしょう
3　待(ま)たないで　ください　　　　4　待(ま)って　ください

もんだい2　＿★＿に入る（はい）ものはどれですか。1・2・3・4から
いちばん　いいものをひとつえらんで　ください。

(もんだいれい)

あの ＿＿＿ ＿＿＿ ＿★＿ ＿＿＿ ですか。

1　くるま　　2　の　　3　だれ　　4　は

(こたえかた)

1. ただしい　文（ぶん）を　つくります。

あの ＿＿＿ ＿＿＿ ＿★＿ ＿＿＿ ですか。
1 くるま　4 は　3 だれ　2 の

2. ＿★＿に　入る（はい）　ばんごうを　くろく　ぬります。

（かいとうようし）

| れい | ①　②　●　④ |
|---|---|

17　むすこは ＿＿＿ ＿＿＿ ＿★＿ ＿＿＿ ありません。

1　きょうみ　　2　が　　3　に　　4　英語（えいご）

18　映画（えいが）が　始（はじ）まって ＿＿＿ ＿＿＿ ＿★＿ ＿＿＿ 行（い）く。

1　入（はい）って　　2　映画館（えいがかん）　　3　みんな　　4　に

19　すみません、＿＿＿ ＿＿＿ ＿★＿ ＿＿＿ が　入（はい）って　います。

1　か　　2　に　　3　ラーメン　　4　何（なに）

20 外国語を ＿＿＿ ＿★＿ ＿＿＿ ＿＿＿ います。

1 が　　2 勉強する　　3 ふえて　　4 人



21 私は ＿＿＿ ＿＿＿ ＿★＿ ＿＿＿ まだ 読んで いません。

1 本　　2 の　　3 彼　　4 を

もんだい３　[22] から　[26] に　何を　入れますか。ぶんしょうの　いみを　かんがえて　１・２・３・４から　いちばん　いいものを　ひとつ　えらんで　ください。

黒田さんと　松山さんは　「好きなところ」の　さくぶんを　書いて、　クラスの　みんなの　前で　読みました。

(1)　黒田さんの　さくぶん

> 私は　山が　好きです。子供の　ころは　[22]　好きでは　ありませんでしたが、毎週　父と　山に　登って　好きに　なりました。とても　大変ですが、ときどき　すずしい　風も　吹くので　気持ち　いいです。[23]、山で　食べる　くだものは　どれも　おいしいです。体にも　いい　運動に　なるので　山が　好きです。

(2)　松山さんの　さくぶん

> 私は　海が　好きです。　海で　泳ぐ　ことも　好きですが、　海の　中に　いる　魚を　見ることも　好きです。私の　家　[24]　海は　とおいですが、　とても　好きなので、毎月　行きます。家の　近くには　[25]、山には　あまり　行きません。私は　歩くことが　好きでは　ありません。海の　近くに　ひっこしを　[26]。

22

1 あまり　　2 しか

3 くらい　　4 ほど

23

1 また　　2 それで　　3 しかし　　4 でも

24

1 に　　2 で　　3 から　　4 まで

25

1 山(やま)は　ありませんが　　2 山(やま)しか　ありませんが

3 山(やま)が　ありませんが　　4 山(やま)も　ありませんが

26

1 しました　　2 しません

3 したいです　　4 したく　ありません

もんだい４　つぎの　(1)から　(3)の　ぶんしょうを　読んで、しつもんに　こたえて　ください。こたえは、　1・2・3・4から　いちばん　いい　ものを　一つ　えらんで　ください。

(1)

わたしは　4人　家族で　家は　おおさかに　あります。父は、会社員です。今は　一人で　とうきょうに　住んで　仕事を　して　います。　母は　しゅふで、料理が　上手です。弟は、中学生で　サッカーが　しゅみです。　週末には　父が　来るので、弟と　いっしょに　サッカーを　したり　します。

27　「わたし」の　うちには　だれが　住んで　いますか。

1　父、母、弟、わたし

2　母、弟、わたし

3　父、弟、わたし

4　父、母、わたし

(2)

## ★カフェOPEN

来週(らいしゅう)　月曜日(げつようび)に　カフェが　オープンします。
水曜日(すいようび)まで　400円(えん)の　コーヒーが　一杯(いっぱい)　100円(えん)です。
おいしい　いちごケーキは　水曜日(すいようび)だけ　200円(えん)に　なります。
時間(じかん)は　朝(あさ)　9時(じ)に　あいて　夜(よる)　8時(じ)に　しまります。
ぜひ　来(き)て　ください。

28　安(やす)い　コーヒーが　飲(の)みたい時(とき)、いつ　行(い)きますか。

1　今週(こんしゅう)の　月曜日(げつようび)　午前(ごぜん)　7時(じ)
2　今週(こんしゅう)の　水曜日(すいようび)　午前(ごぜん)　10時(じ)
3　来週(らいしゅう)の　月曜日(げつようび)　午後(ごご)　7時(じ)
4　来週(らいしゅう)の　水曜日(すいようび)　午後(ごご)　10時(じ)

(3)

まつださんの 机(つくえ)の 上(うえ)に、この メモと カメラが あります。

まつださん

今日(きょう) 山田(やまだ)さんの 家(いえ)で パーティーを しますが、わたしは バイトが あって 行(い)く ことが できません。ごめんなさい。
この前(まえ) パーティーの 時(とき)、カメラが 使(つか)いたいと 山田(やまだ)さんが 言(い)いましたから 今日(きょう) 持(も)って きました。すぐ かえさなくても いいです。 山田(やまだ)さんに わたして ください。あさって 山田(やまだ)さんに 会(あ)いますので その時(とき) もらいます。

鈴木(すずき)

29 まつださんは パーティーの あと、カメラを どうしますか。

1 かえさないで 自分(じぶん)が 使(つか)います。
2 山田(やまだ)さんに わたします。
3 鈴木(すずき)さんに かえします。
4 山田(やまだ)さんに もらいます。

**もんだい５　つぎの　ぶんしょうを　読んで、しつもんに　こたえて　ください。こたえは、１・２・３・４から、いちばん　いい　ものを　一つ　えらんで　ください。**

これは　りんさんが　書いた　さくぶんです。

大丈夫です

りん・めい

昨日　わたしは　友だちと　映画を　見て、ご飯を　食べる　約束を　して　いました。11時に　映画館の　前で　会う　約束でした。
わたしは　映画館の　前に　約束の　10分前に　つきました。　人は　あまり　いませんでした。11時に　なりましたが、友だちが　来ませんでした。とても　おこりました。
30分後に　友だちが　来て、「ほんとうに　ごめんなさい。」と　言いました。友だちは　かなしい　かおを　して　いました。わたしは　「どうしたんですか。」と　聞きました。
友だちは　「あさ、わたしの　犬が　さんぽを　して　いる　時、どこかに　行って　しまったんです。今も　家族が　さがして　います。」と　言いました。わたしは、「そうだったんですか。大丈夫です。いっしょに　さがしましょう。」と　言って、友だちの　家に　行きました。

30　どうして　おこりましたか。

1　はやく　映画館(えいがかん)に　ついたから

2　約束(やくそく)の　場所(ばしょ)を　まちがえたから

3　人(ひと)が　いなかったから

4　友(とも)だちが　来(こ)なかったから



31　「わたし」と　友(とも)だちは　これから　何(なに)を　しますか。

1　友(とも)だちの　犬(いぬ)を　さがしてから　映画(えいが)を　見(み)ます。

2　友(とも)だちの　犬(いぬ)を　さがしてから　ご飯(はん)を　食(た)べます。

3　友(とも)だちの　家(いえ)へ　行(い)って、犬(いぬ)と　さんぽします。

4　友(とも)だちの　家(いえ)へ　行(い)って、犬(いぬ)を　さがします。

**もんだい6　右の　ページを　見て、下の　しつもんに　こたえて　ください。こたえは、1・2・3・4から、いちばん　いい　ものを　一つ　えらんで　ください。**

32　田中さんは、会社員で、男の　人です。　一人で　映画を　見に　行きたいです。いつの　映画が　いちばん　やすいですか。

1　3月15日(火)　夜　7時の　映画
2　3月15日(火)　夜　9時の　映画
3　3月18日(金)　夜　7時の　映画
4　3月18日(金)　夜　9時の　映画

# ラッキー映画館

ラッキーデーは　映画の　チケットが　やすい　日です！

Aラッキーデー(月・木)　会社員の　女の　人が　やすい　日です。

Bラッキーデー(月・土)　70さいより　上の　人が　やすい　日です。

Cラッキーデー(火・水)　18さいまでの　人が　やすい　日です。

Dラッキーデー(木・金)　カップルが　やすい　日です。

安い

Eラッキーデー(火・金)　会社員の　男の　人が　やすい　日です。

＊3月14日(月)～3月16日(水)　夜　8時より　おそい　えいがは　10%　やすいです！

Listing

問題用紙

10

# N5

# 聴解
# (30分)

## 注　意
Notes

1. 試験が始まるまで、この問題用紙を開けないでください。
   Do not open this question booklet until the test begins.
2. この問題用紙を持って帰ることはできません。
   Do not take this question booklet with you after the test.
3. 受験番号と名前を下の欄に、受験票と同じように書いてください。
   Write your examinee registration number and name clearly in each box below as written on your test voucher.
4. この問題用紙は、全部で14ページあります。
   This question booklet has 14 pages.
5. この問題用紙にメモをとってもいいです。
   You may make notes in this question booklet.

| 受験番号　Examinee Registration Number | |
|---|---|
| 名　前　Name | |

# もんだい1

もんだい１では、はじめに　しつもんを　きいて　ください。それから　はなしを　きいて、もんだいようしの　１から４の　なかから、いちばん　いい　ものを　ひとつ　えらんで　ください。

## れい

1　びょういんへ　いく。
2　くすりを　のむ。
3　うちへ　かえる。
4　はやく　ねる。

## 1ばん

1

2

3

4

## 2ばん

1　カラオケ

2　がっこう

3　カフェ

4　デパート

## 3ばん

1　あつい　えいごの　しょうせつ

2　あつい　にほんごの　しょうせつ

3　うすい　えいごの　しょうせつ

4　うすい　にほんごの　しょうせつ

## 4ばん

1

2

3

4

## 5ばん

1　じゅぎょうを　うけます。

2　としょかんで　べんきょうします。

3　ほんを　かえします。

4　いえに　かえります。

## 6ばん

1　インターネットを　します。

2　おんがくを　ききます。

3　えいがを　みます。

4　ほんを　よみます。

## 7ばん

1　1じに　2ばん　きょうしつ

2　1じに　4ばん　きょうしつ

3　5じに　2ばん　きょうしつ

4　5じに　4ばん　きょうしつ

# もんだい2

もんだい２では、はじめに　しつもんを　きいて　ください。それから　はなしを　きいて、もんだいようしの　１から４の　なかから、いちばん　いい　ものを　ひとつ　えらんで　ください。

## れい

1　げつようび
2　きんようび
3　どようび
4　にちようび

## 1ばん

1

2

3

4

## 2ばん

1

2

3

4

## 3ばん

1　ちかてつで　きました。

2　バスで　きました。

3　タクシーで　きました。

4　あるいて　きました。

## 4ばん

1　そうじを　すること

2　いすを　もってくること

3　おちゃを　つくること

4　コピーを　すること

## 5ばん

1

2

3

4

## 6ばん

1 フットボール

2 やきゅう

3 テニス

4 べんきょう

# もんだい3

もんだい３では、えを　みながら　しつもんを　きいて　ください。
➡(やじるし)の　ひとは　なんと　いいますか。１から３の　なかから、いちばん　いい　ものを　ひとつ　えらんで　ください。

## れい

## 1ばん

## 2ばん

## 3ばん

## 4ばん

## 5ばん

# もんだい4

もんだい４では、えなどが　ありません。ぶんを　きいて、１ から ３の　なかから、いちばん　いい　ものを　ひとつ　えらんで　ください。

―メモ―

# 실전 모의테스트 1회 정답 및 해석

## 1교시 언어지식(문자·어휘+문법)×독해

| 언어지식(문자·어휘) |

| | | | | | | | | | | | | |
|---|---|---|---|---|---|---|---|---|---|---|---|---|
| 문제1 | 1 2 | 2 3 | 3 1 | 4 3 | 5 4 | 6 1 | 7 3 | 8 4 | 9 1 | 10 4 | 11 4 | 12 4 |
| 문제2 | 13 2 | 14 4 | 15 3 | 16 2 | 17 1 | 18 3 | 19 3 | 20 4 | | | | |
| 문제3 | 21 4 | 22 2 | 23 1 | 24 4 | 25 2 | 26 1 | 27 3 | 28 4 | 29 1 | 30 3 | | |
| 문제4 | 31 1 | 32 3 | 33 1 | 34 4 | 35 3 | | | | | | | |

| 언어지식(문법)·독해 |

| | | | | | | | | | | | | | |
|---|---|---|---|---|---|---|---|---|---|---|---|---|---|
| 문제1 | 1 2 | 2 4 | 3 2 | 4 3 | 5 4 | 6 1 | 7 4 | 8 3 | 9 4 | 10 1 | 11 3 | 12 4 | 13 3 |
| | 14 1 | 15 1 | 16 2 | | | | | | | | | | |
| 문제2 | 17 3 | 18 3 | 19 2 | 20 2 | 21 3 | | | | | | | | |
| 문제3 | 22 3 | 23 2 | 24 2 | 25 3 | 26 3 | | | | | | | | |
| 문제4 | 27 3 | 28 4 | 29 3 | | | | | | | | | | |
| 문제5 | 30 3 | 31 3 | | | | | | | | | | | |
| 문제6 | 32 3 | | | | | | | | | | | | |

## 2교시 청해

| 청해 |

| | | | | | | | |
|---|---|---|---|---|---|---|---|
| 문제1 | 1 4 | 2 4 | 3 3 | 4 3 | 5 1 | 6 1 | 7 2 |
| 문제2 | 1 2 | 2 4 | 3 3 | 4 1 | 5 3 | 6 2 | |
| 문제3 | 1 2 | 2 2 | 3 1 | 4 1 | 5 3 | | |
| 문제4 | 1 3 | 2 1 | 3 3 | 4 2 | 5 2 | 6 1 | |

## 1교시 언어지식(문자·어휘+문법)×독해

| 언어지식(문자·어휘) |

**문제 1 ____의 단어는 히라가나로 어떻게 씁니까? 1·2·3·4 중 가장 올바른 것을 하나 고르세요.**

1 2 아빠는 파란 넥타이를 하고 있습니다.

어휘 ちち 아빠 | ネクタイ 넥타이 | しめる 매다, 잠그다 | ~ている ~하고 있다

2 3 남동생은 자전거로 학교에 갑니다.

어휘 おとうと 남동생 | がっこう 학교 | いく 가다

3 1 상자 안에는 낡은 책과 노트 등이 있습니다.

어휘 はこ 상자 | ふるい 낡다 | ほん 책 | ノート 노트

4 3 다음 주 토요일에는 영어 테스트가 있습니다.

어휘 らいしゅう 다음 주 | 英語(えいご) 영어 | テスト 테스트, 시험 | うける 치르다, 보다

5 4 냉장고에 우유를 넣어 주세요.

어휘 れいぞうこ 냉장고 | ぎゅうにゅう 우유 | ~てください ~해 주세요

6 1 새가 하늘을 날고 있습니다.

어휘 とり 새 | とぶ 날다

7 3 이 문제는 전혀 쉽지 않습니다.

어휘 もんだい 문제 | ぜんぜん 전혀

8 4 선생님께 보낼 편지를 일본어로 썼습니다.

어휘 せんせい 선생님 | おくる 보내다 | てがみ 편지 | にほんご 일본어

9 1 어제는 약을 먹고 일찍 잤습니다.

어휘 きのう 어제 | くすり 약 | はやく 일찍, 빨리 | ねる 자다

10 4 공원의 입구는 어디입니까?

어휘 こうえん 공원 | どこ 어디

11 4 이 예쁜 꽃병은 600엔입니다.

어휘 きれいだ 예쁘다 | かびん 꽃병

12 4 날씨가 좋으니까 산책합시다.

어휘 いい 좋다 | さんぽする 산책하다

**문제 2 ____의 단어는 어떻게 씁니까? 1·2·3·4 중 가장 올바른 것을 하나 고르세요.**

13 2 저는 매일 아침 신문을 읽고 있습니다.

어휘 まいあさ 매일 아침 | よむ 읽다

14 4 이번 달은 일이 바쁘지 않았습니다.

어휘 しごと 일 | いそがしい 바쁘다

15 3 어제부터 머리가 아파서 회사를 쉬었습니다.

어휘 きのう 어제 | いたい 아프다 | かいしゃ 회사 | やすむ 쉬다

16 2 비가 내리고 있어서 친구에게 우산을 빌렸습니다.

어휘 あめ 비 | ふる 내리다 | ので ~때문에 | ともだち 친구 | かりる 빌리다

17 1 야마다 씨와 저의 코트는 같습니다.

어휘 コート 코트

18 3 여동생은 노래 부르는 것을 좋아합니다.

어휘 いもうと 여동생 | すきだ 좋아하다

19 3 화장실은 가게 밖에 있습니다.

어휘 トイレ 화장실 | みせ 가게

20 4 파티는 1월 9일입니다.

어휘 パーティー 파티 | 1月 1월

## 문제 3 ( )에 무엇을 넣습니까? 1·2·3·4 중 가장 올바른 것을 하나 고르세요.

21 4 내 방은 여동생의 방보다 넓습니다.

어휘 へや 방 | いもうと 여동생 | より ~보다

22 2 구두를 벗고 들어와 주세요.

어휘 くつ 구두 | はいる 들어가(오)다 | ~てください ~해 주세요

23 1 저 가게의 점원은 매우 친절합니다.

어휘 みせの ひと 점원 | とても 매우

24 4 내 방 창문에서 후지산이 보입니다.

어휘 へや 방 | ふじさん 후지산 | みえる 보이다

25 2 소금이 많이 들어간 요리는 좋아하지 않습니다.

어휘 たくさん 많이 | はいる 들어가(오)다 | りょうり 요리 | すきだ 좋아하다

26 1 어제 본 영화는 매우 재미없었다.

어휘 きのう 어제 | みる 보다 | えいが 영화 | とても 매우

27 3 저의 딸은 3살입니다.

어휘 むすめ 딸

28 4 매일 밤 이를 닦고 나서 잡시다.

어휘 まいばん 매일 밤 | みがく 닦다 | ~てから ~하고 나서 | ねる 자다

29 1 아직 반 친구의 이름을 외우지 못했습니다.

어휘 まだ 아직 | クラス 반 | ともだち 친구 | なまえ 이름

30 3 이 다리를 건너서 갑시다.

어휘 はし 다리 | いく 가다 | ~ましょう ~합시다

## 문제 4 _____의 문장과 대체적으로 비슷한 의미의 문장이 있습니다. 1·2·3·4 중 가장 올바른 것을 하나 고르세요.

31 1 <u>모자를 쓰고 있는 사람이 나의 할아버지입니다.</u>

1 모자를 쓰고 있는 사람이 아버지의 아버지입니다.
2 모자를 쓰고 있는 사람이 아버지의 어머니입니다.
3 모자를 쓰고 있는 사람이 아버지의 형(오빠)입니다.
4 모자를 쓰고 있는 사람이 아버지의 누나(언니)입니다.

어휘 ぼうし 모자 | かぶる (모자를) 쓰다 | ~ている ~하고 있다 | ひと 사람 | そふ 할아버지

32 3 <u>이 음료는 미지근합니다.</u>

1 이 음료는 차갑습니다.
2 이 음료는 맛있습니다.
3 이 음료는 차갑지 않습니다.
4 이 음료는 맛있지 않습니다.

어휘 のみもの 음료 | ぬるい 미지근하다

33 1 <u>누나(언니)는 겉옷을 입고 있습니다.</u>

1 누나(언니)는 코트를 입고 있습니다.
2 누나(언니)는 시계를 입고 있습니다.
3 누나(언니)는 목걸이를 입고 있습니다.
4 누나(언니)는 바지를 입고 있습니다.

어휘 あね 누나(언니) | うわぎ 겉옷 | きる (상의를)입다

34 4 <u>저의 남동생은 중학교에서 일하고 있습니다.</u>

1 저의 남동생은 점장입니다.
2 저의 남동생은 학생입니다.
3 저의 남동생은 경찰입니다.
4 저의 남동생은 교사입니다.

어휘 おとうと 남동생 | ちゅうがっこう 중학교 | はたらく 일하다

35 3 운동을 하는 사람이 많습니다.
1 노래를 부르는 사람이 많습니다.
2 공부를 하는 사람이 많습니다.
3 조깅을 하는 사람이 많습니다.
4 아르바이트를 하는 사람이 많습니다.

어휘 うんどう 운동 | ひと 사람 | おおい 많다 | うわをうたう 노래를 부르다 | べんきょう 공부 | ジョギング 조깅 | アルバイト 아르바이트

| 언어지식(문법)·독해 |

문제 1 **다음 문장의 ( )에 들어갈 것으로 가장 적당한 것을 1·2·3·4에서 하나 고르세요.**

1 2 저의 꿈은 학교 선생님이 되는 것입니다.
어휘 わたし 나 | ゆめ 꿈 | 先生(せんせい) 선생님 | ~になる ~이/가 되다

2 4 미국에 있는 친구에게 편지를 보냅니다.
어휘 アメリカ 미국 | 友(とも)だち 친구 | 手紙(てがみ) 편지 | おくる 보내다

3 2 책상 위에는 책이랑 잡지 등이 있습니다.
어휘 つくえ 책상 | 上(うえ) 위 | 本(ほん) 책 | ざっし 잡지

4 3 저 가게는 수요일부터 일요일까지 쉽니다.
어휘 みせ 가게 | 水曜日(すいようび) 수요일 | 日曜日(にちようび) 일요일 | やすむ 쉬다

5 4 사과와 포도 중 어느 쪽이 저렴합니까?
어휘 りんご 사과 | ぶどう 포도 | どちら 어느 쪽 | 安(やす)い 저렴하다

6 1 나의 남동생은 2년 전에 고등학교를 졸업했습니다.
어휘 おとうと 남동생 | まえ 전 | 高校(こうこう) 고등학교 | そつぎょう 졸업

7 4 감기에 걸리지 않도록 조심합시다.
어휘 かぜをひく 감기에 걸리다 | 気(き)をつける 조심하다

8 3 이것은 바다에서 찍은 사진입니다.
어휘 これ 이것 | 海(うみ) 바다 | とる (사진을) 찍다 | しゃしん 사진

9 4 아직 시간이 있으니, 천천히 이야기해 주세요.
어휘 まだ 아직 | じかん 시간 | はなす 이야기하다, 말하다 | ~てください ~해 주세요

10 1 A: 자주 산에 올라갑니까?
B: 네, 가끔 여동생과 오릅니다.
어휘 よく 자주, 잘 | やま 산 | のぼる 오르다 | ときどき 가끔, 때때로

11 3 역에서부터 회사까지 어느 정도 걸립니까?
어휘 えき 역 | かいしゃ 회사 | かかる 걸리다, 소요되다

12 4 (가게에서)
나카무라: 이 바지, 입어 봐도 될까요?
점원: 네, 입어 보십시오.
어휘 ズボン 바지 | はく (하의를) 입다

13 3 그는 매일 아침 도서관에서 공부하는 성실한 사람입니다.
어휘 かれ 그 | まいあさ 매일 아침 | としょかん 도서관

14 1 미나미: 토요일 콘서트 함께 가지 않을래요?
하야시: 아, 가고 싶어요.
어휘 土曜日(どようび) 토요일 | コンサート 콘서트

15 1 (백화점에서)
점원: 이 빨간 넥타이는 어떠십니까?
야마시타: 좋네요.
어휘 あかい 빨갛다 | ネクタイ 넥타이 | いい 좋다

16 2 예쁜 셔츠가 많이 있었는데, 너무 비싸서 한 장도 사지 않았습니다.

**어휘** きれいだ 예쁘다, 깨끗하다 | シャツ 셔츠 | たくさん 많이 | とても 매우, 너무 | たかい 비싸다 | 一枚 한 장

**문제 2 다음 문장의 ＿★＿에 들어갈 것으로 가장 적당한 것을 1·2·3·4에서 하나 고르세요.**

17 3 1で 3★お弁当 2を 4つくって

저는 스스로 도시락을 만들고 있습니다.

**어휘** わたし 나 | じぶんで 스스로 | お弁当 도시락 | つくる 만들다

18 3 4 こうちゃ 2と 3★ いっしょ 1に

이 케이크는 홍차와 함께 드세요.

**어휘** ケーキ 케이크 | いっしょに 함께 | 食べる 먹다 | ~てください ~해 주세요

19 2 4 が 1 かわいて 2★ コンビニで 3 飲み物

목이 말라서 편의점에서 음료를 샀습니다.

**어휘** のど 목 | かわく 마르다 | コンビニ 편의점 | 飲み物 음료 | 買う 사다

20 2 1 あまり 2★ 好きでは 4 ありません 3 が

생선 요리는 그다지 좋아하지 않지만, 저 가게의 회는 맛있습니다.

**어휘** 魚 생선 | 料理 요리 | あまり~ない 그다지 ~않다 | 好きだ 좋아하다 | みせ 가게 | さしみ 회 | おいしい 맛있다

21 3 2 入る 4 前 3★ に 1 いりぐち

유원지에 들어가기 전에 입구에서 티켓을 내 주세요.

**어휘** 映画館 영화관 | 入る 들어가(오)다 | 前に 전에 | いりぐち 입구 | チケット 티켓 | 出す 내다, 제출하다

**문제 3 다음 문장을 읽고 문장 전체의 내용을 생각하여 22 부터 26 안에 들어갈 적당한 것을 1·2·3·4에서 하나 고르세요.**

모리 씨와 마에다 씨는 '아르바이트'에 관해 작문을 쓰고, 반 친구들 앞에서 읽었습니다.

(1) 모리 씨의 작문

저는 서점에서 아르바이트를 22 하고 있습니다. 시작한지 3주가 되었습니다. 처음에는 손님이 원하는 책이 어디에 있는지 몰라서 곤란했습니다. 또한 가격도 전혀 다르기 때문에 힘들었습니다. 23 하지만 지금은 쉬는 시간에 책도 읽을 수 있고, 함께 일하는 사람과 책 이야기를 할 수 있기 24 때문에 즐겁습니다. 그래서 저는 지금 하는 일을 좋아합니다.

(2) 마에다 씨의 작문

저는 옛날부터 꽃을 좋아했기 때문에 꽃집에서 25 일하고 있습니다. 그래서 고등학교를 졸업하고 나서 바로 꽃집에서 일했습니다. 꽃은 보통 꽃을 주는 사람이 그것을 받는 사람을 생각하며 사기 때문에 살 때의 마음이 저에게도 전해집니다. 저는 친구 생일에는 꼭 꽃을 26 줍니다. 그만큼 꽃을 좋아합니다.

**어휘** 本や 서점 | アルバイト 아르바이트 | 始める 시작하다 | ~週間 ~주간 | はじめ 처음 | お客さん 손님 | ほしい 갖고 싶다 | 本 책 | どこ 어디 | ~か ~인지 | わかる 알다 | 困る 곤란하다 | また 또, 다시 | ねだん 가격 | ぜんぜん 전혀 | 違う 다르다 | ので ~때문에 | 大変だ 힘들다 | 休み時間 쉬는 시간 | 読む 읽다 | 一緒に 함께 | 働く 일하다 | 話 이야기 | たのしい 즐겁다 | だから 때문에, 그래서 | 仕事 일 | 好きだ 좋아하다 | 昔 옛날 | 高校 고등학교 | 卒業 졸업 | ~てから ~하고 나서 | すぐに 곧장, 바로 | ふつう 보통 | あげる (내가 다른 사람에게) 주다 | もらう 받다 | 買う 사다 | 気持ち 마음 | 伝わる 전해지다 | 友だち 친구 | 誕生日 생일 | 必ず 반드시

21 3 1 했습니다 2 하지 않았습니다

3 하고 있습니다 4 하고 있지 않았습니다

23 2 1 그래서 2 하지만 3 때문에 4 또

24 2 1 ~인데도 불구하고 2 ~이기 때문에
3 ~밖에 4 ~만, 뿐

25 3 1 일하고 싶습니다 2 일하고 싶지 않습니다
3 일하고 싶었습니다 4 일하고 싶지 않았습니다

26 3 1 둡니다 2 해버립니다
3 줍니다 4 됩니다

| 독해 |

**문제 4 다음 (1)부터 (3)의 문장을 읽고 질문에 답하세요. 답은 1·2·3·4에서 가장 적당한 것을 하나 고르세요.**

(1)

어제는 유감스러운 날이었습니다. 나는 생일에 그녀가 준 시계를 항상 하고 있습니다. 그러나 어제 그 시계를 잃어버렸습니다. 나는 그녀에게 '미안합니다'라고 말했습니다. 그녀는 '괜찮습니다'라고 말했지만, 슬픈 표정을 하고 있었습니다.

27 왜 유감스러운 날이었습니까?

1 어제는 생일을 잊어버렸기 때문에
2 그녀가 시계를 주었기 때문에
3 그녀가 준 시계를 잃어버렸기 때문에
4 그녀에게 '미안합니다'라고 말했기 때문에

어휘 きのう 어제 | ざんねんだ 유감스럽다 | 日 날 | 誕生日 생일 | 彼女 그녀 | くれる (다른 사람이 나에게) 주다 | 時計 시계 | いつも 항상 | なくす 잃어버리다, 없애다 | ごめんなさい 미안합니다 | 言う 말하다 | 大丈夫 괜찮다 | かなしい 슬프다 | 顔 얼굴, 표정

(2)

이것은 마키 씨가 친구에게 보낸 메일입니다.

캐시 씨에게
잘 지내나요? 일본은 벌써 봄입니다. 벚꽃이 매우 예쁩니다. 오늘 학교에서 가오리 씨가 '가을에 미국에 갑시다'라고 말했습니다. 함께 갈 테니 그 때 만납시다.
이 메일을 읽고 나서 연락해 주세요.
기다리겠습니다.
마키

28 마키 씨는 왜 캐시 씨에게 메일을 보냈습니까?

1 봄에 일본에서 캐시 씨와 학교에 가고 싶기 때문에
2 봄에 미국에서 캐시 씨를 만나고 싶기 때문에
3 가을에 일본에서 캐시 씨와 학교에 가고 싶기 때문에
4 가을에 미국에서 캐시 씨를 만나고 싶기 때문에

어휘 お元気ですか 잘 지냅니까? | もう 벌써, 이미 | 春 봄 | さくら 벚꽃 | とても 매우 | きれいだ 예쁘다 | 今日 오늘 | 学校 학교 | 秋 가을 | アメリカ 미국 | 行く 가다 | いっしょに 함께, 같이 | その時 그때 | 会う 만나다 | メール 메일 | 読む 읽다 | 連絡 연락 | ~てください ~해 주세요 | 待つ 기다리다

(3)

저에게는 가장 좋아하는 여자 친구가 있습니다. 그 아이는 머리가 짧습니다. 스포츠를 좋아하고 키가 매우 큽니다. 항상 바지를 입고 있습니다. 학교에서는 항상 같이 있습니다.

29 '나'의 친구는 누구입니까?

1

2 

3 

4 

**어휘** いちばん 가장 | 女の子 여자아이 | 友だち 친구 | かみ 머리카락 | 短い 짧다 | スポーツ 스포츠 | せ 키 | たかい 크다 | ズボン 바지 | はく (하의를) 입다 | 学校 학교 | いっしょに 함께

문제 5 **다음 문장을 읽고 질문에 답하세요. 답은 1·2·3·4에서 가장 적당한 것을 하나 고르세요.**

이것은 아리 씨가 쓴 작문입니다.

> 내가 좋아하는 일본
>
> 아리
>
> 나는 애니메이션을 보고 일본을 알았습니다. 5년 전에 처음으로 일본의 다양한 거리를 여행했는데 요리가 맛있어서 놀랐습니다. 그래서 일본에서 일본어나 일본 요리를 공부하고 싶었습니다.
>
> 나는 유학을 가고 싶어서 열심히 아르바이트를 했습니다. 레스토랑에서 주문을 받거나 요리를 가져 가거나 했습니다. 매우 힘들었지만 돈을 모아서 일본에 작년에 왔습니다.
>
> 지금 2년째 살고 있는데 일본은 역시 매우 즐거운 나라입니다. 나는 더 일본어를 공부하고 빨리 일본 레스토랑에서 요리를 공부하고 싶습니다. 그리고 언젠가 고국에 돌아가 일본요리 레스토랑을 만들고 싶습니다.

30 '나'는 일본의 무엇을 좋아합니까?

1 애니메이션
2 거리
3 요리
4 일본어

31 '나'는 고국에 돌아가서 무엇을 하고 싶습니까?

1 일본요리를 일본어로 공부하고 싶다
2 일본요리를 고국 사람들에게 가르치고 싶다
3 일본요리 레스토랑을 만들고 싶다
4 일본요리 레스토랑에서 일하고 싶다

**어휘** アニメ 애니메이션 | 見る 보다 | しる 알다 | はじめて 처음 | いろいろだ 여러가지다, 다양하다 | まち 거리 | 旅行 여행 | 料理 요리 | びっくりする 놀라다 | それで 그래서 | 思う 생각하다 | 留学 유학 | いっしょうけんめい 열심히 | アルバイト 아르바이트 | レストラン 레스토랑 | ちゅうもん 주문 | きく 듣다, (주문 등을) 받다 | 持つ 가지다, 들다 | たいへんだ 힘들다 | ためる 모으다, 저금하다 | 去年 작년 | 住む 살다 | やっぱり 역시 | たのしい 즐겁다 | もっと 더, 더욱 | はやく 빨리 | そして 그리고 | いつか 언젠가 | 国 나라, 고국 | 帰る 돌아가(오)다 | 作る 만들다

문제 6 **오른쪽 페이지를 읽고 아래 질문에 답하세요. 답은 1·2·3·4에서 가장 적당한 것을 하나 고르세요.**

**런치메뉴**

| A런치 900엔 | B런치 1,200엔 |
|---|---|
| • 토마토 샐러드<br>• 수프<br>• 생선 그릴<br>• 밥<br>• 디저트 | • 토마토 샐러드 또는 감자 샐러드<br>• 수프<br>• 소고기 햄버그<br>• 밥 또는 빵<br>• 디저트 |
| **C런치 1,400엔** | **D런치 1,600엔** |
| • 토마토 샐러드 또는 감자 샐러드<br>• 수프<br>• 생선 회<br>• 밥<br>• 디저트<br>• 음료 | • 감자 샐러드<br>• 수프<br>• 소고기 스테이크<br>• 파스타<br>• 디저트<br>• 음료 |

32 린다 씨는 점심을 주문했습니다. 1,500엔보다 저렴한 메뉴가 좋습니다. 린다씨는 생선을 좋아하고 토마토를 싫어합니다. 무엇을 주문합니까?

1 A런치
2 B런치
3 C런치
4 D런치

**어휘** ランチ 런치, 점심 | メニュー 메뉴 | トマトサラダ 토마토 샐러드 | ポテトサラダ 감자 샐러드 | スープ 수프 | 魚 생선 | グリル 그릴 | ぎゅうにく 소고기 | ハンバーグ 햄버그 | ライス 밥 | パン 빵 | デザート 디저트 | さしみ 회 | ステーキ 스테이크 | ドリンク 음료

## 2교시 청해 09

もんだい1

**もんだい1では、はじめに　しつもんを　きいて　ください。それから　はなしを　きいて、もんだいようしの　1から4の　なかから、いちばん　いい　ものを　ひとつ　えらんで　ください。**

문제1

**문제1에서는 처음에 질문을 들으세요. 그리고 이야기를 듣고, 문제 용지의 1에서 4 중에서 가장 알맞은 것을 하나 골라 주세요.**

れい

**学校で先生と男の学生が話しています。男の学生はこれからまず何をしますか。**

女: どうしたんですか。

男: すこし寒くて、頭も痛いです。

女: 早く病院に行ったほうがいいですが、薬は飲みましたか。

男: はい、もう飲みました。

女: じゃ、今日は家に帰って早く寝てください。

**男の学生はこれからまず何をしますか。**

1　びょういんへ　いく。

2　くすりを　のむ。

3　うちへ　かえる。

4　はやく　ねる。

예

**학교에서 선생님과 남학생이 이야기하고 있습니다. 남학생은 이제부터 우선 무엇을 합니까?**

여: 무슨일 이에요?

남: 조금 춥고 머리도 아파요.

여: 빨리 병원에 가는 편이 좋을 것 같은데, 약은 먹었나요?

남: 네, 이미 먹었습니다.

여: 그럼, 오늘은 집에 가서 빨리 자요.

**남학생은 이제부터 우선 무엇을 합니까?**

1　병원에 간다.

2　점심을 먹는다.

3　집에 돌아간다.

4　일찍 잔다.

1ばん

**ホテルの人と男の人が話しています。男の人は、何を食べますか。**

女: おはようございます。朝ご飯を食べるところはここです。

男: おはようございます。メニューは何ですか。

女: 色々あります。ご飯とパンとどちらがいいですか。

男: パンにします。

女: サラダや果物は。

男: どちらもください。

女: 分かりました。

**男の人は、何を食べますか。**

1번

**호텔 직원과 남자가 이야기하고 있습니다. 남자는 무엇을 먹습니까?**

여: 안녕하세요. 아침을 먹는 곳은 이 곳입니다.

남: 안녕하세요. 메뉴는 무엇입니까?

여: 여러가지 있습니다. 밥과 빵 중 어느 쪽이 좋습니까?

남: 빵으로 하겠습니다.

여: 샐러드와 과일은 (어떻게 하시겠습니까)?

남: 둘 다 주세요.

여: 알겠습니다.

**남자는 무엇을 먹습니까?**

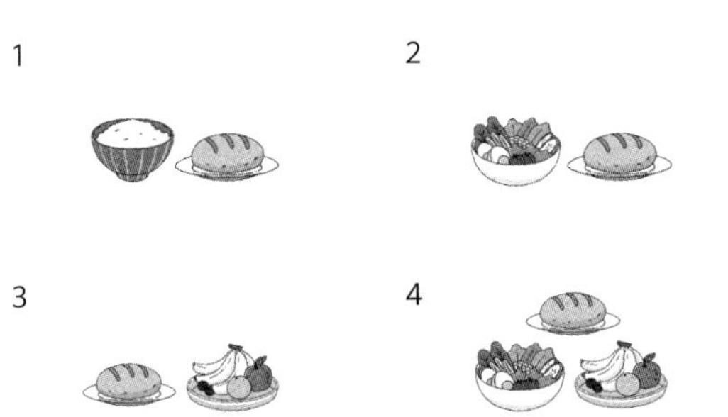


어휘 ホテル 호텔 | 朝ご飯 아침 밥 | ところ 곳, 장소 | ここ 이곳 | メニュー 메뉴 | 色々だ 여러가지다, 다양하다 | パン 빵 | ~と~とどちらが~ ~와 ~중 어느 쪽이~ | いい 좋다 | ~にする ~로 하다 | サラダ 샐러드 | 果物 과일 | どららも 모두, 어느 쪽이나

2ばん

**大学で男の人と女の人が話しています。男の人は、この後何をしますか。**

女: チャンさん、大丈夫ですか。

男: はい、ちょっと眠くて…。

女: 昨日何かしましたか。

男: テストですから、遅い時間まで勉強をしました。

女: 私は眠い時コーヒーを飲みますが…。

男: コーヒーはあまり好きじゃありません。ちょっと冷たい水で顔を洗ってきます。

**男の人は、この後何をしますか。**

1

2

3

4

2번

**대학에서 남자와 여자가 이야기하고 있습니다. 남자는 이 후에 무엇을 합니까?**

여: 장 씨, 괜찮습니까?

남: 네, 조금 졸려서….

여: 어제 무언가 했습니까?

남: 시험이라서 늦게까지 공부를 했습니다.

여: 저는 졸릴 때 커피를 마시는데….

남: 커피는 그다지 좋아하지 않습니다. 조금 차가운 물로 얼굴을 씻고 오겠습니다.

여: 알겠습니다.

**남자는 이 후에 무엇을 합니까?**

어휘 大学 대학 | 大丈夫だ 괜찮다 | ちょっと 조금, 잠시 | 眠い 졸리다 | 昨日 어제 | 今日 오늘 | テスト 시험 | 遅い 늦다 | 時間 시간 | 勉強 공부 | コーヒー 커피 | 飲む 마시다 | あまり~ない 그다지~않다 | 冷たい 차갑다 | 水 물 | 顔 얼굴 | 洗う 씻다

3ばん

**日本語学校で先生が話しています。学生は明日、何を持ってきますか。**

男: 明日はみんなでマラソンをします。教科書は必要ありません。外は暑いですから、タオルを持ってきてください。それから明日はお弁当が出ますから、お昼ご飯はいりません。でも水は忘れないでくださいね。

**学生は明日、何を持ってきますか。**

3번

**일본어 학교에서 선생님이 이야기하고 있습니다. 학생은 내일 무엇을 가져옵니까?**

남: 내일은 다같이 마라톤을 합니다. 교과서는 필요 없습니다. 밖은 덥기 때문에 수건을 가져와 주세요. 그리고 내일은 도시락이 나오기 때문에 점심 밥은 필요 없습니다. 그러나 물은 잊지 마세요.

**학생은 내일 무엇을 가져옵니까?**

어휘 明日 내일 | みんなで 다같이 | マラソン 마라톤 | 教科書 교과서 | 必要だ 필요하다 | 外 밖 | 暑い 덥다 | タオル 타월, 수건 | 持つ 가지다, 들다 | ~てください ~해 주세요 | それから 그러고 나서 | お弁当 도시락 | 出る 나오다 | お昼ご飯 점심 밥 | いる 필요하다 | でも 그러나 | 水 물 | 忘れる 잊다 | ~ないでください ~하지 마세요

4ばん

**会社で男の人と女の人が話しています。女の人は、何を準備しますか。**

男: 木下さん、お客さんが来ましたから、すみませんが何か飲み物をください。

女: 分かりました。コーヒーとお茶とどちらにしますか。

男: 今日のお客さんはコーヒーが好きです。

女: 分かりました。冷たいのでいいですか。

男: 今日はちょっと寒いですから、温かいのをお願いします。

女: はい、すぐ準備します。

**女の人は、何を準備しますか。**

1 つめたい　コーヒー

2 つめたい　おちゃ

3 あたたかい　コーヒー

4 あたたかい　おちゃ

4번

**회사에서 남자와 여자가 이야기하고 있습니다. 여자는 무엇을 준비합니까?**

남: 기노시타 씨, 손님이 오셨는데 미안하지만 무언가 마실 것을 주세요.

여: 알겠습니다. 커피와 차 어느 쪽으로 하겠습니까?

남: 오늘 (오신) 손님은 커피를 좋아합니다.

여: 알겠습니다. 차가운 걸로 괜찮습니까?

남: 오늘은 조금 춥기 때문에 따뜻한 것을 부탁합니다.

여: 네. 바로 준비하겠습니다.

**여자는 무엇을 준비합니까?**

1 차가운 커피

2 차가운 차

3 따뜻한 커피

4 따뜻한 차

**어휘** 会社 회사 | お客さん 손님 | 来る 오다 | 何か 무언가 | 飲み物 음료 | ください 주세요 | コーヒー 커피 | お茶 차 | ~と~とどちら ~와 ~중 어느 쪽 | ~にする ~로 하다 | 好きだ 좋아하다 | 分かる 알다 | 冷たい 차갑다 | いい 좋다 | すぐ 바로, 곧 | 準備 준비

5ばん

**学校で先生が話しています。学生は明日何時に学校に来ますか。**

男: 明日はみんなで公園にハイキングに行く日です。学校の前にバスが9時くらいに来ますから、30分前には学校に来てください。公園には10時半くらいに着きます。そこでゲームをしたり、スポーツをしたり、ご飯を食べたりして、2時くらいに学校に帰ります。

**学生は明日何時に学校に来ますか。**

1 8じ　30ぷん

2 9じ

3 10じ　30ぷん

4 2じ

5번

**학교에서 선생님이 이야기하고 있습니다. 학생은 내일 몇 시에 학교에 옵니까?**

남: 내일은 다같이 공원에 하이킹하러 가는 날입니다. 학교 앞에 버스가 9시 정도에 오기 때문에 30분 전에는 학교로 와 주세요. 공원에는 10시반 정도에 도착합니다. 그 곳에서 게임을 하거나 스포츠를 하거나 밥을 먹거나 하고 2시 정도에 학교로 돌아옵니다.

**학생은 내일 몇 시에 학교에 옵니까?**

1 8시 30분

2 9시

3 10시 30분

4 2시

어휘 公園 공원 | ハイキングに 行く 하이킹하러 가다 | 学校の前 학교 앞 | バス 버스 | くらい 정도 | 30分前に 30분 전에 | 10時半 10시 반 | 着く 도착하다 | ゲーム 게임 | ご飯 밥 | 食べる 먹다 | 帰る 돌아가(오)다

6ばん

**電話で男の人と女の人が話しています。男の人は女の人とどこで会いますか。**

男: もしもし。山下さん、今どこにいますか。

女: 今銀行の前ですが、道がちょっと分かりません。

男: 銀行の隣に何がありますか。

女: 郵便局です。郵便局とスーパーの間の銀行です。

男: ああ,分かりました。私は今カフェにいますが、ここから近いですから私がそこに行きます。待っていてください。

女: はい。ありがとうございます。

**男の人は女の人とどこで会いますか。**

1 ぎんこう
2 ゆうびんきょく
3 スーパー
4 カフェ

6번

**전화로 남자와 여자가 이야기하고 있습니다. 남자는 여자와 어디서 만납니까?**

남: 여보세요. 야마시타 씨, 지금 어디에 있습니까?

여: 지금 은행 앞입니다만, 길을 조금 모르겠습니다.

남: 은행 옆에 무엇이 있습니까?

여: 우체국입니다. 우체국과 슈퍼 사이의 은행입니다.

남: 아 알겠습니다. 저는 카페에 있는데, 여기서 가까우니 제가 그곳으로 가겠습니다. 기다려 주세요.

여: 네. 감사합니다.

**남자는 여자와 어디서 만납니까?**

1 은행
2 우체국
3 슈퍼
4 카페

어휘 どこ 어디 | 今 지금 | 銀行 은행 | 道 길 | ちょっと 조금, 잠시 | 隣 옆 | 何 무엇 | 郵便局 우체국 | スーパー 슈퍼 | カフェ 카페 | 近い 가깝다 | そこ 그곳 | 待つ 기다리다 | ~てください ~해 주세요

7ばん

**男の人と女の人が話しています。男の人は女の人に何をあげますか。**

男：会社の食堂は人が多いから近くのコンビニでおにぎりでも買ってきます。鈴木さんも何かいりますか。

女：ありがとうございます。私はサンドイッチお願いします。

男：分かりました。飲み物は？

女：あ、飲み物は私が買ってきます。会社の前のカフェがおいしいって聞きました。

男：じゃ、私は冷たいコーヒーにします。

女：は〜い。分かりました。

**男の人のは女の人に何をあげますか。**

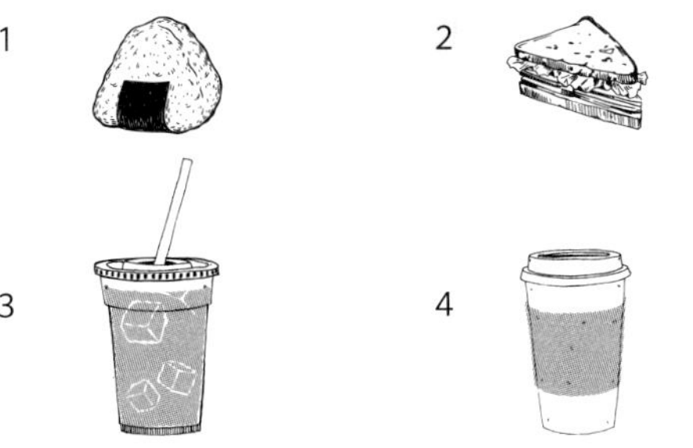

7번

**남자와 여자가 이야기하고 있습니다. 남자는 여자에게 무엇을 줍니까?**

남: 회사 식당은 사람이 많기 때문에 근처 편의점에서 주먹밥이라도 사 오겠습니다. 스즈키 씨도 무언가 필요합니까?

여: 감사합니다. 저는 샌드위치 부탁합니다.

남: 알겠습니다. 음료는요?

여: 아, 음료는 제가 사 오겠습니다. 회사 앞의 카페가 맛있다고 들었습니다.

남: 그럼 저는 차가운 커피로 하겠습니다.

여: 네. 알겠습니다.

**남자는 여자에게 무엇을 줍니까?**

어휘 会社 회사 | 食堂 식당 | 人 사람 | 多い 많다 | 近く 근처 | コンビニ 편의점 | おにぎり 주먹밥 | 買う 사다 | 何か 무언가 | いる 필요하다 | サンドイッチ 샌드위치 | 飲み物 음료 | おいしい 맛있다 | 聞く 듣다, 묻다 | 冷たい 차갑다 | コーヒー 커피 | ~にする ~로 하다

もんだい2

**もんだい２では、はじめに　しつもんを　きいて　ください。それから　はなしを　きいて、もんだいようしの　１から４の　なかから、いちばん　いい　ものを　ひとつえらんで　ください。**

れい

**男の学生と女の学生が話しています。二人はいつ買い物に行きますか。**

女: 今日も授業の後はアルバイトですか。

男: はい。月曜日から金曜日までしています。

女: いそがしいですね。いっしょに買い物に行きたかったんです。

男: 今度の日曜日はいいですよ。土曜日は図書館へ行くけど。

女: じゃ、土曜日に電話します。

**二人はいつ買い物に行きますか。**

1　げつようび

2　きんようび

3　どようび

4　にちようび

1ばん

**男の人と女の人が話しています。男の人が生まれた街は、どんなところですか。**

女: 高橋さんの生まれた街はどんなところですか。

男: 高いビルはありません。それから大きな山があります。

女: 海もありますか。

男: 海はないですが、大きい川があります。

女: そうですか。今度私も行ってみたいです。

**男の人が生まれた街は、どんなところですか。**

문제2

**문제2에서는 처음에 질문을 들으세요. 그리고 이야기를 듣고, 문제용지의 1 에서 4 중에서 가장 알맞은 것을 하나 골라 주세요.**

예

**남학생과 여학생이 이야기하고 있습니다. 두 사람은 언제 쇼핑을 갑니까?**

여: 오늘도 수업 후에 아르바이트 해요?

남: 네, 월요일부터 금요일까지 하고 있어요.

여: 바쁘네요. 함께 쇼핑하러 가고 싶었어요.

남: 이번 주 일요일은 괜찮아요. 토요일은 도서관에 가지만….

여: 그럼, 토요일에 전화할게요.

**두 사람은 언제 쇼핑을 갑니까?**

1　월요일

2　금요일

3　토요일

4　일요일

1번

**남자와 여자가 이야기하고 있습니다. 남자가 태어난 거리는 어떤 곳입니까?**

여: 다카하시 씨가 태어난 거리는 어떤 곳인가요?

남: 높은 빌딩은 없습니다. 그리고 큰 산이 있습니다.

여: 바다도 있습니까?

남: 바다는 없지만, 큰 강이 있습니다.

여: 그렇습니까? 다음에 저도 가 보고 싶습니다.

**남자가 태어난 거리는 어떤 곳입니까?**

어휘 生まれる 태어나다 | 街 거리 | どんな 어떤 | ところ 곳, 장소 | 高い 높다 | ビル 빌딩 | それから 그리고 | 大きい 크다 | 山 산 | 海 바다 | 川 강 | 今度 이번, 다음 | 行く 가다 | ~てみる ~해 보다 | ~たい ~하고 싶다

2ばん

**店の人と女の人が話しています。女の人が次にアルバイトをする日はいつですか。**

女: 仕事が終わりました。じゃあ、家に帰りますね。次は月曜日にまた来ます。

男: はい。あ、今日がもう金曜日ですか。加藤さんは月曜日と水曜日と金曜日にアルバイトをしていますね。

女: はい。

男: 明日アルバイトに来る人が風邪を引きましたから、働く人がいません。加藤さん、できますか？

女: えっと…。夜6時からできます。

男: よかったです。すみませんが、お願いします。

**女の人が次にアルバイトをする日はいつですか。**

1 げつようび
2 すいようび
3 きんようび
4 どようび

2번

**점원과 여자가 이야기하고 있습니다. 여자가 다음에 아르바이트를 하는 날은 언제입니까?**

여: 일이 끝났네요. 그럼 집에 가보겠습니다. 다음은 월요일에 다시 오겠습니다.

남: 네. 앗, 오늘이 벌써 금요일입니까? 가토 씨는 월요일과 수요일과 금요일에 아르바이트를 하고 있지요?

여: 네.

남: 내일 아르바이트하러 오는 사람이 감기에 걸려서 일할 사람이 없습니다. 가토 씨 가능합니까?

여: 음…. 저녁 6시부터 가능합니다.

남: 다행입니다. 미안하지만, 부탁합니다.

**여자가 다음에 아르바이트를 하는 날은 언제입니까?**

1 월요일
2 수요일
3 금요일
4 토요일

어휘 仕事 일 | 終わる 끝나다 | 家 집 | 帰る 돌아가(오)다 | 次 다음 | 月曜日 월요일 | また 다시 | 来る 오다 | 今日 오늘 | もう 벌써, 이미 | 金曜日 금요일 | 月曜日 월요일 | 水曜日 수요일 | アルバイト 아르바이트 | ~ている ~하고 있다 | 明日 내일 | 風邪を引く 감기에 걸리다 | から ~때문에 | 働く 일하다 | できる 가능하다

3ばん

**男の人と女の人が話しています。女の人は昨日どこに行きましたか。**

女: 中村さん、昨日は何をしていましたか。

男: 日曜日はいつも運動をします。

女: スポーツセンターでしますか。

男: はい。ときどき公園でもします。

女: 私は昨日新しいショッピングセンターに行ってきました。

男: あ、運動が終わってからその中の喫茶店に行きましたよ。

女: そうでしたか。

**女の人は　昨日　どこに　行きましたか。**

1

2 

3

4

3번

**남자와 여자가 이야기하고 있습니다. 여자는 어제 어디에 갔습니까?**

여: 나카무라 씨, 어제는 무엇을 했습니까?

남: 일요일은 항상 운동을 합니다.

여: 스포츠 센터에서 합니까?

남: 네, 가끔 공원에서도 합니다.

여: 저는 어제 새로운 쇼핑센터에 다녀왔습니다.

남: 아, 운동이 끝나고 나서 그 안에 있는 찻집에 갔었습니다.

여: 그랬습니까?

**여자는 어제 어디에 갔습니까?**

어휘 昨日 어제 | 何 무엇 | ~ている ~하고 있다 | 日曜日 일요일 | いつも 항상, 늘 | 運動 운동 | スポーツセンター 스포츠센터 | 時々 가끔, 때때로 | 公園 공원 | 昨日 어제 | 新しい 새롭다 | ショッピングセンター 쇼핑센터 | 行く 가다 | 来る 오다 | 終わる 끝나다 | ~てから ~하고 나서 | 中 안 | 喫茶店 찻집

4ばん

**男の人と女の人が話しています。女の人のお母さんはどの人ですか。**

男: 今日はピアノコンクールの日ですね。頑張りましょう。

女: はい。家族がみんな来ましたから、とても嬉しいです。

男: ええ、どこに座っていますか。

女: あそこです。あのかみが白くて眼鏡をかけている人が、父です。その隣にいる人が母です。

男: あ、かみが長い人ですね。

女: いえ、あの人は父の妹です。母はイヤリングをしています。

男: とてもきれいな人ですね。

**女の人のお母さんはどの人ですか。**

4번

**남자와 여자가 이야기하고 있습니다. 여자의 엄마는 어느 사람입니까?**

남: 오늘은 피아노 콩쿠르가 있는 날이네요. 힘냅시다.

여: 네. 가족 모두가 왔기 때문에 매우 기쁩니다.

남: 어디에 앉아 있나요?

여: 저기입니다. 저 머리가 하얗고 안경을 쓰고 있는 사람이 아빠입니다. 그 옆에 있는 사람이 엄마입니다.

남: 아 머리가 긴 분이네요.

여: 아뇨, 저 분은 아빠의 여동생입니다. 엄마는 귀걸이를 하고 있습니다.

남: 매우 예쁘신 분이네요.

**여자의 엄마는 어느 사람입니까?**

어휘 今日 오늘 | ピアノ 피아노 | コンクール 콩쿠르, 경연 대회 | 頑張る 분발하다, 힘내다 | ~ましょう ~합시다 | 家族 가족 | みんな 모두 | 来る 오다 | から ~때문에 | とても 매우 | 嬉しい 기쁘다 | どこ 어디 | 座る 앉다 | あそこ 저곳, 저기 | かみ 머리카락 | 白い 하얗다 | 眼鏡 안경 | かける (안경을) 끼다 | 父 아빠 | 隣 옆 | 母 엄마 | 長い 길다 | 妹 여동생 | イヤリング 귀걸이 | きれいだ 예쁘다

5ばん

**男の人と女の人が話しています。女の人は昨日誰と映画を見に行きましたか。**

男: この映画、もう見ましたか。

女: あ、私この映画、昨日見ましたよ。

男: え、そうですか。彼氏と見ましたか。

女: 彼氏はいませんよ。友達と約束をしていましたが、友達が昨日風邪を引いてしまいました。それで、姉と一緒に映画館に行って見ました。伊藤さんは見ましたか。

男: いいえ、まだです。一緒に見たかったですが、残念です。

**女の人は昨日誰と映画を見に行きましたか。**

1 かれし

2 ともだち

3 おねえさん

4 いとうさん

5번

**남자와 여자가 이야기하고 있습니다. 여자는 어제 누구와 영화를 보러 갔었습니까?**

남: 이 영화 벌써 봤나요?

여: 아, 저 이 영화 어제 봤어요.

남: 아 그렇습니까? 남자 친구와 봤나요?

여: 남자 친구는 없어요. 친구와 약속을 했는데, 친구가 어제 감기에 걸려 버렸어요. 그래서 언니와 함께 영화관에 가서 봤어요. 이토 씨는 봤나요?

남: 아뇨, 아직이에요. 같이 보고 싶었는데 유감이네요.

**여자는 어제 누구와 영화를 보러 갔었습니까?**

1 남자 친구

2 친구

3 언니

4 이토 씨

어휘 映画 영화 | もう 벌써, 이미 | 見る 보다 | 昨日 어제 | 彼氏 남자친구 | 友達 친구 | 約束 약속 | 風邪を引く 감기에 걸리다 | それで 그래서 | 姉 언니 | 一緒に 함께 | 映画館 영화관 | まだ 아직 | ます형+たい ~하고 싶다 | 残念だ 유감이다

6ばん

**テレビでアナウンサーが話しています。今日の天気は何ですか。**

男: 皆さんこんにちは。天気の時間です。昨日は雨が降りましたから、とても寒かったです。今日は雨じゃなくて、雪が降ります。昨日よりもっと寒いです。服をたくさん着て、外に出てください。明日の午前は曇りですが、午後には晴れます。

**今日の天気は何ですか。**

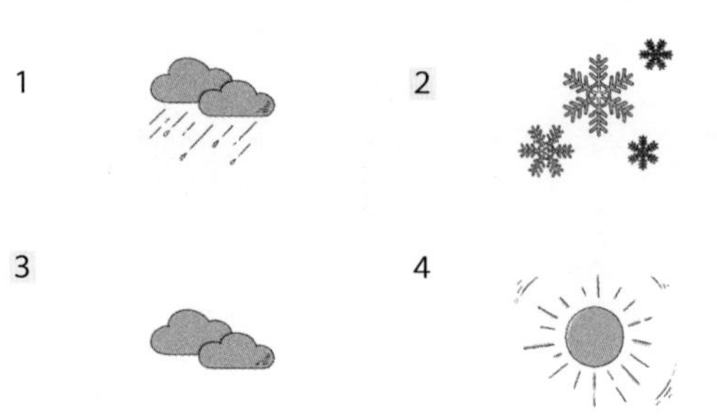

6번

**텔레비전에서 아나운서가 이야기하고 있습니다. 오늘 날씨는 어떻습니까?**

남: 여러분 안녕하세요. 날씨 시간입니다. 어제는 비가 내렸기 때문에 매우 추웠습니다. 오늘은 비가 아니라 눈이 내립니다. 어제보다 더 춥습니다. 옷을 많이 입고 밖에 나가 주세요. 내일 오전은 흐리지만 오후에는 맑습니다.

**오늘 날씨는 어떻습니까?**

어휘 テレビ 텔레비전 | アナウンサー 아나운서 | 話す 말하다, 이야기하다 | 天気 날씨 | 何 무엇 | 皆さん 여러분 | 時間 시간 | 雨 비 | 降る 내리다 | から ~때문에 | とても 매우 | 寒い 춥다 | 今日 오늘 | ~じゃなくて ~이 아니라 | 雪 눈 | 昨日 어제 | ~より ~보다 | 服 옷 | たくさん 많이 | 着る 입다 | 外 밖 | 出る 나가다 | ~てください ~해 주세요 | 明日 내일 | 午前 오전 | 曇り 흐림 | 午後 오후 | 晴れ 맑음

もんだい3

**もんだい３では、えを　みながら　しつもんを　きいて　ください。➡(やじるし)の　ひとは　なんと　いいますか。１から　３の　なかから、いちばん　いい　ものを　ひとつ　えらんで　ください。**

문제3

**문제 3 에서는 그림을 보면서 질문을 들어주세요. ➡(화살표)의 사람은 뭐라고 말합니까? 1에서 3 중에서 가장 알맞은 것을 하나 골라 주세요.**

れい

学校で友だちに会いました。何といいますか。

女: 1　ありがとう。
　　2　おはよう。
　　3　じゃ、またね。

예

학교에서 친구를 만났습니다. 뭐라고 말합니까?

여: 1　고마워.
　　2　안녕?
　　3　그럼, 또 봐.

1ばん

**友達と映画を見たいです。映画を選んでいます。何といいますか。**

女:1　おもしろかったですね。
　　2　何にしましょうか。
　　3　いくらでしたか。

1번

친구와 영화를 보고 싶습니다. 영화를 고르고 있습니다. 뭐라고 말합니까?

여: 1　재미있었네요.
　　2　뭐로 할까요?
　　3　얼마였습니까?

어휘 友達 친구 | 映画 영화 | 見る 보다 | 選ぶ 고르다 | おもしろい 재미있다 | 何 무엇 | ~にする ~로 하다 | いくら 얼마

2ばん

昔の友達に会いました。何といいますか。

男:1　いってらっしゃい。

2　ひさしぶりですね。

3　おかえりなさい。

2번

옛날 친구를 만났습니다. 뭐라고 말합니까?

남: 1　다녀오세요.

2　오랜만이네요.

3　어서 오세요.

어휘　昔 옛날 | 友達 친구 | 会う 만나다 | 久しぶり 오랜만 | 帰る 돌아오(가)다 | ～なさい ~하세요

3ばん

DVDを友達に貸したいです。何といいますか。

男:1　これ、見ませんか。

2　これ、ありがとうございました。

3　これ、見てもいいですか。

3번

DVD를 친구에게 빌려주고 싶습니다. 뭐라고 말합니까?

남: 1　이거 보지 않겠습니까?

2　이거 감사합니다.

3　이거 봐도 됩니까?

어휘　友達 친구 | 貸す 빌려주다 | ～たい ~하고 싶다 | これ 이것 | ～ませんか ~하지 않겠습니까? | ～てもいいですか ~해도 됩니까?

4ばん

消しゴムが使いたいですが、持っていません。隣の人に何といいますか。

男：1　消しゴムをかりてもいいですか。

2　消しゴムをかしてもいいですか。

3　消しゴムをあげてもいいですか。

4번

지우개를 쓰고 싶은데, 갖고 있지 않습니다. 옆 사람에게 뭐라고 말합니까?

남: 1　지우개를 빌려도 됩니까?

2　지우개를 빌려줘도 됩니까?

3　지우개를 줘도 됩니까?

어휘　消しゴム 지우개 | 使う 사용하다 | 持つ 가지다, 들다 | 隣 옆 | 借りる 빌리다 | 貸す 빌려주다 | あげる (내가 다른 사람에게)주다

5ばん

風邪を引きました。家に帰りたいです。何といいますか。

女：1　家に帰りましたよ。

2　家に帰ってください。

3　家に帰ってもいいですか。

5번

감기에 걸렸습니다. 집에 돌아가고 싶습니다. 뭐라고 말합니까?

여: 1　집에 돌아갔어요.

2　집에 돌아가 주세요.

3　집에 돌아가도 됩니까?

어휘　風邪を引く 감기에 걸리다 | 家 집 | ~てください ~해 주세요

もんだい4

**もんだい 4 では、えなどが　ありません。ぶんを　きいて、1 から 3 のなかから、いちばん　いい　ものを　ひとつ　えらんで　ください。**

문제4

**문제4는 그림 등이 없습니다. 문장을 듣고, 1에서 3 중에서 가장 알맞은 것을 하나 골라 주세요.**

れい

女: きょうは　なんようびですか。

男: 1　あさってです。

2　とおかです

3　きんようびです。

예

여: 오늘은 무슨 요일이에요?

남: 1　내일 모레입니다.

2　10일입니다.

3　금요일입니다.

1ばん

女: 料理を作ることはできますか。

男: 1　はい、とてもおいしいです。

2　ありがとうございます。いただきます。

3　いいえ、できません。

1번

여: 요리를 할 줄 압니까?

남: 1　네, 매우 맛있습니다.

2　감사합니다. 잘 먹겠습니다.

3　아니요, 못 합니다.

어휘　料理 요리 | 作る 만들다 | できる 가능하다 | とても 매우 | おいしい 맛있다

2ばん

男: 佐々木さん、ちょっと写真を撮ってください。

女: 1　はい、いいですよ。

2　本当ですか。

3　じゃあ、おねがいします。

2번

남: 사사키 씨, 사진 좀 찍어 주세요.

여: 1　네, 좋아요.

2　사실입니까?

3　그럼 부탁합니다.

어휘　ちょっと 좀, 조금, 잠시 | 写真 사진 | 撮る 찍다 | ~てください ~해 주세요 | いい 좋다 | 本当 진짜, 사실

3ばん

男: これ、マリアさんが作ったケーキですか。

女: 1　私も作りたいです。

2　ケーキ屋で買いましょう。

3　そうです。どうですか。

3번

남: 이거 마리아 씨가 만든 케이크입니까?

여: 1　저도 만들고 싶습니다.

2　케이크 가게에서 삽시다.

3　그렇습니다. 어떻습니까?

어휘　ケーキ 케이크 | ケーキ屋 케이크 가게 | 買う 사다 | ~ましょう ~합시다 | どうですか 어떻습니까

4ばん

男: 石原さんの家の周りは便利ですか。

女: 1　はい、たてものが全然ないし、とても静かです。

2　はい、大きいデパートやスーパーがあります。

3　はい、家は駅からちょっと遠いです。

4번

남: 이시하라 씨의 집 근처는 편리합니까?

여: 1　네, 건물이 전혀 없고 매우 조용합니다.

2　네, 큰 백화점과 슈퍼가 있습니다.

3　네, 집은 역에서 조금 멉니다.

어휘　家 집 | 周り 근처, 주변 | 便利だ 편리하다 | たてもの 건물 | 全然 전혀 | とても 매우 | 静かだ 조용하다 | 大きい 크다 | デパート 백화점 | スーパー 슈퍼 | 駅 역 | ちょっと 조금, 잠시 | 遠い 멀다

5ばん

女: 毎朝何時の電車に乗りますか。

男: 1　電車の中で寝ます。

2　7時の電車です。

3　2時間ぐらいかかります。

5번

여: 매일 아침 몇 시에 전철을 탑니까?

남: 1　전철 안에서 잡니다.

2　7시 전철입니다.

3　2시간 정도 걸립니다.

어휘　毎朝 매일 아침 | 何時 몇 시 | 電車 전철 | ~に乗る ~을 타다 | 中 안 | 寝る 자다 | 時間 시간 | ぐらい 정도 | かかる 걸리다, 소요되다

6ばん

男: 山田さんのお兄さんはおいくつですか。

女: 1　兄は今21歳で、大学生です。

2　私は姉が2人います。

3　家族は全部で5人です。

6번

남: 야마다 씨의 오빠는 몇 살입니까?

여: 1　오빠는 지금 21살로 대학생입니다.

2　저는 언니가 2명 있습니다.

3　가족은 전부 5명입니다.

어휘　お兄さん 형, 오빠 | おいくつ 몇 살 | 兄 형, 오빠 | 今 지금 | 歳 ~살 | 大学生 대학생 | 姉 언니 | 二人 두 명 | 家族 가족 | 全部 전부

MEMO

# 실전 모의테스트 2회 정답 및 해석

## 1교시 언어지식(문자·어휘+문법)×독해

| 언어지식(문자·어휘) |

문제1 1 2　2 1　3 3　4 2　5 4　6 1　7 2　8 4　9 4　10 3　11 3　12 2

문제2 13 1　14 1　15 1　16 3　17 3　18 3　19 1　20 3

문제3 21 2　22 3　23 4　24 1　25 3　26 1　27 3　28 1　29 3　30 1

문제4 31 4　32 1　33 3　34 2　35 4

| 언어지식(문법)·독해 |

문제1 1 4　2 4　3 2　4 3　5 2　6 4　7 1　8 2　9 1　10 3　11 1　12 3　13 2
14 2　15 3　16 4

문제2 17 1　18 4　19 4　20 4　21 1

문제3 22 1　23 1　24 3　25 2　26 3

문제4 27 2　28 3　29 2

문제5 30 4　31 4

문제6 32 2

## 2교시 청해

| 청해 |

문제1 1 3　2 3　3 3　4 2　5 4　6 2　7 3

문제2 1 4　2 4　3 3　4 3　5 4　6 3

문제3 1 2　2 3　3 3　4 2　5 3

문제4 1 1　2 1　3 3　4 1　5 3　6 2

## 1교시 언어지식(문자·어휘+문법)x독해

| 언어지식(문자·어휘) |

**문제 1 ____의 단어는 히라가나로 어떻게 씁니까? 1·2·3·4 중 가장 올바른 것을 하나 고르세요.**

1 2 엄마는 책을 읽고 있습니다.
어휘 はは 엄마 | よむ 읽다 | ~ている ~하고 있다

2 1 기무라 씨는 휴가에 무엇을 할 예정입니까?
어휘 何(なに) 무엇 | する 하다 | つもり 예정

3 3 저는 생선 요리를 좋아합니다.
어휘 りょうり 요리 | すきだ 좋아하다

4 2 저 가게에서 산 새로운 가방은 3만 엔입니다.
어휘 あの 저 | みせ 가게 | かう 사다 | あたらしい 새롭다 | かばん 가방

5 4 야마다 씨는 흰 옷을 샀습니다.
어휘 ふく 옷 | かう 사다

6 1 책을 선반에 올려 주세요.
어휘 ほん 책 | たな 선반 | ~てください ~해 주세요

7 2 반에 여학생은 4명입니다.
어휘 クラス 반 | おんな 여자 | がくせい 학생

8 4 의자 아래에서 귀여운 고양이가 자고 있습니다.
어휘 いす 의자 | かわいい 귀엽다 | ねこ 고양이 | ねる 자다

9 4 영어 수업은 오후 5시부터입니다.
어휘 えいご 영어 | じゅぎょう 수업 | ~から ~부터

10 3 저는 일본의 가장 남(쪽)에 있는 오키나와에 살고 있습니다.
어휘 にほん 일본 | いちばん 가장 | おきなわ 오키나와(지명) | すむ 살다 | ~ている ~하고 있다

11 3 이 치마보다 더 긴 치마를 갖고 싶습니다.
어휘 この 이 | スカート 치마 | もっと 더 | ほしい 갖고 싶다

12 2 주말에는 가족과 꽃구경을 갔습니다.
어휘 しゅうまつ 주말 | かぞく 가족 | いく 가다

**문제 2 ____의 단어는 어떻게 씁니까? 1·2·3·4 중 가장 올바른 것을 하나 고르세요.**

13 1 마에다 씨의 회사는 역에서 가깝습니다.
어휘 えき 역 | ~から ~에서(부터) | ちかい 가깝다

14 1 매일 아침 샤워를 합니다.
어휘 まいあさ 매일 아침 | あびる 씻다, (샤워를) 하다

15 1 나와 남동생의 신발은 같습니다.
어휘 おとうと 남동생 | くつ 신발

16 3 자기 전에 음악을 듣습니다.
어휘 ねる 자다 | まえ 전 | おんがく 음악

17 3 내일은 축구 시합이 있습니다.
어휘 あした 내일 | サッカー 축구 | ある 있다

18 3 버스보다 전철 쪽이 빠릅니다.
어휘 バス 버스 | ~より ~보다 | ほう 쪽, 편 | はやい 빠르다

19 1 공원은 역의 동쪽에 있습니다.
어휘 こうえん 공원

20 3 이번 달 달력을 샀습니다.
어휘 カレンダー 달력 | かう 사다

## 문제 3 (　　)에 무엇을 넣습니까? 1·2·3·4 중 가장 올바른 것을 하나 고르세요.

21　2　이것은 엄마가 준 소중한 반지입니다.

어휘　これ 이것 | はは 엄마 | くれる (다른 사람이 나에게) 주다 | ゆびわ 반지

22　3　어제 본 영화는 그다지 재미있지 않았습니다.

어휘　きのう 어제 | みる 보다 | えいが 영화 | あまり 그다지

23　4　모자를 쓰고 있는 사람이 나의 남동생입니다.

어휘　ぼうし 모자 | ひと 사람 | おとうと 남동생

24　1　따뜻한 커피를 마시고 싶습니다.

어휘　あたたかい 따뜻하다 | のむ 마시다

25　3　야마다 씨는 작년까지 저기 서점에서 근무했습니다.

어휘　きょねん 작년 | ~まで ~까지 | あそこ 저기, 저곳 | ほんや 서점

26　1　저 모퉁이를 오른쪽으로 도세요.

어휘　あの 저 | みぎ 오른쪽 | まがる 돌다 | ~てください ~해 주세요

27　3　교과서 33페이지를 봐 주세요.

어휘　きょうかしょ 교과서 | みる 보다 | ~てください ~해 주세요

28　1　어젯밤 친구와 도서관에서 공부했습니다.

어휘　ともだち 친구 | としょかん 도서관 | べんきょうする 공부하다

29　3　나는 처음 이곳에 왔습니다.

어휘　ここ 이곳, 여기 | くる 오다

30　1　이 마을은 자전거를 빌리는 곳이 있어서 편리합니다.

어휘　この 이 | まち 마을 | じてんしゃ 자전거 | かりる 빌리다 | ところ 곳, 장소

## 문제 4 ＿＿의 문장과 대체적으로 비슷한 의미의 문장이 있습니다. 1·2·3·4 중 가장 올바른 것을 하나 고르세요.

31　4　<u>나는 조용한 마을로 이사했습니다.</u>

1　나는 깨끗하지 않은 마을로 이사했습니다.
2　나는 저렴하지 않은 마을로 이사했습니다.
3　나는 유명하지 않은 마을로 이사했습니다.
4　나는 시끄럽지 않은 마을로 이사했습니다.

어휘　しずかだ 조용하다 | まち 마을 | ひっこす 이사하다 | きれいだ 깨끗하다 | やすい 저렴하다 | ゆうめいだ 유명하다 | うるさい 시끄럽다

32　1　<u>저녁밥은 만들어서 먹습니다.</u>

1　저녁밥은 요리를 해서 먹습니다.
2　저녁밥은 사서 먹습니다.
3　저녁밥은 엄마가 만듭니다.
4　저녁밥은 친구와 먹습니다.

어휘　ゆうしょく 저녁밥 | つくる 만들다 | りょうり 요리 | たべる 먹다 | かう 사다 | おかあさん 엄마 | ともだち 친구

33　3　<u>저곳은 우체국입니다.</u>

1　저곳에서 수박과 딸기를 삽니다.
2　저곳에서 빵과 우유를 삽니다.
3　저곳에서 우표와 엽서를 삽니다.
4　저곳에서 책과 잡지를 삽니다.

어휘　ゆうびんきょく 우체국 | スイカ 수박 | イチゴ 딸기 | かう 사다 | パン 빵 | ぎゅうにゅう 우유 | きって 우표 | はがき 엽서 | ほん 책 | ざっし 잡지

34 2 나는 강아지와 걷는 것을 좋아합니다.

1 나는 강아지와 자는 것을 좋아합니다.

2 나는 강아지와 산책하는 것을 좋아합니다.

3 나는 강아지와 도는 것을 좋아합니다.

4 나는 강아지와 달리는 것을 좋아합니다.

어휘 いぬ 강아지 | あるく 걷다 | すきだ 좋아하다 | ねる 자다 | さんぽ 산책 | まがる 돌다 | はしる 달리다

35 4 이 가게는 몇 시까지입니까?

1 이 가게는 몇 시에 쉽니까?

2 이 가게는 몇 시에 시작됩니까?

3 이 가게는 몇 시에 엽니까?

4 이 가게는 몇 시에 닫습니까?

어휘 この 이 | みせ 가게 | 何時(なんじ) 몇 시 | やすむ 쉬다 | はじまる 시작되다 | あける 열다 | しまる 닫다

| 언어지식(문법)·독해 |

**문제 1 다음 문장의 ( )에 들어갈 것으로 가장 적당한 것을 1·2·3·4에서 하나 고르세요.**

1 4 그가 이 반의 학생입니다.

어휘 彼(かれ) 그 | クラス 반 | 学生(がくせい) 학생

2 4 책상 아래에 가방이 있습니다.

어휘 つくえ 책상 | 下(した) 아래 | かばん 가방 | ある 있다

3 2 전부해서 얼마입니까?

어휘 全部(ぜんぶ) 전부 | いくら 얼마

4 3 파란 색 신발이 제 것입니다.

어휘 あおい 파랗다 | くつ 신발

5 2 야마다 씨가 올지 어쩔지 모릅니다.

어휘 来(く)る 오다 | どうか 어쩔지 | わかる 알다

6 4 이것은 '수박'이라고 하는 과일입니다.

어휘 これ 이것 | スイカ 수박 | くだもの 과일

7 1 여동생은 이틀 전부터 꽃집에서 일하고 있습니다.

어휘 いもうと 여동생 | 二日前(ふつかまえ) 이틀 전 | 花(はな)や 꽃집 | 働(はたら)く 일하다 | ~ている ~하고 있다

8 2 가방 안에는 책밖에 없습니다.

어휘 かばん 가방 | 中(なか) 안 | 本(ほん) 책

9 1 마이클 씨는 미국인이며 학생입니다.

어휘 アメリカ人(じん) 미국인

10 3 A: 파란색 넥타이를 사고 싶습니다.

B: 이쪽의 넥타이는 어떠십니까?

어휘 あおい 파랗다 | ネクタイ 넥타이 | 買(か)う 사다 | こちら 이쪽

11 1 '잘 먹겠습니다'는 어떠한 의미입니까?

어휘 いただきます 잘 먹겠습니다 | いみ 의미

12 3 수업 중에 스마트폰을 사용하지 마세요.

어휘 じゅぎょう 수업 | スマホ 스마트폰

13 2 밥을 먹기 전에 샤워를 합시다.

어휘 ご飯(はん) 밥 | 前(まえ) 전 | シャワー 샤워 | あびる 씻다, (샤워를) 하다

14 2 야마다: 마에다 씨는 무엇을 하고 있습니까?

마에다: 숙제를 하고 있습니다.

어휘 何(なに) 무엇 | ~ている ~하고 있다 | 宿題(しゅくだい) 숙제

15 3 A: 호러 영화는 좋아하십니까?

B: 아니요, 호러 영화는 그다지 좋아하지 않습니다.

어휘 ホラー 호러, 공포 | 映画(えいが) 영화 | 好(す)きだ 좋아하다 | いいえ 아니요

16 4 죄송합니다. 여기서 조금 기다려 주세요.

어휘 すみません 죄송합니다 | ここ 여기, 이곳 | すこし 조금

문제 2 **다음 문장의 ___★___에 들어갈 것으로 가장 적당한 것을 1·2·3·4에서 하나 고르세요.**

17 1 4 英語 3 に 1 ★きょうみ 2 が

아들은 영어에 흥미가 없습니다.

어휘 むすこ 아들 | 英語(えいご) 영어 | きょうみ 흥미

18 4 3 みんな 2 映画館 4 ★に 1 入って

영화가 시작되어 모두 영화관에 들어 간다.

어휘 映画(えいが) 영화 | 始(はじ)まる 시작되다 | 行(い)く 가다 | 入(はい)る 들어가다 | 映画館(えいがかん) 영화관 | みんな 모두

19 4 3 ラーメン 2 に 4 ★ 何 1 か

저기요, 라면에 무언가가 들어가 있습니다.

어휘 すみません 저기요, 죄송합니다 | ラーメン 라면 | 何(なに) 무엇

20 4 2 勉強する 4 ★ 人 1 が 3 ふえて

외국어를 공부하는 사람이 늘고 있습니다.

어휘 外国語(がいこくご) 외국어 | 勉強(べんきょう)する 공부하다 | ふえる 늘다 | 人(ひと) 사람

21 1 3 彼 2 の 1 ★本 4 を

저는 그의 책을 아직 읽지 않았습니다.

어휘 まだ 아직 | よむ 읽다 | 本(ほん) 책 | 彼(かれ) 그

문제 3 **다음 문장을 읽고 문장 전체의 내용을 생각하여 [22] 부터 [26] 안에 들어갈 적당한 것을 1·2·3·4에서 하나 고르세요.**

쿠로다 씨와 마츠야마 씨는 '좋아하는 곳'의 작문을 써서 반 모두의 앞에서 읽었습니다.

(1) 쿠로다 씨의 작문

나는 산을 좋아합니다. 어렸을 때는 [22] 그다지 좋아하지 않았습니다만 매주 아빠와 산을 오르며 좋아하게 되었습니다. 매우 힘들지만, 가끔 시원한 바람도 불기 때문에 기분이 좋습니다. [23] 또한 산에서 먹는 과일은 전부 맛있습니다. 몸에도 좋은 운동이 되기 때문에 산을 좋아합니다.

(2) 마츠야마 씨의 작문

나는 바다를 좋아합니다. 바다에서 헤엄치는 것도 좋아하지만, 바다 속에 있는 물고기를 보는 것도 좋아합니다. 나의 집 [24] 에서 바다는 멀지만, 매우 좋아하기 때문에 매달 갑니다. 집 근처에는 [25] 산밖에 없지만 산에는 그다지 가지 않습니다. 나는 걷는 것을 좋아하지 않습니다. 바다 근처로 이사 [26] 하고 싶습니다.

어휘 山(やま) 산 | 子供(こども) 아이 | あまり 그다지 | 好(す)きだ 좋아하다 | 毎週(まいしゅう) 매주 | 父(ちち) 아빠 | 登(のぼ)る 오르다 | とても 매우 | 大変(たいへん)だ 힘들다 | ときどき 가끔, 때때로 | すずしい 시원하다 | かぜ 바람 | 吹(ふ)く 불다 | ので 때문에 | 気持(きも)ち 기분, 마음 | いい 좋다 | 食(た)べる 먹다 | くだもの 과일 | どれも 전부(어느 것도) | おいしい 맛있다 | 体(からだ) 몸 | 運動(うんどう) 운동 | 海(うみ) 바다 | 泳(およ)ぐ 헤엄치다 | 中(なか) 안, 속 | 魚(さかな) 물고기 | 見(み)る 보다 | 家(いえ) 집 | とおい 멀다 | 毎月(まいつき) 매달 | 行(い)く 가다 | 歩(ある)く 걷다 | 近(ちか)く 근처 | ひっこし 이사

22 1 1 그다지 2 밖에 3 정도 4 정도

23 1 1 또한 2 그래서 3 그러나 4 그러나

24 3 1 에, 에게 2 에서
3 ~에서(부터) 4 ~까지

25 2 1 산은 없지만 2 산밖에 없지만
3 산이 없지만 4 산도 없지만

26 3 1 했습니다 2 하지 않습니다
3 하고 싶습니다 4 하고 싶지 않습니다

| 독해 |

**문제 4 다음 (1)부터 (3)의 문장을 읽고 질문에 답하세요. 답은 1·2·3·4에서 가장 적당한 것을 하나 고르세요.**

(1)

저는 4인 가족으로 집은 오사카에 있습니다. 아빠는 회사원입니다. 지금은 혼자서 도쿄에 살고 일을 하고 있습니다. 엄마는 주부이며 요리를 잘합니다. 남동생은 중학생이고 축구가 취미입니다. 주말에는 아빠가 오기 때문에 남동생과 같이 축구를 하거나 합니다.

27 '나'의 집에는 누가 살고 있습니까?

1 아빠, 엄마, 남동생, 나
2 엄마, 남동생, 나
3 아빠, 남동생, 나
4 아빠, 엄마, 나

어휘 家族(かぞく) 가족 | 家(いえ) 집 | おおさか 오사카 | 父(ちち) 아빠 | 会社員(かいしゃいん) 회사원 | 今(いま) 지금 | 一人(ひとり)で 혼자서 | とうきょう 도쿄 | 住(す)む 살다 | 仕事(しごと) 일 | 母(はは) 엄마 | しゅふ 주부 | 料理(りょうり) 요리 | 上手(じょうず)だ 능숙하다, 잘하다 | 弟(おとうと) 남동생 | 中学生(ちゅうがくせい) 중학생 | サッカー 축구 | しゅみ 취미 | 週末(しゅうまつ) 주말 | 来(く)る 오다 | いっしょに 함께, 같이 | ~たり する ~하거나 하다

(2)

★카페OPEN

다음 주 월요일에 카페가 오픈합니다.
수요일까지 400엔인 커피가 한 잔에 100엔입니다.
맛있는 딸기 케이크는 수요일만 200엔이 됩니다.
시간은 아침 9시에 열리고 저녁 8시에 닫힙니다.
꼭 와 주세요.

28 저렴한 커피를 마시고 싶을 때, 언제 갑니까?

1 이번 주 월요일 오전 7시
2 이번 주 수요일 오전 10시
3 다음 주 월요일 오후 7시
4 다음 주 수요일 오후 10시

어휘 来週(らいしゅう) 다음 주 | 月曜日(げつようび) 월요일 | カフェ 카페 | オープン 오픈 | 水曜日(すいようび) 수요일 | コーヒー 커피 | 一杯(いっぱい) 한 잔 | おいしい 맛있다 | いちご 딸기 | ケーキ 케이크 | だけ 만, 뿐 | 時間(じかん) 시간 | 朝(あさ) 아침 | あく 열리다 | 夜(よる) 저녁 | しまる 닫히다 | ぜひ 꼭, 부디 | ~てください ~해 주세요

(3)

마쓰다 씨의 책상 위에 이 메모와 카메라가 있습니다.

마쓰다 씨
오늘은 야마다 씨의 집에서 파티를 하는데 나는 아르바이트가 있어서 갈 수 없습니다. 미안합니다.
얼마 전 파티 때, 카메라를 사용하고 싶다고 야마다 씨가 말했기 때문에 오늘 가져왔습니다. 바로 돌려주지 않아도 됩니다. 야마다 씨에게 건네 주세요. 모레 야마다 씨를 만나기 때문에 그때 받겠습니다.

스즈키

29 마쓰다 씨는 파티 후에 카메라를 어떻게 합니까?

1 돌려주지 않고 본인이 사용합니다.
2 야마다 씨에게 건넵니다.
3 스즈키 씨에게 돌려줍니다.
4 야마다 씨에게 받습니다.

어휘 今日(きょう) 오늘 | パーティー 파티 | バイト 아르바이트 | 行(い)く 가다 | ごめんなさい 미안합니다 | この前(まえ) 얼마 전 | ~時(とき) ~때 | カメラ 카메라 | 使(つか)う 사용하다 | 言(い)う 말하다 | 持(も)つ 가지다, 들다 | すぐ 바로, 곧장 | かえす 돌려주다 | ~なくても いい ~하지 않아도 되다 | わたす 건네다 | あさって 모레 | 会(あ)う 만나다 | もらう 받다

**문제 5 다음 문장을 읽고 질문에 답하세요. 답은 1·2·3·4에서 가장 적당한 것을 하나 고르세요.**

이것은 린 씨가 쓴 작문입니다.

> 괜찮습니다
>
> 린 • 메이
>
> 어제 나는 친구와 영화를 보고 밥을 먹을 약속을 했었습니다. 11시에 영화관 앞에서 만날 약속이었습니다.
>
> 나는 영화관 앞에 약속 10분 전에 도착했습니다. 사람은 그다지 없었습니다. 11시가 되었지만 친구가 오지 않았습니다. 매우 화가 났습니다.
>
> 30분 후에 친구가 와서 '정말 미안해요'라고 말했습니다. 친구는 슬픈 얼굴을 하고 있었습니다. 나는 '무슨 일이에요?'라고 물었습니다.
>
> 친구는 '아침에 우리 강아지가 산책을 하고 있을 때 어딘가에 가 버렸습니다. 지금도 가족이 찾고 있습니다'라고 말했습니다. 나는 '그랬던 거예요? 괜찮습니다. 함께 찾읍시다'라고 말하고 친구의 집으로 갔습니다.

30 왜 화났습니까?

1 빨리 영화관에 도착했기 때문에

2 약속 장소를 잘못 알았기 때문에

3 사람이 없었기 때문에

4 친구가 오지 않았기 때문에

31 '나'와 친구는 앞으로 무엇을 합니까?

1 친구의 강아지를 찾고 나서 영화를 봅니다.

2 친구의 강아지를 찾고 나서 밥을 먹습니다.

3 친구의 집에 가서 강아지와 산책합니다.

4 친구의 집에 가서 강아지를 찾습니다.

**어휘** 昨日(きのう) 어제 | 友(とも)だち 친구 | 映画(えいが) 영화 | 見(み)る 보다 | ご飯(はん) 밥 | 食(た)べる 먹다 | 約束(やくそく) 약속 | 映画館(えいがかん) 영화관 | 前(まえ) 앞 | あまり~ない 그다지~않다 | ~に なる ~가 되다 | とても 매우 | おこる 화나다 | ほんとうに 정말로 | 言(い)う 말하다 | かなしい 슬프다 | かお 얼굴 | 朝(あさ) 아침 | 犬(いぬ) 강아지 | さんぽ 산책 | 今(いま)も 지금도 | 家族(かぞく) 가족 | さがす 찾다 | 大丈夫(だいじょうぶ)だ 괜찮다

**문제 6 오른쪽 페이지를 읽고 아래 질문에 답하세요. 답은 1·2·3·4에서 가장 적당한 것을 하나 고르세요.**

> Lucky DAY
>
> 럭키 영화관
>
> 럭키데이는 영화 티켓이 저렴한 날입니다!
>
> A 럭키데이(월 • 목) 회사원 중 여자에게 저렴한 날입니다.
>
> B 럭키데이(월 • 토) 70세 이상인 사람에게 저렴한 날입니다.
>
> C 럭키데이(화 • 수) 18세까지인 사람에게 저렴한 날입니다.
>
> D 럭키데이(목 • 금) 커플에게 저렴한 날입니다.
>
> E 럭키데이(화 • 금) 회사원 중 남자에게 저렴한 날입니다.
>
> 저렴해요!
>
> * 3월14일(월)~3월16일(수) 저녁 8시보다 늦은 영화는 10% 저렴합니다!

32 다나카 씨는 회사원이고 남자입니다. 혼자서 영화를 보러 가고 싶습니다. 언제 영화가 가장 저렴합니까?

1 3월 15일(화) 저녁 7시 영화

2 3월 15일(화) 저녁 9시 영화

3 3월 18일(금) 저녁 7시 영화

4 3월 18일(금) 저녁 9시 영화

**어휘** 映画館(えいがかん) 영화관 | チケット 티켓 | やすい 저렴하다 | 会社員(かいしゃいん) 회사원 | 女(おんな)の人(ひと) 여자 | ~さい ~세(나이) | まで ~까지 | カップル 커플 | 男(おとこ)の人(ひと) 남자 | 夜(よる) 저녁 | おそい 늦다

## 2교시 청해 10

もんだい1

**もんだい１では、はじめに　しつもんを　きいて　ください。それから　はなしを　きいて、もんだいようしの　１から４の　なかから、いちばん　いい　ものを　ひとつ　えらんで　ください。**

れい

**学校で先生と男の学生が話しています。男の学生はこれからまず何をしますか。**

女: どうしたんですか。

男: すこし寒くて、頭も痛いです。

女: 早く病院に行ったほうがいいですが、薬は飲みましたか。

男: はい、もう飲みました。

女: じゃ、今日は家に帰って早く寝てください。

**男の学生はこれからまず何をしますか。**

1　びょういんへ　いく。

2　くすりを　のむ。

3　うちへ　かえる。

4　はやく　ねる。

문제1

**문제1에서는 처음에 질문을 들으세요. 그리고 이야기를 듣고, 문제 용지의 1 에서 4 중에서 가장 알맞은 것을 하나 골라 주세요.**

예

**학교에서 선생님과 남학생이 이야기하고 있습니다. 남학생은 이제부터 우선 무엇을 합니까?**

여: 무슨일 이에요?

남: 조금 춥고 머리도 아파요.

여: 빨리 병원에 가는 편이 좋을 것 같은데, 약은 먹었나요?

남: 네, 이미 먹었습니다.

여: 그럼, 오늘은 집에 가서 빨리 자요.

**남학생은 이제부터 우선 무엇을 합니까?**

1　병원에 간다.

2　점심을 먹는다.

3　집에 돌아간다.

4　일찍 잔다.

1ばん

**男の人と女の人が話しています。男の人はこれから何をしますか。**

女: 元気がないですね。どうしましたか。

男: 最近、彼女と電話していません。

女: どうしてですか。

男: 私が彼女の誕生日を忘れたからです。プレゼントを買いましたが、まだあげていません。

女: メッセージは送りましたか。

男: はい。でも、彼女から何もメッセージが来ません。彼女の家に行った方がいいですか。

女: そうですね…。いいえ、その前にもう一度送ってみましょう。

男: そうですね。そうしてみます。

**男の人はこれから何をしますか。**

1 

2 

3 

4 

1번

**남자와 여자가 이야기하고 있습니다. 남자는 이제부터 무엇을 합니까?**

여: 기운이 없네요. 무슨 일인가요?

남: 최근에 여자친구와 전화를 안 하고 있어요.

여: 왜요?

남: 제가 여자친구의 생일을 잊어버렸기 때문입니다. 선물을 샀지만, 아직 주지 않았습니다.

여: 메시지는 보냈습니까?

남: 네. 그러나 여자친구에게 아무 메시지도 오지 않습니다. 여자친구 집에 가는 편이 좋을까요?

여: 글쎄요…. 아니요, 그 전에 한 번 더 보내 봅시다.

남: 그렇지요. 그렇게 해 보겠습니다.

**남자는 이제부터 무엇을 합니까?**

**어휘** 元気だ 활기차다 | 最近 최근 | 彼女 여자친구, 그녀 | 誕生日 생일 | 忘れる 잊다 | ~から ~때문 | プレゼント 선물 | 買う 사다 | まだ 아직 | あげる (내가 다른 사람에게) 주다 | メッセージ 메시지 | 送る 보내다 | 何も 아무것도 | 来る 오다 | 家 집 | ~た方がいい ~하는 편이 좋다 | もう一度 한 번 더 | ~ましょう ~합시다

2ばん

**男の人と女の人が話しています。女の人は友達とどこで会いますか。**

男: 明日、佐藤さんと木村さんとカラオケに行きますが、前田さんも行きませんか。

女: いいですね。行きます。

男: 学校の近くのカフェの前で10時に会う約束をしました。

女: あ、いつも皆で行くところですね。

男: はい、デパートの隣の。じゃあまた明日会いましょう。

女: 分かりました。

**女の人は友達とどこで会いますか。**

1 カラオケ

2 がっこう

3 カフェ

4 デパート

2번

**남자와 여자가 이야기하고 있습니다. 여자는 친구와 어디서 만납니까?**

남: 내일 사토 씨와 기무라 씨와 노래방에 가는데, 마에다 씨도 가지 않겠습니까?

여: 좋네요. 가겠습니다.

남: 학교 근처 카페 앞에서 10시에 만날 약속을 했습니다.

여: 아, 항상 다 같이 가는 곳이지요.

남: 네, 백화점 옆에 있는. 그럼 내일 만납시다.

여: 알겠습니다.

**여자는 친구와 어디서 만납니까?**

1 노래방

2 학교

3 카페

4 백화점

**어휘** 明日 내일 | カラオケ 노래방 | 行く 가다 | ～ませんか ~하지 않겠습니까? | 学校 학교 | 近く 근처 | カフェ 카페 | 前 앞 | 会う 만나다 | 約束 약속 | いつも 항상, 늘 | ところ 곳, 장소 | デパート 백화점 | 隣 옆 | また 또, 다시

3ばん

**男の人と女の人が話しています。男の人は女の人にどんな本を借りてきますか。**

男: 私、今から図書館に行って来ますが、竹田さんにも何か本を借りてきましょうか。

女: ありがとうございます。じゃあ、最近英語を勉強していますから、何か英語の小説をお願いします。

男: いいですよ。

女: 日本語ではいつもあつい小説を読みますが、英語では全部読むのが大変ですから、うすいものがいいです。

男: 分かりました。

**男の人は女の人にどんな本を借りてきますか。**

3번

**남자와 여자가 이야기하고 있습니다. 남자는 여자에게 어떤 책을 빌려 옵니까?**

남: 저, 이제부터 도서관에 다녀올 건데, 다케다 씨에게도 뭔가 책을 빌려 올까요?

여: 고맙습니다. 그럼 최근 영어를 공부하고 있으니 뭔가 영어 소설을 부탁드립니다.

남: 알겠습니다.

여: 일본어로는 항상 두꺼운 소설을 읽는데, 영어로는 전부 읽는 것이 힘드니까 얇은 것이 좋습니다.

남: 알겠습니다.

**남자는 여자에게 어떤 책을 빌려 옵니까?**

1 あつい えいごの しょうせつ

2 あつい にほんごの しょうせつ

3 うすい えいごの しょうせつ

4 うすい にほんごの しょうせつ

1 두꺼운 영어 소설

2 두꺼운 일본 소설

3 얇은 영어 소설

4 얇은 일본 소설

**어휘** 図書館 도서관 | 行く 가다 | 来る 오다 | 何か 무언가 | 本 책 | 借りる 빌리다 | ～ましょうか ~할까요 | 最近 최근 | 英語 영어 | 勉強 공부 | 小説 소설 | 日本語 일본어 | いつも 항상, 늘 | あつい 두껍다 | 全部 전부 | 読む 읽다 | 大変だ 힘들다 | うすい 얇다 | いい 좋다

4ばん

**空港の人と男の人が話しています。男の人はどうやってホテルに行きますか。**

男: すみません。このホテルに行きたいです。どう行きますか。

女: このホテルはここから少し遠いです。電車かバスに乗った方がいいですね。タクシーはちょっと高いです。

男: そうですか。電車とバス、どちらが安いですか。

女: 電車の方が安いです。でも、バスの方がホテルの近くに行きますよ。バス停から歩いて3分です。

男: 安い方がいいです。ありがとうございます。

**男の人はどうやってホテルに行きますか。**

1

2

3

4

4번

**공항 직원과 남자가 이야기하고 있습니다. 남자는 어떻게 호텔에 갑니까?**

남: 실례합니다. 이 호텔에 가고 싶은데요, 어떻게 갑니까?

여: 이 호텔은 여기서 조금 멉니다. 전철이나 버스를 타는 편이 좋습니다. 택시는 조금 비쌉니다.

남: 그렇습니까? 전철과 버스 중 어느 쪽이 저렴합니까?

여: 전철 쪽이 저렴합니다. 그런데 버스가 호텔 근처까지 갑니다. 버스 정류장에서 걸어서 3분입니다.

남: 저렴한 쪽이 좋습니다. 감사합니다.

**남자는 어떻게 호텔에 갑니까?**

**어휘** ホテル 호텔 | どう 어떻게 | 少し 조금 | 遠い 멀다 | 電車 전철 | ～か ~나(혹은) | バス 버스 | ～に乗る ~을 타다 | ～た方がいい ~하는 편이 좋다 | タクシー 택시 | ちょっと 조금, 잠시 | どちら 어느 쪽 | 安い 저렴하다 | 近く 근처 | バス停 버스 정류장 | 歩く 걷다

5ばん

**男の人と女の人が話しています。男の人はこの後何をしますか。**

男: 坂田さん、今日は大学は休みじゃないですか。

女: はい、授業はありませんが、大学の図書館で勉強をします。

男: 図書館ですか。私も本を返したいですから、一緒に行きます。

女: どんな本を借りましたか。

男: 英語の小説です。英語の勉強をしていますから。
あれ、本が家の机の上にありますね。

女: どうしますか。

男: 本を持ってきます。すみませんが、先に行ってください。

女: 分かりました。

**男の人はこのあと何をしますか。**

1　じゅぎょうを　うけます。
2　としょかんで　べんきょうします。
3　ほんを　かえします。
4　いえに　かえります。

5번

**남자와 여자가 이야기하고 있습니다. 남자는 이 후에 무엇을 합니까?**

남: 사카타 씨, 오늘 대학교는 쉬는 날 아닙니까?

여: 네, 수업은 없는데, 대학교 도서관에서 공부를 할 것입니다.

남: 도서관이요? 저도 책을 돌려주고 싶은데 같이 가겠습니다.

여: 어떤 책을 빌렸습니까?

남: 영어 소설입니다. 영어 공부를 하고 있어서요.
앗, 책이 집 책상 위에 있네요.

여: 어떻게 하겠습니까?

남: 책을 가져오겠습니다. 죄송합니다, 먼저 가 주세요.

여: 알겠습니다.

**남자는 이 후에 무엇을 합니까?**

1　수업을 듣습니다.
2　도서관에서 공부합니다.
3　책을 돌려줍니다.
4　집에 돌아갑니다.

어휘　大学 대학교 | 休み 휴일 | 授業 수업 | 図書館 도서관 | 勉強 공부 | 本 책 | 返す 돌려주다 | ~から ~때문에 | 一緒に 함께, 같이 | 行く 가다 | どんな 어떤 | 借りる 빌리다 | 英語 영어 | 小説 소설 | 家 집 | 机 책상 | 上 위 | 持つ 가지다, 들다 | 先に 먼저 | ~てください ~해 주세요

6ばん

**男の人と女の人が話しています。男の人は明日の飛行機の中で何をしますか。**

女: 明日の旅行、楽しみですね。長い時間飛行機に乗りますが、何をしますか。

男: 携帯電話でインターネットをしたり、音楽を聞いたりします。

女: 飛行機の中でもインターネットができますか。

男: あ、そうですね、できないですね。映画を見たり、本を読んだりもしたいですが、最近私の好きな歌手の歌が出ましたから、それをずっと聞きます。

女: 私は本を読みます。あつい本ですが、頑張って全部読みたいです。

**男の人は明日の飛行機の中で何をしますか。**

1 インターネットを　します。
2 おんがくを　ききます。
3 えいがを　みます。
4 ほんを　よみます。

6번

**남자와 여자가 이야기하고 있습니다. 남자는 내일 비행기 안에서 무엇을 합니까?**

여: 내일 여행 기대되네요. 오랜 시간 비행기를 타는데, 무엇을 할 겁니까?

남: 휴대전화로 인터넷을 하거나, 음악을 듣거나 할 겁니다.

여: 비행기 안에서도 인터넷이 가능합니까?

남: 아 그렇네요. 안 되네요. 영화를 보거나 책을 읽거나 하고 싶은데, 최근 저는 좋아하는 가수의 노래가 나와서, 그걸 계속 듣겠습니다.

여: 저는 책을 읽겠습니다. 두꺼운 책이지만, 힘내서 전부 읽고 싶습니다.

**남자는 내일 비행기 안에서 무엇을 합니까?**

1 인터넷을 합니다.
2 음악을 듣습니다.
3 영화를 봅니다.
4 책을 읽습니다.

어휘 明日 내일 | 旅行 여행 | 楽しみ 기대 | 長い 길다 | 時間 시간 | 飛行機 비행기 | ~に乗る ~를 타다 | 何 무엇 | 携帯電話 휴대전화 | インターネット 인터넷 | ~たり ~하거나 | 音楽 음악 | 聞く 듣다, 묻다 | 中 안 | できる 할 수 있다 | 映画 영화 | 見る 보다 | 本 책 | 読む 읽다 | 最近 최근 | 好きだ 좋아하다 | 歌手 가수 | 出る 나오다 | ずっと 계속 | あつい 두껍다 | 頑張る 힘내다, 열심히 하다

7ばん

**学校で先生が話しています。もう一度テストを受ける学生は、何時にどこへ行きますか。**

男:昨日のテストがよくなかった人は、今日の5時にもう一度テストをします。2番の教室に来てください。それから明日小学校にボランティアに行く人は、話すことがありますから1時に4番の教室に来てください。

**もう一度テストを受ける学生は、何時にどこへ行きますか。**

1　1じに　2ばん　きょうしつ
2　1じに　4ばん　きょうしつ
3　5じに　2ばん　きょうしつ
4　5じに　4ばん　きょうしつ

7번

**학교에서 선생님이 이야기하고 있습니다. 한 번 더 시험을 치를 학생은 몇 시에 어디로 갑니까?**

남: 어제 시험(결과)이 좋지 않았던 학생은 오늘 5시에 한 번 더 시험을 치릅니다. 2번 교실로 와 주세요. 그리고 내일 초등학교에 봉사하러 가는 사람은, 할 말이 있으니 1시에 4번 교실로 와 주세요.

**한 번 더 시험을 치를 학생은 몇 시에 어디로 갑니까?**

1　1시에 2번 교실
2　1시에 4번 교실
3　5시에 2번 교실
4　5시에 4번 교실

어휘　昨日 어제 | テスト 테스트, 시험 | 今日 오늘 | もう一度 한 번 더, 다시 한 번 | 教室 교실 | それから 그리고, 그러고 나서 | 明日 내일 | 小学校 초등학교 | ボランティアに行く 봉사하러 가다 | 話す 이야기하다

もんだい2

**もんだい２では、はじめに　しつもんを　きいて　ください。それから　はなしを　きいて、もんだいようしの　１から４の　なかから、いちばん　いい　ものを　ひとつ　えらんで　ください。**

문제2

**문제2에서는 처음에 질문을 들으세요. 그리고 이야기를 듣고, 문제용지의 1 에서 4 중에서 가장 알맞은 것을 하나 골라 주세요.**

れい

**男の学生と女の学生が話しています。二人はいつ買い物に行きますか。**

女:今日も授業の後はアルバイトですか。

男:はい。月曜日から金曜日までしています。

女:いそがしいですね。いっしょに買い物に行きたかったんです。

男:今度の日曜日はいいですよ。土曜日は図書館へ行くけど。

女:じゃ、土曜日に電話します。

**二人はいつ買い物に行きますか。**

예

**남학생과 여학생이 이야기하고 있습니다. 두 사람은 언제 쇼핑을 갑니까?**

여: 오늘도 수업 후에 아르바이트 해요?

남: 네, 월요일부터 금요일까지 하고 있어요.

여: 바쁘네요. 함께 쇼핑하러 가고 싶었어요.

남: 이번 주 일요일은 괜찮아요. 토요일은 도서관에 가지만….

여: 그럼, 토요일에 전화할게요.

**두 사람은 언제 쇼핑을 갑니까?**

1 げつようび
2 きんようび
3 どようび
4 にちようび

1 월요일
2 금요일
3 토요일
4 일요일

1ばん

**男の人と女の人が話しています。男の人のうちに今誰が住んでいますか。**

女: これは大島さんの家族の写真ですか。

男: はい、そうです。隣にいるのがつまです。むすこ二人と、むすめが一人います。

女: そうですか。

男: 娘は結婚をしましたから今は一緒に住んでいません。こっちの息子は、大学生で、一人で住んでいます。

女: それはさびしいですね。

**男の人のうちに今誰が住んでいますか。**

1　2

3　4

1번

**남자와 여자가 이야기하고 있습니다. 남자의 집에 지금 누가 있습니까?**

여: 이것은 오시마 씨 가족의 사진입니까?

남: 네. 그렇습니다. 옆에 있는 사람이 부인입니다. 아들 2명과 딸 1명입니다.

여: 그렇습니까?

남: 딸은 결혼을 했기 때문에 지금은 같이 살고 있지 않습니다. 이 아들은 대학생이고 혼자서 살고 있습니다.

여: 그거 참 외롭겠네요.

**남자의 집에 지금 누가 있습니까?**

어휘 家族 가족 | 写真 사진 | 隣 옆 | つま 아내, 부인 | むすこ 아들 | 二人 두 명 | むすめ 딸 | 一人 한 명 | 結婚 결혼 | 一緒に 함께, 같이 | 住む 살다 | こっち 〈= こちら〉 이쪽 | 大学生 대학생 | 住む 살다, 생활하다 | さびしい 외롭다

2ばん

**駐車場で男の人と女の人が話しています。男の人の車はどれですか。**

男: ナンシーさん、家にどうやって帰りますか。

女: タクシーで帰ります。田中さんは？

男: 私は車に乗って来ました。

女: 田中さんの車はどれですか。

男: あの大きい車です。タクシーは高いですから、私が車で送りますよ。

女: 本当ですか。ありがとうございます。

男: いえいえ、ちょっと古い車ですが、どうぞ。

**男の人の車はどれですか。**

1 

2 

3 

4 

2번

**주차장에서 남자와 여자가 이야기하고 있습니다. 남자의 차는 어느 것입니까?**

남: 낸시 씨 집에 어떻게 돌아갑니까?

여: 택시로 돌아갑니다. 다나카 씨는요?

남: 저는 자동차를 타고 왔습니다.

여: 다나카 씨의 차는 어느 것입니까?

남: 저 큰 자동차입니다. 택시는 비싸니까 제가 차로 바래다 줄게요.

여: 정말요? 감사합니다.

남: 아닙니다. 조금 낡은 자동차이지만 자, 타세요.

**남자의 차는 어느 것입니까?**

어휘 どうやって 어떻게 | 帰る 돌아가(오)다 | タクシー 택시 | 車 자동차 | ~に乗る ~을 타다 | どれ 어느 것 | 大きい 크다 | 高い 비싸다 | 送る 바래다 주다, 보내다 | ちょっと 조금, 잠시 | 古い 낡다 | どうぞ 자(타세요)

3ばん

**会社で男の人と女の人が話しています。男の人は、会社にどうやって来ましたか。**

男: 遅くなってすみません。

女: 大丈夫ですよ。どうしましたか。

男: 家から会社まで地下鉄に乗るのが一番速いです。でも駅の人が、「雪がたくさん降って今は地下鉄が動きません。」と言いましたから、駅の前でバスを待ちました。でもバスも来ませんでしたから、タクシーに乗ってきました。

女: それは大変でしたね。私も今日雪で歩いてきました。

**男の人は、会社にどうやって来ましたか。**

1　ちかてつで　きました。

2　バスで　きました。

3　タクシーで　きました。

4　あるいて　きました。

3번

**회사에서 남자와 여자가 이야기하고 있습니다. 남자는 회사에 어떻게 왔습니까?**

남: 늦어서 죄송합니다.

여: 괜찮습니다. 무슨 일이었습니까?

남: 집에서 회사까지 지하철을 타는 것이 가장 빠릅니다. 그런데 역무원이 '눈이 많이 내려서 지금은 지하철이 움직이지 않습니다.'라고 말했기 때문에 역 앞에서 버스를 기다렸습니다. 그런데 버스도 오지 않았기 때문에 택시를 타고 왔습니다.

여: 그것 참 힘들었겠네요. 저도 오늘 눈 때문에 걸어서 왔어요.

**남자는 회사에 어떻게 왔습니까?**

어휘 遅い 늦다 | 大丈夫だ 괜찮다 | 家 집 | 会社 회사 | 地下鉄 지하철 | ~に乗る ~을 타다 | 一番 가장 | 速い 빠르다 | 駅 역 | 雪 눈 | たくさん 많음 | 降る 내리다 | 動く 움직이다 | バス 버스 | 待つ 기다리다 | から ~때문에 | タクシー 택시

4ばん

**会社で男の人と女の人が話しています。女の人は男の人に何をお願いしましたか。**

男: 原田さん、今忙しいですか。

女: はい、15分後に会議がありますから、掃除をしています。

男: 私は何をしましょうか。いすをいくつか持って来ましょうか。

女: 6個ですが、それは後で私がします。ちょっと熱いお茶をむっつ作ってください。

男: 分かりました。コピーもしますか。

女: コピーはさっきしましたから大丈夫です。ありがとうございます。

**女の人は男の人に何をお願いしましたか。**

4번

**회사에서 남자와 여자가 이야기하고 있습니다. 여자는 남자에게 무엇을 부탁했습니까?**

남: 하라다 씨, 지금 바쁩니까?

여: 네, 15분 후에 회의가 있어서 청소를 하고 있습니다.

남: 저는 무엇을 할까요? 의자를 몇 개 가져올까요?

여: 6개인데요, 그건 나중에 제가 하겠습니다. 뜨거운 차를 6개 만들어 주세요.

남: 알겠습니다. 복사도 할까요?

여: 복사는 아까 해서 괜찮습니다. 감사합니다.

**여자는 남자에게 무엇을 부탁했습니까?**

1 そうじを　すること
2 いすを　もって　くること
3 おちゃを　つくること
4 コピーを　すること

1 청소를 하는 것
2 의자를 가져오는 것
3 차를 만드는 것
4 복사를 하는 것

어휘 忙しい 바쁘다 | 会議 회의 | から ~때문에 | 掃除 청소 | ~ている ~하고 있다 | 何 무엇 | いす 의자 | いくつか 몇 개인가 | 持つ 가지다, 들다 | 来る 오다 | ~ましょうか ~할까요? | 個 ~개(수량사) | ちょっと 조금, 잠시 | 熱い 뜨겁다 | お茶 차 | 作る 만들다 | ~てください ~해 주세요 | 分かる 알다 | コピー 복사 | さっき 아까, 조금 전

5ばん

**学校で先生が話をしています。昨日教室にどんな財布がありましたか。**

女: 昨日、教室にある花の横に財布がありました。長くて、犬の絵がついています。忘れた人は、後で先生の部屋に来てください。

**昨日教室にどんな財布がありましたか。**

1　2

3　4

5번

**학교에서 선생님이 이야기를 하고 있습니다. 어제 교실에 어떤 지갑이 있었습니까?**

여: 어제, 교실에 있는 꽃 옆에 지갑이 있었습니다. 길고 강아지 그림이 그려져 있었습니다. 깜빡한 사람은 나중에 선생님 방으로 와 주세요.

**어제 교실에 어떤 지갑이 있었습니까?**

어휘 昨日 어제 | 教室 교실 | 花 꽃 | 財布 지갑 | 長い 길다 | 犬 강아지 | 絵 그림 | 자동사+ている ~해져 있다(상태) | 忘れる 깜빡하다, 잊다 | 後で 이따가 | 部屋 방

6ばん

**学校で男の学生が話しています。男の学生は何をすることが好きですか。**

男: みなさん、初めまして。ケビンです。アメリカから来ました。アメリカは、フットボールや野球が有名です。趣味は、テニスです。小さい頃からやっていました。勉強はにがてです。でも頑張ります。よろしくお願いします。

**男の学生は何をすることが好きですか。**

1 フットボール
2 やきゅう
3 テニス
4 べんきょう

6번

**학교에서 남학생이 이야기하고 있습니다. 남학생은 무엇을 하는 것을 좋아합니까?**

남: 여러분, 처음 뵙겠습니다. 케빈입니다. 미국에서 왔습니다. 미국은 풋볼이나 야구가 유명합니다. 취미는 테니스입니다. 어렸을 때부터 해왔습니다. 공부는 잘 못합니다. 하지만 열심히 하겠습니다. 잘 부탁합니다.

**남학생은 무엇을 하는 것이 좋아합니까?**

1 풋볼
2 야구
3 테니스
4 공부

어휘 みなさん 여러분 | アメリカ 미국 | フットボール 풋볼, 축구 | 野球 야구 | 有名だ 유명하다 | 趣味 취미 | テニス 테니스 | 小さい頃 어렸을 때 | やる 하다 | 勉強 공부 | にがてだ 서툴다, 못하다 | 頑張る 분발하다, 힘내다 | よろしくお願いします 잘 부탁드립니다

もんだい3

**もんだい 3 では、えを　みながら　しつもんを　きいて　ください。➡(やじるし)の　ひとは　なんと　いいますか。1 から　3 の　なかから、いちばん　いい　ものを　ひと　つ　えらんで　ください。**

れい

学校で友だちに会いました。何といいますか。

女: 1　ありがとう。

2　おはよう。

3　じゃ、またね。

1ばん

具合が悪い人が病院に来ました。医者は何といいますか。

女: 1　いらっしゃいませ。

2　どうしましたか。

3　おげんきで。

문제3

**문제 3 에서는 그림을 보면서 질문을 들어주세요. ➡(화살표)의 사람은 뭐라고 말합니까? 1에서 3 중에서 가장 알맞은 것을 하나 골라 주세요.**

예

학교에서 친구를 만났습니다. 뭐라고 말합니까?

여: 1　고마워.

2　안녕?

3　그럼, 또 봐.

1번

몸 상태가 좋지 않은 사람이 병원에 왔습니다. 의사는 뭐라고 말합니까?

여: 1　어서 오세요.

2　무슨 일이신가요?

3　잘 지내요.

어휘　具合 몸 상태, 컨디션 | 悪い 나쁘다 | 病院 병원 | 来る 오다 | 医者 의사 | おげんきで 잘지내요

2ばん

やおやで野菜の値段を知りたいです。何といいますか。

女:1　どうですか。

　2　いくつですか。

　3　いくらですか。

2번

채소 가게에서 채소 가격을 알고 싶습니다. 뭐라고 말합니까?

여: 1　어떻습니까?

　2　몇 개입니까?

　3　얼마입니까?

어휘　やおや 채소 가게 | 野菜 채소 | 値段 가격 | 知る 알다 | どう 어떻게 | いくつ 몇 개 | いくら 얼마

3ばん

タクシーに乗って東京駅に行きたいです。何といいますか。

女:1　東京駅に行きましょうか。

　2　東京駅から乗りたいです。

　3　東京駅までお願いします。

3번

택시를 타고 도쿄역에 가고 싶습니다. 뭐라고 말합니까?

여: 1　도쿄역에 갈까요?

　2　도쿄역에서 타고 싶습니다.

　3　도쿄역까지 부탁드립니다.

어휘　タクシー 택시 | ~に乗る ~을 타다 | 駅 역 | 行く 가다 | ~ましょうか ~할까요? | から ~(에서)부터 | まで ~까지

4ばん

ご飯を全部食べました。何といいますか。

男: 1　お腹がすきましたね。

2　ごちそうさまでした。

3　いただきます。

4번

밥을 전부 먹었습니다. 뭐라고 말합니까?

남: 1　배가 고프네요.

2　잘 먹었습니다.

3　잘 먹겠습니다.

어휘　ご飯 밥 | 全部 전부 | 食べる 먹다 | お腹が空く 배가 고프다

5ばん

友達が、私が知らない友だちと一緒に来ました。何といいますか。

女: 1　いらっしゃいませ。

2　お元気ですか。

3　はじめまして。

5번

친구가 내가 모르는 친구와 함께 왔습니다. 뭐라고 말합니까?

여: 1　어서 오세요.

2　잘 지내십니까?

3　처음 뵙겠습니다.

어휘　友達 친구 | 知る 알다 | 一緒に 함께 | 来る 오다

もんだい4

**もんだい 4 では、えなどが　ありません。ぶんを　きいて、1 から 3のなかから、いちばん　いい　ものを　ひとつ　えらんで　ください。**

ばん

女: きょうは　なんようびですか。

男: 1　あさってです。

2　とおかです

3　きんようびです。

1ばん

男: あのう、病院はどこにあるか分かりますか。

女: 1　はい、あちらです。

2　いいえ、知りませんでした。

3　病院には行きませんでした。

문제4

**문제4는 그림 등이 없습니다. 문장을 듣고, 1에서 3 중에서 가장 알맞은 것을 하나 골라 주세요.**

예

여: 오늘은 무슨 요일이에요?

남: 1　내일 모레입니다.

2　10일입니다.

3　금요일입니다.

1번

남: 저, 병원은 어디에 있는지 아세요?

여: 1　네, 저쪽입니다.

2　아니요, 몰랐습니다.

3　병원에는 가지 않았습니다.

어휘　病院 병원 | どこ 어디 | ~か ~인지 | 分かる 알다 | あちら 저쪽, 저기 | 知る 알다 | 行く 가다

2ばん

男: お父さんはどんな人ですか。

女: 1　父はとても厳しいです。

2　父はあまり好きじゃありません。

3　父はもう家に帰ってきました。

2번

남: 아버지는 어떤 분이십니까?

여: 1　아빠는 매우 엄합니다.

2　아빠는 그다지 좋아하지 않습니다.

3　아빠는 벌써 집에 돌아오셨습니다.

어휘　お父さん 아버지 | どんな 어떤 | 人 사람 | 父 아빠 | とても 매우 | 厳しい 엄하다 | あまり~ない 그다지 ~않다 | 好きだ 좋아하다 | もう 이미, 벌써 | 家 집 | 帰る 돌아오(가)다

3ばん

男: ここからチェさんの日本語学校までどのくらいかかりますか？

女: 1　3年くらいです。

2　5回行きました。

3　15分くらいです。

3번

남: 여기서에서 최 씨의 일본어 학교까지 얼마나 걸립니까?

여: 1　3년정도입니다.

2　5회 갔습니다.

3　15분 정도입니다.

어휘 ここ 이곳, 여기 | 日本語 일본어 | 学校 학교 | まで ~까지 | どのくらい 어느 정도 | かかる 걸리다 | ~回 ~회 | 行く 가다

4ばん

男: 中村さんの家は知っていますか。

女: 1 この会社の近くですよ。

2 後で教えてください。

3 あ、忘れていました。

4번

남: 나카무라 씨의 집은 알고 있습니까?

여: 1 이 회사 근처예요.

2 나중에 알려 주세요.

3 아, 잊고 있었습니다.

어휘 家 집 | 知る 알다 | 会社 회사 | 近く 근처 | 後で 나중에 | 教える 가르치다 | ~てください ~해 주세요 | 忘れる 잊다 | ~ている ~하고 있다

5ばん

男: すみません、注文してもいいですか。

女: 1 いえいえ、どういたしまして。

2 ここで食べ物を食べてはいけません。

3 はい、どうぞ。何にしますか。

5번

남: 저기요, 주문해도 됩니까?

여: 1 아뇨, 천만에요.

2 여기서 음식을 먹어서는 안 됩니다.

3 네, 그럼요. 무엇으로 하시겠습니까?

어휘 注文 주문 | ~てもいいですか ~해도 됩니까? | ここ 이곳, 여기 | 食べ物 음식 | 食べる 먹다 | ~てはいけません ~해서는 안 됩니다 | 何 무엇 | ~にする ~로 하다

6ばん

女: 一緒にご飯を食べませんか。

男: 1 いつも一人で食べています。

2 はい、何を食べましょうか。

3 いいえ、まだ食べていません。

6번

여: 함께 밥을 먹지 않겠습니까?

남: 1 항상 혼자서 먹고 있습니다.

2 네, 무엇을 먹을까요?

3 아니요, 아직 먹지 않았습니다.

어휘 一緒に 함께 | ご飯 밥 | 食べる 먹다 | ~ませんか ~하지 않겠습니까? | いつも 항상, 늘 | 一人で 혼자서 | まだ 아직

MEMO

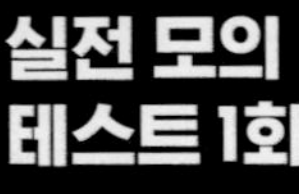


にほんごのうりょくしけん　かいとうようし

# N5

## げんごちしき(もじ・ごい)

| じゅけんばんごう<br>Examinee Registration Number | |
|---|---|

| なまえ<br>Name | |
|---|---|

<ちゅうい Notes>

1. くろい　えんぴつ(HB、No.2)で　かいて　ください。
   (ペンや　ボールペンでは　かかないで　ください。)
   Use a black medium soft (HB or No.2) pencil.
   (Do not use any kind of pen.)
2. かきなおす　ときは、けしゴムで　きれいに　けして　ください。
   Erase any unintended marks completely.
3. きたなく　したり、おったり　しないで　ください。
   Do not soil or bend this sheet.
4. マークれい Marking examples

| よい　れい<br>Correct Example | わるい　れい<br>Incorrect Examples |
|---|---|
| ● | ○○○○○○○ |

もじ・ごい

| もんだい 1 | | | | |
|---|---|---|---|---|
| 1 | ① | ② | ③ | ④ |
| 2 | ① | ② | ③ | ④ |
| 3 | ① | ② | ③ | ④ |
| 4 | ① | ② | ③ | ④ |
| 5 | ① | ② | ③ | ④ |
| 6 | ① | ② | ③ | ④ |
| 7 | ① | ② | ③ | ④ |
| 8 | ① | ② | ③ | ④ |
| 9 | ① | ② | ③ | ④ |
| 10 | ① | ② | ③ | ④ |
| 11 | ① | ② | ③ | ④ |
| 12 | ① | ② | ③ | ④ |
| もんだい 2 | | | | |
| 13 | ① | ② | ③ | ④ |
| 14 | ① | ② | ③ | ④ |
| 15 | ① | ② | ③ | ④ |
| 16 | ① | ② | ③ | ④ |
| 17 | ① | ② | ③ | ④ |
| 18 | ① | ② | ③ | ④ |
| 19 | ① | ② | ③ | ④ |
| 20 | ① | ② | ③ | ④ |

| もんだい 3 | | | | |
|---|---|---|---|---|
| 21 | ① | ② | ③ | ④ |
| 22 | ① | ② | ③ | ④ |
| 23 | ① | ② | ③ | ④ |
| 24 | ① | ② | ③ | ④ |
| 25 | ① | ② | ③ | ④ |
| 26 | ① | ② | ③ | ④ |
| 27 | ① | ② | ③ | ④ |
| 28 | ① | ② | ③ | ④ |
| 29 | ① | ② | ③ | ④ |
| 30 | ① | ② | ③ | ④ |
| もんだい 4 | | | | |
| 31 | ① | ② | ③ | ④ |
| 32 | ① | ② | ③ | ④ |
| 33 | ① | ② | ③ | ④ |
| 34 | ① | ② | ③ | ④ |
| 35 | ① | ② | ③ | ④ |

にほんごのうりょくしけん　かいとうようし

# N5

## げんごちしき(ぶんぽう)・どっかい

| じゅけんばんごう<br>Examinee Registration Number | | なまえ<br>Name | |
|---|---|---|---|

<ちゅうい Notes>

1. くろい　えんぴつ(HB、No.2)で　かいて　ください。
   (ペンや　ボールペンでは　かかないで　ください。)
   Use a black medium soft (HB or No.2) pencil.
   (Do not use any kind of pen.)
2. かきなおす　ときは、けしゴムで　きれいに　けして　ください。
   Erase any unintended marks completely.
3. きたなく　したり、おったり　しないで　ください。
   Do not soil or bend this sheet.
4. マークれい Marking examples

| よい　れい<br>Correct Example | わるい　れい<br>Incorrect Examples |
|---|---|
| ● | ⊘ ○ ⊙ ◎ ⊜ ⦶ ◍ |

ぶんぽう・どっかい

| もんだい 1 | | | | |
|---|---|---|---|---|
| 1 | ① | ② | ③ | ④ |
| 2 | ① | ② | ③ | ④ |
| 3 | ① | ② | ③ | ④ |
| 4 | ① | ② | ③ | ④ |
| 5 | ① | ② | ③ | ④ |
| 6 | ① | ② | ③ | ④ |
| 7 | ① | ② | ③ | ④ |
| 8 | ① | ② | ③ | ④ |
| 9 | ① | ② | ③ | ④ |
| 10 | ① | ② | ③ | ④ |
| 11 | ① | ② | ③ | ④ |
| 12 | ① | ② | ③ | ④ |
| 13 | ① | ② | ③ | ④ |
| 14 | ① | ② | ③ | ④ |
| 15 | ① | ② | ③ | ④ |
| 16 | ① | ② | ③ | ④ |
| もんだい 2 | | | | |
| 17 | ① | ② | ③ | ④ |
| 18 | ① | ② | ③ | ④ |
| 19 | ① | ② | ③ | ④ |
| 20 | ① | ② | ③ | ④ |
| 21 | ① | ② | ③ | ④ |

| もんだい 3 | | | | |
|---|---|---|---|---|
| 22 | ① | ② | ③ | ④ |
| 23 | ① | ② | ③ | ④ |
| 24 | ① | ② | ③ | ④ |
| 25 | ① | ② | ③ | ④ |
| 26 | ① | ② | ③ | ④ |
| もんだい 4 | | | | |
| 27 | ① | ② | ③ | ④ |
| 28 | ① | ② | ③ | ④ |
| 29 | ① | ② | ③ | ④ |
| もんだい 5 | | | | |
| 30 | ① | ② | ③ | ④ |
| 31 | ① | ② | ③ | ④ |
| もんだい 6 | | | | |
| 32 | ① | ② | ③ | ④ |

にほんごのうりょくしけん　かいとうようし

# N5

## ちょうかい

| じゅけんばんごう Examinee Registration Number | |
|---|---|

| なまえ Name | |
|---|---|

<ちゅうい Notes>

1. くろい　えんぴつ(HB、No.2)で　かいて　ください。(ペンや　ボールペンでは　かかないで　ください。)
   Use a black medium soft (HB or No.2) pencil.
   (Do not use any kind of pen.)
2. かきなおす　ときは、けしゴムで　きれいに　けして　ください。
   Erase any unintended marks completely.
3. きたなく　したり、おったり　しないで　ください。
   Do not soil or bend this sheet.
4. マークれい Marking examples

| よい　れい Correct Example | わるい　れい Incorrect Examples |
|---|---|
| ● | ⊘ ◯ ◯ ◎ ⊜ ◯ ● |

**ちょうかい**

もんだい 1

| | | | | |
|---|---|---|---|---|
| れい | ① | ② | ● | ④ |
| 1 | ① | ② | ③ | ④ |
| 2 | ① | ② | ③ | ④ |
| 3 | ① | ② | ③ | ④ |
| 4 | ① | ② | ③ | ④ |
| 5 | ① | ② | ③ | ④ |
| 6 | ① | ② | ③ | ④ |
| 7 | ① | ② | ③ | ④ |

もんだい 2

| | | | | |
|---|---|---|---|---|
| れい | ① | ② | ③ | ● |
| 1 | ① | ② | ③ | ④ |
| 2 | ① | ② | ③ | ④ |
| 3 | ① | ② | ③ | ④ |
| 4 | ① | ② | ③ | ④ |
| 5 | ① | ② | ③ | ④ |
| 6 | ① | ② | ③ | ④ |

もんだい 3

| | | | |
|---|---|---|---|
| れい | ① | ● | ③ |
| 1 | ① | ② | ③ |
| 2 | ① | ② | ③ |
| 3 | ① | ② | ③ |
| 4 | ① | ② | ③ |
| 5 | ① | ② | ③ |

もんだい 5

| | | | |
|---|---|---|---|
| れい | ① | ② | ● |
| 1 | ① | ② | ③ |
| 2 | ① | ② | ③ |
| 3 | ① | ② | ③ |
| 4 | ① | ② | ③ |
| 5 | ① | ② | ③ |
| 6 | ① | ② | ③ |

にほんごのうりょくしけん　かいとうようし

# N5

## げんごちしき(もじ・ごい)

| じゅけんばんごう Examinee Registration Number | |
|---|---|

| なまえ Name | |
|---|---|

<ちゅうい Notes>

1. くろい　えんぴつ(HB、No.2)で　かいて　ください。
   (ペンや　ボールペンでは　かかないで　ください。)
   Use a black medium soft (HB or No.2) pencil.
   (Do not use any kind of pen.)
2. かきなおす　ときは、けしゴムで　きれいに　けして　ください。
   Erase any unintended marks completely.
3. きたなく　したり、おったり　しないで　ください。
   Do not soil or bend this sheet.
4. マークれい Marking examples

| よい　れい Correct Example | わるい　れい Incorrect Examples |
|---|---|
| ● | ◌ ○ ◎ ⦾ ⊖ ⦶ ● |

もじ・ごい

| もんだい 1 | | | | |
|---|---|---|---|---|
| 1 | ① | ② | ③ | ④ |
| 2 | ① | ② | ③ | ④ |
| 3 | ① | ② | ③ | ④ |
| 4 | ① | ② | ③ | ④ |
| 5 | ① | ② | ③ | ④ |
| 6 | ① | ② | ③ | ④ |
| 7 | ① | ② | ③ | ④ |
| 8 | ① | ② | ③ | ④ |
| 9 | ① | ② | ③ | ④ |
| 10 | ① | ② | ③ | ④ |
| 11 | ① | ② | ③ | ④ |
| 12 | ① | ② | ③ | ④ |

| もんだい 2 | | | | |
|---|---|---|---|---|
| 13 | ① | ② | ③ | ④ |
| 14 | ① | ② | ③ | ④ |
| 15 | ① | ② | ③ | ④ |
| 16 | ① | ② | ③ | ④ |
| 17 | ① | ② | ③ | ④ |
| 18 | ① | ② | ③ | ④ |
| 19 | ① | ② | ③ | ④ |
| 20 | ① | ② | ③ | ④ |

| もんだい 3 | | | | |
|---|---|---|---|---|
| 21 | ① | ② | ③ | ④ |
| 22 | ① | ② | ③ | ④ |
| 23 | ① | ② | ③ | ④ |
| 24 | ① | ② | ③ | ④ |
| 25 | ① | ② | ③ | ④ |
| 26 | ① | ② | ③ | ④ |
| 27 | ① | ② | ③ | ④ |
| 28 | ① | ② | ③ | ④ |
| 29 | ① | ② | ③ | ④ |
| 30 | ① | ② | ③ | ④ |

| もんだい 4 | | | | |
|---|---|---|---|---|
| 31 | ① | ② | ③ | ④ |
| 32 | ① | ② | ③ | ④ |
| 33 | ① | ② | ③ | ④ |
| 34 | ① | ② | ③ | ④ |
| 35 | ① | ② | ③ | ④ |

にほんごのうりょくしけん　かいとうようし

# N5

## げんごちしき(ぶんぽう)・どっかい

| じゅけんばんごう<br>Examinee Registration Number | |
|---|---|

| なまえ<br>Name | |
|---|---|

<ちゅうい Notes>

1. くろい　えんぴつ(HB、No.2)で　かいて　ください。
(ペンや　ボールペンでは　かかないで　ください。)
Use a black medium soft (HB or No.2) pencil.
(Do not use any kind of pen.)
2. かきなおす　ときは、けしゴムで　きれいに　けして　ください。
Erase any unintended marks completely.
3. きたなく　したり、おったり　しないで　ください。
Do not soil or bend this sheet.
4. マークれい Marking examples

| よい　れい<br>Correct Example | わるい　れい<br>Incorrect Examples |
|---|---|
| ● | [incorrect marking examples] |

ぶんぽう・どっかい

| もんだい 1 | | | | |
|---|---|---|---|---|
| 1 | ① | ② | ③ | ④ |
| 2 | ① | ② | ③ | ④ |
| 3 | ① | ② | ③ | ④ |
| 4 | ① | ② | ③ | ④ |
| 5 | ① | ② | ③ | ④ |
| 6 | ① | ② | ③ | ④ |
| 7 | ① | ② | ③ | ④ |
| 8 | ① | ② | ③ | ④ |
| 9 | ① | ② | ③ | ④ |
| 10 | ① | ② | ③ | ④ |
| 11 | ① | ② | ③ | ④ |
| 12 | ① | ② | ③ | ④ |
| 13 | ① | ② | ③ | ④ |
| 14 | ① | ② | ③ | ④ |
| 15 | ① | ② | ③ | ④ |
| 16 | ① | ② | ③ | ④ |
| もんだい 2 | | | | |
| 17 | ① | ② | ③ | ④ |
| 18 | ① | ② | ③ | ④ |
| 19 | ① | ② | ③ | ④ |
| 20 | ① | ② | ③ | ④ |
| 21 | ① | ② | ③ | ④ |

| もんだい 3 | | | | |
|---|---|---|---|---|
| 22 | ① | ② | ③ | ④ |
| 23 | ① | ② | ③ | ④ |
| 24 | ① | ② | ③ | ④ |
| 25 | ① | ② | ③ | ④ |
| 26 | ① | ② | ③ | ④ |
| もんだい 4 | | | | |
| 27 | ① | ② | ③ | ④ |
| 28 | ① | ② | ③ | ④ |
| 29 | ① | ② | ③ | ④ |
| もんだい 5 | | | | |
| 30 | ① | ② | ③ | ④ |
| 31 | ① | ② | ③ | ④ |
| もんだい 6 | | | | |
| 32 | ① | ② | ③ | ④ |

にほんごのうりょくしけん　かいとうようし

# N5

## ちょうかい

| じゅけんばんごう Examinee Registration Number | |
|---|---|

| なまえ Name | |
|---|---|

<ちゅうい Notes>

1. くろい　えんぴつ(HB、No.2)で　かいて　ください。
   (ペンや　ボールペンでは　かかないで　ください。)
   Use a black medium soft (HB or No.2) pencil.
   (Do not use any kind of pen.)
2. かきなおす　ときは、けしゴムで　きれいに　けして　ください。
   Erase any unintended marks completely.
3. きたなく　したり、おったり　しないで　ください。
   Do not soil or bend this sheet.
4. マークれい Marking examples

| よい　れい Correct Example | わるい　れい Incorrect Examples |
|---|---|
| ● | ◎ ○ ◎ ◎ ⊖ ◐ ● |

ちょうかい

| もんだい 1 | | | | |
|---|---|---|---|---|
| れい | ① | ② | ● | ④ |
| 1 | ① | ② | ③ | ④ |
| 2 | ① | ② | ③ | ④ |
| 3 | ① | ② | ③ | ④ |
| 4 | ① | ② | ③ | ④ |
| 5 | ① | ② | ③ | ④ |
| 6 | ① | ② | ③ | ④ |
| 7 | ① | ② | ③ | ④ |

| もんだい 2 | | | | |
|---|---|---|---|---|
| れい | ① | ② | ③ | ● |
| 1 | ① | ② | ③ | ④ |
| 2 | ① | ② | ③ | ④ |
| 3 | ① | ② | ③ | ④ |
| 4 | ① | ② | ③ | ④ |
| 5 | ① | ② | ③ | ④ |
| 6 | ① | ② | ③ | ④ |

| もんだい 3 | | | |
|---|---|---|---|
| れい | ① | ● | ③ |
| 1 | ① | ② | ③ |
| 2 | ① | ② | ③ |
| 3 | ① | ② | ③ |
| 4 | ① | ② | ③ |
| 5 | ① | ② | ③ |

| もんだい 5 | | | |
|---|---|---|---|
| れい | ① | ② | ● |
| 1 | ① | ② | ③ |
| 2 | ① | ② | ③ |
| 3 | ① | ② | ③ |
| 4 | ① | ② | ③ |
| 5 | ① | ② | ③ |
| 6 | ① | ② | ③ |

시원스쿨닷컴